LOS CRÍMENES DE LA GUERRA CIVIL Y OTRAS POLÉMICAS

LOS CRÍMENES DE LA GUERRA CIVIL Y OTRAS POLÉMICAS

Pío Moa

la esfera de los libros

Primera edición: enero de 2004
Tercera edición: enero de 2004

Avenida de Alfonso XIII, 1, bajos.
28002 Madrid
Teléf.: 91 296 02 00 - Fax: 91 296 02 06
Pág. web: www.esferalibros.com

Diseño de cubierta: Compañía
© Fotografía de cubierta: Centro de Estudios de Castilla-La Mancha/Biblioteca Nacional de Madrid
© Fotografías de interior: Archivo Arlanza y *El Mundo*, pp. 13-20; Cordon Press y Francisco Agramunt
ISBN: 84-9734-156-2
Depósito legal: M. 2.576-2004
Fotocomposición: IRC, S.L.
Fotomecánica: Star-Color
Impresión: Anzos
Encuadernación: Méndez
Impreso en España-*Printed in Spain*

A los jóvenes,
nuevamente.

Índice

NOTA PREVIA

El libro *Los mitos de la guerra civil* y la trilogía sobre la república y la guerra han levantado una considerable polvareda, pero no, al menos por ahora, un debate honesto y racional. Viejas tesis que no soportan el contraste con los hechos y documentos conocidos siguen siendo repetidas tercamente, como si ni siquiera hubieran sido puestas en cuestión, y se pretende descalificar con simples epítetos a los discrepantes de ellas. Esa resistencia a la confrontación de ideas y datos me ha llevado a seleccionar los trabajos de este nuevo libro, con la esperanza de avanzar en el planteamiento de un debate ya imprescindible.

Varios de estos trabajos han sido publicados en diversos libros o revistas, otros son inéditos, pero en conjunto siguen una línea clara, abordando cuestiones clave como el grado en que puede considerarse democrática la república, la idea de España en las izquierdas y particularmente en Azaña, y su repercusión sobre la marcha de la guerra, las causas del terror y los crímenes de la época —tan de actualidad, por motivos más políticos que historiográficos—, el influjo de la propaganda estalinista en la interpretación hoy por hoy más común de la contienda, los efectos profundos de la intervención exterior, en particular la satelización del Frente Popular por Stalin, la cuestión de las «tres Españas», etc. El penúltimo estudio se centra en la persistencia de las viejas concepciones de la guerra en la izquierda, y el último, en la acción del GRAPO el 1 de octubre de 1975, en represalia por las últimas ejecuciones del franquismo, vista como un coletazo de la guerra civil.

Varios de estos escritos tienen un tono quizá algo vivo, por tratarse de polémicas o de réplica a exposiciones o tesis de algunos reconocidos historiadores de estos últimos años; pero me he esforzado por evitar que el tono oculte el razonamiento, como a menudo sucede en las polémicas. También insisto, a veces de forma machacona, en una serie de hechos históricos cruciales, porque con la misma tenacidad vienen siendo omitidos o desvirtuados por buena parte de la historiografía actual. Espero que la discusión abierta anime a algunos de estos historiadores a salir de su actitud imprecatoria o de un desdeñoso silencio, que, en mi opinión, no favorecen ni a la historiografía ni a ellos mismos.

Por esta razón, por haber tenido las réplicas más de ataque personal que de debate propiamente dicho, me ha sido difícil evitar un tono algo personalista en varios de estos trabajos. Espero que el lector sepa comprenderlo.

Muy contra mi gusto, he incluido algunas fotos del terror izquierdista, no porque ignore que en el bando contrario ocurrieron cosas parecidas, sino porque hay en marcha una campaña que pretende recordar sólo estas últimas. También pueden servir de recordatorio de lo que significa una guerra civil frente a quienes parecen empeñados en resucitar los viejos odios, falseando la historia.

Algunos trabajos, al proceder de conferencias, carecen de notas bibliográficas, pero cualquier lector avezado a estos temas encontrará poca dificultad en comprobar las citas.

También creo oportuno exponer una breve cronología ilustrativa del desarrollo de la guerra civil, para que los lectores noveles en estos temas, en especial los jóvenes, sitúen los acontecimientos.

Cronología

Mitin de Niceto Alcalá-Zamora en la Plaza de Toros de Madrid en 1931.

ABRIL-MAYO de 1931. Tras unas elecciones municipales, los monárquicos entregan el poder a los republicanos. El nuevo régimen está dirigido por los conservadores Alcalá-Zamora y Maura, aunque el grueso de sus fuerzas es de izquierdas. Antes de un mes grupos izquierdistas organizan una oleada de quemas de templos, bibliotecas, centros de enseñanza y obras de arte. El resto de las izquierdas, incluidas las del gobierno, y en especial Azaña, amparan o justifican los incendios. La derecha no replica con violencia, pero el episodio provoca una escisión moral en la población, que, de forma muy mayoritaria, o había apoyado a la república o la había mirado sin hostilidad. A partir de entonces la desconfianza aumenta, y las minorías monárquicas piensan en golpes de estado, aunque carecen de fuerza para amenazar al régimen.

Guardia de Asalto antes del incendio de la choza de «Seisdedos» en Casas Viejas (Cádiz), en 1933.

1931-1933. Al discutirse la Constitución, Alcalá-Zamora dimite, como presidente del gobierno, por juzgarla sectaria, en especial el artículo referente a las órdenes religiosas (sería luego elegido presidente de la república es decir, jefe del estado, no del gobierno). Azaña le sustituye y en diciembre forma una coalición gubernamental republicano-socialista que durará hasta septiembre de 1933. La gran mayoría de la derecha opta por la vía pacífica y legalista, y no apoya la insurrección del general Sanjurjo en agosto de 1932. En cambio los anarquistas se convierten en una plaga para el gobierno izquierdista, al cual hunden moral y políticamente después de la matanza de Casas Viejas, realizada por la republicana Guardia de Asalto, en enero de 1933. La impresión general es que las reformas de Azaña fracasan o funcionan mal. En un ambiente de inseguridad, el hambre aumenta, la inversión privada se estanca, y normas mal enfocadas empeoran los efectos de la depresión económica mundial. En el verano de ese año, la mayoría del PSOE se inclina por una revolución de estilo soviético, y Besteiro, que denuncia la dictadura y el baño de sangre que ello traerá consigo, es marginado. Prieto secunda a Largo Caballero, principal promotor de la línea *bolchevique*. En septiembre, tras perder varias elecciones parciales, la crisis del gobierno es insuperable, y Alcalá-Zamora retira la confianza a Azaña. En octubre, el PSOE rompe en las Cortes, pública y «definitivamente», con los republicanos. En las elecciones de noviembre gana el centro derecha por holgada mayoría.

Manuel Azaña en un discurso.

NOVIEMBRE DE 1933-OCTUBRE DE 1934. La CEDA, principal partido de derecha y el más votado en las elecciones, renuncia a gobernar en espera de que «se calmen las pasiones», y apoya al gobierno centrista de Lerroux. El PSOE prepara cuidadosamente la revolución, concebida como una guerra civil, mientras Azaña planea sucesivamente dos golpes de estado. Alcalá-Zamora obstruirá cada vez más, desde la presidencia de la república, al centro-derecha, provocando una frecuente inestabilidad gubernamental (viene a cumplir un papel parecido –aunque sin sangre– al de los anarquistas en relación con el gobierno republicano-socialista del primer bienio). En verano de 1934 el PSOE, los nacionalistas vascos y catalanes, y los republicanos, organizan maniobras desestabilizadoras contra el gobierno de centro, llevando al país a una situación crítica que obliga a la CEDA a reconsiderar su postura de abstenerse de gobernar.

Huelguistas detenidos en Gijón, octubre de 1934.

OCTUBRE DE 1934. Los principales partidos izquierdistas (PSOE y los nacionalistas catalanes de Esquerra Republicana, junto con los comunistas y, en Asturias, los anarquistas), apoyados políticamente por casi todo el resto de las izquierdas republicanas, lanzan una insurrección armada contra el gobierno democrático de centro-derecha. La derecha apela a la Constitución y la defensa de las libertades. La insurrección fracasa por falta de apoyo popular, excepto en la cuenca minera asturiana, y en Asturias hace estragos una auténtica guerra durante dos semanas, con cientos de muertos. Hay muertos también en 26 provincias, hasta un total próximo a los 1.400. Con esta insurrección comienza realmente la guerra civil, al romper con la legalidad republicana las principales fuerzas izquierdistas, y no renunciar a sus posiciones a pesar de su fracaso, que juzgan momentáneo.

Soldados «republicanos» camino de la sierra de Madrid.

NOVIEMBRE DE 1934-SEPTIEMBRE DE 1935. Las izquierdas derrotadas desatan una gran campaña nacional e internacional sobre las atrocidades de la represión derechista en Asturias. La campaña, aunque utiliza algunos hechos reales, se basa en exageraciones y falsedades abiertas, al paso que omite las atrocidades cometidas previamente por las izquierdas. El intenso martilleo propagandístico va creando en la población un clima de rencor y revancha, antes mucho más leve, y sirve de eje para una reagrupación de las izquierdas en el más tarde llamado Frente Popular.

Mitin de Gil-Robles en El Escorial.

OCTUBRE DE 1935-ENERO DE 1936. En octubre de 1935 es hundido mediante la intriga del *straperlo* el principal partido de centro y amortiguador entre la izquierda y la derecha: el Partido Radical de Lerroux. La intriga partió de Prieto, Azaña y Alcalá-Zamora. Este último, católico «progresista», se convierte en el azote de la CEDA, a la que expulsa del poder de forma dudosamente constitucional. Las tensiones resultantes le obligan a convocar elecciones en enero de 1936, en el ápice de la crispación y de los odios. La campaña electoral se carga de una violencia verbal nunca vista, acompañada de varios asesinatos.

Retrato del general Mola.

FEBRERO-JULIO DE 1936. Derechas e izquierdas empatan a votos, pero la ley electoral concede más escaños al Frente Popular, liga de todos los grupos que participaron en el golpe de octubre del 34 o lo apoyaron de algún modo. Su programa aspira a una antidemocrática «republicanización» del estado, con vistas a debilitar la independencia del poder judicial, eliminar a los funcionarios de derechas e impedir que la CEDA pueda volver al gobierno. Aunque pasa a gobernar Azaña y los –muy relativamente– moderados republicanos, la fuerza decisiva está en el sector extremista de Largo Caballero, en alianza con los comunistas, que han dejado de ser un grupo insignificante, mientras la poderosa central anarquista CNT rivaliza con los anteriores en empuje revolucionario. Se crea un doble poder, el oficial y el impuesto desde la calle por los revolucionarios. En pocos meses los desmanes y asesinatos se multiplican. La derecha apoya al principio a Azaña, en quien ve la última defensa frente a la revolución, y luego exige al gobierno que cumpla y haga cumplir la ley. Todo en vano. Desde finales de abril, la conspiración militar derechista de Mola va tomando impulso.

Juan Yagüe, jefe del Cuerpo de Ejército marroquí.

JULIO DE 1936. Es asesinado uno de los líderes de la oposición, Calvo Sotelo, mientras el otro, Gil-Robles, se libra por no hallarle en casa los criminales. Las últimas dudas de los conspiradores se disipan y una parte del ejército se subleva contra el Frente Popular. El gobierno reacciona, tras algunas resistencias, armando a los sindicatos. Con ello acaba de arrasar la Constitución y cede a la presión revolucionaria, que ya llevaba meses desbordando en toda la línea la legalidad republicana. Azaña permanece como presidente, sin apenas poder, de una «república» ficticia. Sin embargo el golpe militar fracasa a los tres días. Sólo el traslado por vía aérea de pequeñas partes del Ejército de África a Andalucía permite a los rebeldes ir rehaciéndose poco a poco de una situación inicial sin esperanzas.

Tumbas en Paracuellos del Jarama de los asesinados en noviembre de 1936.

JULIO-NOVIEMBRE DE 1936. Las reducidas tropas de Franco consiguen superar el desastre inicial. En septiembre, tanto el Frente Popular como el bando contrario, con adelanto del primero, comienzan a construir sendos aparatos estatales de nuevo tipo, ambos ajenos por completo a la república anterior, si bien las izquierdas reivindican ésta por motivos propagandísticos y de influencia exterior. El gobierno izquierdista pasa a ser dirigido por Largo Caballero, jefe del sector revolucionario del PSOE que en 1934 había intentado destruir la república, y Franco se afianza como dirigente sin rival en el lado contrario. En octubre, el Frente Popular se afana en construir un ejército, de modelo nuevo y con muy fuerte influencia soviética. El otro bando persiste en conducir sus principales operaciones por medio de «columnas». En noviembre, las fuerzas de Franco están ante Madrid, el gobierno izquierdista huye a Valencia, y la contienda parece a punto de terminar. Entonces la masiva intervención soviética cambia de nuevo el cariz de la lucha. Franco, aunque no es vencido, fracasa ante Madrid. Desde ese momento los dos bandos construirán masivos ejércitos regulares, pugnarán con la mayor intensidad por obtener material bélico del exterior, e intervendrá en la lucha una notable cantidad de tropas extranjeras. A esos fines, el Frente Popular ha enviado a Moscú el grueso de sus reservas de oro, mientras sus enemigos, faltos de tales medios, dependen casi exclusivamente del crédito.

Ataque alemán sobre Almería, el 31 de mayo de 1937.

NOVIEMBRE DE 1936-MAYO DE 1937. La lucha se centra en torno a Madrid, donde las izquierdas logran rechazar todas las ofensivas contrarias y en Guadalajara derrotan al cuerpo de tropas italianas. Los comunistas avanzan en el control del ejército y de la policía, se han adueñado de las juventudes del PSOE y de la organización socialista catalana y aumentan rápidamente su influencia en la UGT. Los anarquistas se sienten amenazados, y lo mismo grupos menores, como el POUM, comunista disidente. Largo Caballero, al principio muy prosoviético, se cree tratado como un subordinado por el Kremlin, e, inquieto por los avances comunistas, intenta frenarlos. Las tensiones estallan en mayo en Barcelona, dando lugar a una pequeña guerra civil entre las propias izquierdas, con cientos de muertos. Los comunistas, con el apoyo de Azaña y Prieto, ambos enemistados con Largo Caballero, logran acabar políticamente con éste y eliminar a los anarquistas del gobierno, mientras aplastan al POUM y reafirman su posición en las fuerzas armadas. Son los grandes vencedores, y pronto Prieto y Azaña pasarán también a sentir su presión. Largo es sustituido por Negrín, mucho más afecto a los comunistas. Tras los sucesos de mayo, el PCE se ha convertido en el partido hegemónico y decisivo del Frente Popular, y su influencia no hará sino crecer. Entre tanto los nacionales, que han tomado Málaga, en un frente secundario, han renunciado a resolver la contienda por medio de la conquista de Madrid, admiten que la guerra será larga, y desde abril dedican sus esfuerzos a la zona norte, la franja cantábrica dominada por sus enemigos, compuesta por las provincias de Vizcaya, Santander y Asturias, donde se concentra el grueso de la industria pesada y de armamentos española.

Tropas franquistas en el frente de Teruel, enero de 1938.

MAYO 1937-FEBRERO DE 1938. Pese al refuerzo militar impulsado por Negrín, y a los intentos de tomar la iniciativa en torno a Madrid y en Aragón, alejando de paso el peligro de la zona norte, el Frente Popular fracasa en todas sus ofensivas (Brunete, Belchite y otras), mientras el PNV traiciona a sus aliados frentepopulistas. La zona norte cae por entero en manos de los nacionales, a fines de octubre. Las ganancias militares y económicas de los vencedores son enormes, y se vislumbra nuevamente el fin de la guerra, pero Prieto y Negrín impulsan una enérgica reorganización, y entre finales de año y principios de 1938 dan la sorpresa de conquistar Teruel, primera –y única– capital de provincia tomada por las izquierdas. El suceso produce una cierta crisis en los aliados alemanes e italianos de Franco, que hacen estimaciones erradas sobre la marcha del conflicto.

Negrín, Azaña, Miaja y «El Campesino» Valentín González, en una revista militar, 1938.

FEBRERO-NOVIEMBRE DE 1938. El bando franquista replica a la toma de Teruel con una vasta contraofensiva, recupera la ciudad y continúa en un impetuoso avance sobre el Mediterráneo hasta cortar en dos la zona populista, a mediados de abril. Profunda desmoralización en los políticos del Frente Popular, a la que hacen frente enérgicamente los comunistas y Negrín, su hombre de confianza. Prieto sale del gobierno, acusado de derrotismo. Éste y Azaña especulan con maniobras en pro de una intervención inglesa –a costa, evidentemente, del PCE– que imponga una tregua con vistas a una paz negociada. Tales maniobras se sucederán en los meses siguientes, mientras los nacionalistas catalanes y vascos urden sus propias intrigas a espaldas del Frente Popular, buscando separar a las provincias vascas y Cataluña bajo la protección de Inglaterra y de Francia. Tales intentos no prosperan, y Negrín se impone a todos los manejos. Su política consiste en resistir a todo trance hasta enlazar la guerra española con la mundial, cuya proximidad se vislumbra claramente.

Y en julio dan la gran sorpresa de una magna contraofensiva para coger en tenaza, por la espalda, a las tropas enemigas llegadas al Mediterráneo. Logran importantes avances en el Ebro, dando lugar a la batalla más larga, difícil y sangrienta de la guerra. Los combates duran cien días, hasta noviembre. Pero, una vez más, los nacionales salen vencedores.

Entre tanto, el clima internacional se ha enrarecido al máximo, Francia hace planes de intervención en Cataluña, Baleares y Marruecos, y en la conferencia de Munich sobre la desintegración de Checoslovaquia, en septiembre, la guerra europea parece a punto de estallar. Franco, preocupado por las repercusiones que la crisis pudiera tener en España, proclama la neutralidad española en caso de contienda europea, para irritación de Roma y Berlín.

Columna de soldados durante la batalla del Bajo Aragón.

DICIEMBRE DE 1938-ABRIL DE 1939. La derrota izquierdista en el Ebro abre a los nacionales las puertas de Cataluña, que cae a principios de febrero, sin mucha resistencia ni dar tiempo a la llegada de una enorme remesa de armas soviéticas. Más de 400.000 personas pasan a Francia, aunque cerca de las tres cuartas partes de ellas volverán a España antes de que termine 1939. Negrín y los comunistas persisten en mantener la lucha, siempre con la esperanza de unirla a la mundial, desde la amplia zona centro-oeste todavía en su poder. Pero sus aliados republicanos, socialistas de Besteiro y Prieto, y anarquistas, deciden finalmente sublevarse y rendirse incondicionalmente a Franco. Ello da lugar a una segunda guerra civil entre las propias izquierdas, con gran número de víctimas, y el 1 de abril termina oficialmente la contienda, sólo cinco meses antes de que comenzara la Segunda Guerra Mundial.

Introducción

EL FATAL DESENFOQUE *

El persistente apasionamiento sobre la guerra civil, y las consecuencias extraíbles de ella con respecto a la política actual, impiden que el debate historiográfico acabe de encarrilarse por las vías intelectuales y serenas que debiera. Mi insistencia en ese debate ha sido contestada mayoritariamente con una sarta de improperios, maldiciones, ataques personales y llamamientos a la censura contra mis libros. Diversos comentaristas han lanzado en radio y prensa diatribas contra mi persona y trabajos, naturalmente sin dejarme replicar, y luego me han acusado de «habilidad publicitaria» por denunciar ese tratamiento. Ilustres profesores han alardeado de disuadir a sus alumnos de leerme. Corresponsales de periódicos extranjeros, como *The Guardian* o el *Frankfurter Allgemeine Zeitung* se han permitido informar a sus lectores sobre *Los mitos de la guerra civil* tras consultar con diversos historiadores... pero no con el autor del libro. Etcétera.

Las anécdotas sobre estas reacciones viscerales componen un muestrario curioso, tanto más cuanto que sus protagonistas suelen atribuirse en exclusiva la dignidad de historiadores «profesionales» y «científicos», y asignarse una representación corpora-

* Sobre un artículo del historiador Santos Juliá en *Revista de Libros,* núm. 81, septiembre de 2003.

tiva que nadie les ha otorgado. Un profesor me escribía: «Yo, como otros, opino que sus libros se aproximan bastante a la realidad histórica, pero no puedo decirlo en voz muy alta, porque podría verse afectada mi posición profesional e incluso laboral.» Pues, desde luego, muchos profesores e historiadores están de acuerdo con mis tesis, o se han adelantado a muchas de ellas, pero el caciquil dominio de los departamentos por ciertos personajes y tendencias produce el ambiente que vemos.

Aunque todo esto pueda resultar cómico, revela un panorama universitario bien triste en relación con la historiografía contemporánea. Los departamentos, muy influidos por determinadas ideologías, han elaborado una versión peculiar de nuestra historia reciente, y, lógicamente, se oponen con uñas y dientes a su revisión. Harían bien, desde luego, en defender sus puntos de vista, pero eso es precisamente lo que no hacen, quiero decir, no lo hacen con métodos intelectualmente válidos.

No obstante, si bien lentamente y jurando que debatir es echar margaritas a los cerdos, perder el tiempo con un seudo historiador «escandaloso», «indocumentado», «neofranquista», de «oscuro pasado», «vendido», y sesudas lindezas aún peores, mis contradictores no tienen más remedio que ir haciendo algún esfuerzo de argumentación. Así Enrique Moradiellos o, ahora, Santos Juliá en réplica a las opiniones de Stanley Payne. Algo avanzamos, sin estar todavía cerca de un debate de cierta elevación, o que simplemente merezca la pena, como vamos a ver al tratar dicha réplica, que comento como directamente aludido.

Payne señala, muy acertadamente, a mi juicio, que la mayoría de los estudios sobre la guerra producidos en España en los últimos años, son «predecible y penosamente estrechos y raramente plantean preguntas nuevas». El aserto hiere a Juliá, que lo replica alegando la abundancia de dichos estudios, e incluso enumera 37 de ellos, españoles y extranjeros, los cuales, a su juicio, clarifican aspectos clave de la república, la guerra y el franquismo. Los clarifican, naturalmente, al gusto de Juliá, que omite con elegancia los libros de distinto enfoque, y pretende justificar sus opiniones con simples argumentos de autoridad.

No negaré el relativo valor de varias obras loadas por Juliá, pero en su mayoría adolecen de un defecto esterilizante, que vuelve sus aportaciones aprovechables sólo al modo del material de desguace. Ese defecto consiste en un errado enfoque global de la república y la guerra, a partir del cual las distorsiones y errores de detalle proliferan. Se trata de la asunción acrítica de la república como un régimen reformista y democrático permanentemente amenazado por la derecha, la cual habría terminado por alzarse contra las reformas que amenazaban sus privilegios, dando lugar a una guerra consistente en un enfrentamiento entre la democracia y el fascismo o, más vagamente, «la reacción».

A cualquier historiador reflexivo debería hacerle sospechar el dato de que ese enfoque haya sido divulgado masivamente por una propaganda tan democrática como la estaliniana, y que lleve a conclusiones tan improbables como que el Kremlin defendió la libertad política interna y externa de España, mientras las verdaderas democracias la traicionaron. Y ésta es sólo una de las muchas incongruencias producidas por tal enfoque o, más propiamente, desenfoque inicial.

Pues, en efecto, ¿cómo encaja en esa concepción de la república el hecho de que en octubre de 1934 las izquierdas (socialistas, nacionalistas catalanes, comunistas y bastantes anarquistas, apoyados políticamente por los republicanos jacobinos) se levantaran en armas contra un gobierno democrático de centro derecha, salido de las urnas? ¿O que, ante tal ataque, la derecha defendiera la Constitución? ¡Es un hecho bien notable, pero inexplicable con el desenfoque dicho, que las izquierdas asaltaran la legalidad republicana que ellas mismas habían impuesto en 1931, y que las derechas la defendieran! ¿Y cómo explicar que, por contraste, ante la sublevación derechista de julio de 1936, el gobierno de izquierdas no defendiera la Constitución, sino que acabara de arrasarla al repartir las armas a las masas y abrir paso a una revolución en extremo violenta? ¿Cómo interpretar, además, que, entre febrero y julio del 36, el gobierno supuestamente democrático de izquierdas no pusiera coto a los avances revolucionarios y rehusara aplicar la ley a quienes imponían su propia ley desde la calle, como le pedían las derechas? Estos datos clave, definitorios, como otros muchos de menor enjundia, no hay modo de integrarlos en la interpretación de Juliá y los suyos.

Asimismo precisa una dosis muy alta de retorcimiento y desfachatez llamar democracia al Frente Popular durante la contienda, pero los defensores de ese enfoque no se arredran. Reconocen unos primeros meses de «descontrol», pero, aseguran, el gobierno democrático se recompuso en septiembre. Ese gobierno estaba dominado por los más radicales entre quienes habían asaltado la democracia en 1934, y pronto les acompañarían los ácratas, los auténticos verdugos de Azaña en el primer bienio y un verdadero cáncer de la república. ¿Se volvieron demócratas de pronto todos ellos? ¿Y cómo se explica que entre tales «demócratas» se hiciera hegemónico el Partido Comunista, agente directo e indisimulado de Stalin?

Podríamos seguir así largamente, hasta llegar al suceso, igualmente inexplicable en el esquema de Juliá, de que una gran parte de la misma izquierda terminase por preferir entrar en guerra civil con sus propios aliados, para rendirse sin condiciones a un Franco inclemente, antes que seguir bajo la férula de Negrín y los comunistas.

Quien lea con espíritu crítico percibe fácilmente las continuas incoherencias, omisiones y distorsiones por parte de esa historiografía que quiere pasar por última y definitiva palabra sobre la guerra civil. Y quien acceda a la prensa y documentación de la época, o simplemente estudie los diarios de Azaña, comprueba en qué alto grado esa historiografía, lastrada por la propaganda, enturbia la realidad histórica.

Tratadas estas cosas en mis libros, no insistiré ahora en ellas. Sí señalaré cómo esos desenfoques y falsos métodos historiográficos se aplican también en el ataque —pues todavía no es debate— a quienes los desafían. Es sabido, o debe serlo, el ocultamiento en la universidad de obras clave como las de los hermanos Salas Larrazábal, Bolloten o Martínez Bande. O la marginación, entre insidias y descalificaciones gratuitas, de Ricardo de la Cierva, operación que parecen querer repetir ahora conmigo.

El profesor Stanley Payne ha expresado el mayor aprecio por mis investigaciones. Naturalmente, Juliá tiene derecho a pensar de otro modo. Pero, advierte Payne, y en ello debe convenir cualquier intelectual con algún rastro de honradez, «quienes discrepen de Moa necesitan enfrentarse a su obra seriamente y demostrar su desacuerdo en términos de una investigación histórica y un análisis serio que retome los temas cruciales». No es esto, ni remotamente, lo que Juliá hace en su réplica a Payne.

A su entender, no sólo la actual investigación histórica goza de «buena salud», sino que en ella «resulta imposible incluir el libro *Los mitos de la guerra civil* que tantos elogios merece» a Payne, pues «no pertenece ese libro al ámbito de la investigación, sino, más bien, al de la propaganda». Desdeñosa afirmación, que habrá que creerle bajo palabra, pues otro argumento no da. Según Juliá ha explicado también en *El País,* yo me he limitado a *fusilar* a Arrarás. Le contesté en una carta al director: «Cualquiera que haya leído el libro sabe muy bien que, lejos de *fusilar* a Arrarás, a quien cito pocas veces, lo que *fusilo*, si así quiere llamarlo, es, entre otros, los archivos de la Fundación Pablo Iglesias, en cuyos documentos se basa lo principal de la investigación. Sin duda Juliá escribe para personas que aún no han leído mis libros, con la esperanza evidente de disuadirles de su lectura. Durante cuatro años él y otros han respondido a mis críticas con el silencio. Ahora lo rompen, y sólo se les ocurre salirse con desvirtuaciones.» *

Mi respuesta quedó censurada, es decir, no publicada, y Juliá, con el mismo talante democrático que el Frente Popular de sus escritos, nada hizo por evitar el desafuero (lo mismo que Tusell, hace unos meses). Esto no dice mucho a favor de Juliá (o de Tusell).

Es fácil comprobar que me he basado muy principalmente en documentos, hemerografía y otras fuentes de la izquierda: basta hojear mis libros. A éstos los he calificado, por eso, y con un poco de ironía, como «la auténtica versión de la izquierda», muy distinta de la fabricada luego por su propaganda. Esto lo saben perfectamente Juliá, Moradiellos y demás, quienes, al parecer, encuentran muy difícil criticarme sin falsear mis tesis. En todo caso, tendría gracia que la documentación de la izquierda corroborase a Arrarás. Debieran meditarlo quienes así hablan.

En cuanto a la nulidad de mis aportaciones, idea difundida también en medios historiográficos de derecha, según los cuales mis libros «no dicen nada nuevo», su contenido «ya lo sabían los historiadores», etc., me permitiré señalar algunos detalles que, misteriosamente, han pasado inadvertidos a tan agudos observadores.

Cuando Azaña perdió las elecciones en noviembre de 1933, presionó a favor de un golpe de estado para impedir la reunión de las Cortes y organizar nuevos comicios con garantías de triunfo izquierdista. Ese intento golpista es bien conocido, pero yo he podido documentar, a partir de actas de la dirección del PSOE, un segundo intento en julio de 1934 y en complicidad con los nacionalistas catalanes, que no prosperó al negarle su apoyo los socia-

---

* Véase pp. 144-145.

listas, inmersos entonces en los preparativos de su propia revolución, y reacios al golpismo burgués. Empiezo con este ejemplo porque Juliá, especialista en Azaña, ha tenido ante sus ojos las actas aludidas, probatorias de la trama. ¿Escapó el dato a su perspicacia, o prefirió ocultarlo en pro de la habitual visión de Azaña como demócrata ejemplar? Él sabrá. Y cito esta contribución porque muchos historiadores estarían realmente ufanos de aportar una novedad semejante, nada banal en la explicación de la marcha hacia la guerra.

Como también sabe Juliá, mi tesis esencial —que no viene de Arrarás— consiste en que la guerra civil empezó en octubre de 1934, para reanudarse en julio del 36. La idea no es nueva, y se encuentra en Brenan y en otros, pero sí es nueva la demostración de que los socialistas prepararon la insurrección, literalmente, como una guerra civil, y de que no fue un movimiento provocado por la creencia en un peligro fascista, ni fue exigido por las masas que habrían arrastrado a los líderes izquierdistas, ni perseguía objetivos limitados, como han sostenido muchos historiadores de izquierda, entre ellos Juliá, y también de derecha, sino un régimen de corte soviético. Asimismo he establecido la relación entre aquel alzamiento y los movimientos desestabilizadores que le precedieron durante el verano de 1934, a cargo de socialistas, nacionalistas vascos y catalanes, y republicanos azañistas. Arrarás, por ejemplo, se limita a narrar los hechos de forma poco conexa, sin relacionarlos adecuadamente, porque ignoraba las tramas insurreccionales del PSOE y de la Esquerra.

Creo haber establecido también la crucial importancia, política y psicológica, de la campaña de agitación en torno a la represión de Asturias después de octubre del 34, campaña que la historiografía ha solido tratar como un episodio más, sin clara relación con el desarrollo general de los acontecimientos, y con el clima de guerra civil que la izquierda siguió promoviendo, pese a su fracaso en octubre. Asimismo he analizado el contenido de dicha campaña y sus contradicciones, probando el alto grado de falsedad o exageración de sus acusaciones a la represión derechista. Ese análisis tampoco había sido realizado con anterioridad, salvo algunas referencias generales y en su mayoría equivocadas.

Igualmente he dejado bastante claro, contra lo escrito por muchos historiadores, también bastantes de derechas, la escasa fiabilidad de la explicación de Azaña en su libro *Mi rebelión en Barcelona*, y su posición en todo el proceso revolucionario, ambigua al principio, cada vez más comprometida con la reivindicación de la insurrección de octubre y la campaña sobre la represión, y en ningún caso democrática. Y opino, si Juliá me permite la inmodestia, que mi exposición sobre los condicionantes de la evolución política de Azaña —que tampoco encontrará en Arrarás— es harto más fundada y coherente que la suya. Puedo citar asimismo como aportación mi análisis de las motivaciones de la persecución religiosa, máxime cuando varios pretextos propagandísticos al respecto habían sido aceptados por la derecha.

También aparecen citados en mis libros, por primera vez, bastantes documentos de diversos partidos, en particular del PSOE. Y entiendo como una aportación considerable mis críticas a diversas interpretaciones en boga, entre ellas varias del propio Juliá, al menos mientras no sean desmentidas de modo convincente.

En fin, no sigo porque lo anterior basta para desautorizar la idea de que mis trabajos no aportan nada. Ciertamente se trata de contribuciones modestas, pues, como en casi todo, «avanzamos a hombros de gigantes», y poco habría logrado yo sin los trabajos de otros historiadores. Pero con ser modestas no son desdeñables, creo que aguantan bien la comparación con las investigaciones de otros historiadores del momento, y Juliá y los demás no podrán borrarlas con simples poses de autoridad o mohínes alternativos de desprecio e indignación.

Juliá afirma que los tiempos de la propaganda han sido sustituidos por los del «debate adulto y maduro, del que Payne lamentablemente se excluye» con su artículo en *Revista de Libros.* Está claro que son Juliá y otros historiadores «adultos y maduros» quienes pretenden excluir a Payne, un clásico en la investigación histórica sobre España, simplemente porque no comparte los desenfoques que ellos intentan pasar por versión definitiva. No tienen un concepto académico del debate, sino sectario, casi policíaco.

Y vuelvo al principio. Clarificar nuestra historia reciente tiene el mayor interés porque, como estamos viendo, muchos de los errores que llevaron a la guerra civil tienden a repetirse, si bien, de momento, con menor intensidad. ¿No vale la pena abordar la cuestión con mayor altura de miras, superando el cerrilismo y la tosquedad intelectual predominantes por ahora?

1

REPÚBLICA, DEMOCRACIA Y GUERRA CIVIL

Para salir del laberinto de las interpretaciones parciales en torno a la guerra de España y las interminables controversias sobre casi cada hecho de ella, debemos plantearnos dos cuestiones que dan sentido a las demás:

Primera, ¿fue la Segunda República un régimen democrático, o en qué grado lo fue?

Segunda, ¿surgió la guerra de un peligro fascista o de un peligro revolucionario?

La primera pregunta nos obliga repasar no sólo el carácter inicial de la república, sino también su evolución.

La república no llegó pacífica y democráticamente, como suele decirse, por unas elecciones municipales. En rigor, lo primero que pensaron los jefes republicanos en el famoso Pacto de San Sebastián, fue imponerse por medio de un golpe militar o pronunciamiento. El golpe fracasó, dejando varios muertos, entre ellos dos de los militares golpistas, cuya ejecución los convirtió en mártires de la república.

Cuatro meses después, en las elecciones municipales, triunfaron las candidaturas monárquicas, excepto en las capitales de provincia. De ahí que algunos nieguen legitimidad a la república. Pero sin duda la tuvo. Desde luego, ésta no le vino por unas elecciones perdidas y que además tenían sólo carácter municipal, y por tanto no podían motivar un cambio de régimen. La legitimidad le vino de la entrega del poder, sin resistencia, por los propios monárquicos en plena quiebra moral. Hecho casi increíble, pero indiscutible y resaltado, entre otros, por Miguel Maura, el republicano de última hora que más contribuyó a organizar el Pacto de San Sebastián y mejor percibió el desfallecimiento de la corona: «Nos regalaron el poder», insiste en su libro sobre estos sucesos. Por tanto, y aunque sólo fuera por no dejar un vacío de poder, la república entraba en la historia con una legitimidad extraña, pero indiscutible.

Hay algo misterioso en la claudicación monárquica. Brindo una pista sugestiva a quien quiera estudiarla, si bien imagino muy difícil, quizá imposible, seguirla hasta el final. Juan Simeón Vidarte, político socialista y masón ferviente, ofrece en sus Memorias muchos detalles internos sobre los trabajos políticos de la masonería, datos inhallables en otro lugar, que yo sepa. Vidarte señala cómo «la Masonería actuaba intensamente contra el régimen monárquico», y «en las Logias, el pacto de San Sebastián fue acogido con alentadora esperanza». Numerosos líderes republicanos fueron masones, pero según él también lo fue el dirigente más caracterizado de los monárquicos, y precisamente el principal fautor de la entrega del poder a los enemigos del trono. Me refiero a Romanones. Explica Vidarte: «Marcelino Domingo (...) me informó que Marañón fue iniciado en secreto por su suegro Miguel Moya, cuando éste era Gran Maestre. Estas iniciaciones constan en un libro especial que lleva la Gran Maestría, y sólo figuran en él los nombres simbólicos. El caso del ilustre médico y escritor era semejante al del conde de Romanones, quien también había sido iniciado en secreto por Sagasta y quien siempre cumplió bien con la Orden (...). "Ya comprenderá usted —terminó Domingo— que muchas veces nos interesa que no se sepa que son masones algunos políticos de nuestra confianza." Fallecidos, lo mismo el conde de Romanones que el querido y admirado doctor Marañón, me encuentro en libertad para revelar estos secretos.» *

Curiosamente, también Marañón desempeñó un papel en el tránsito de la monarquía a la república, siendo en su casa donde tuvo lugar la famosa reunión entre Alcalá-Zamora y Romanones que abrió paso al nuevo régimen.

No creo, desde luego, en las conspiraciones como explicación de la historia, pero sería ingenuo negarles toda trascendencia. Muchas decisiones adoptadas a la luz del día tienen un trasfondo oculto. ¿Fue éste el caso en relación con la república? No podemos saberlo hoy por hoy, y el testimonio de Vidarte es único. Pero hay en él un indicio muy interesante, que dejaremos ahí.

Pues bien, como diría el político e intelectual socialista Araquistáin, en el siglo XX, cuando una monarquía cae, cae para siempre. Así pensaba casi todo el mundo, máxime teniendo en cuenta el modo humillante como esa caída se produjo, hundiendo el prestigio del trono. Nadie esperaba una vuelta de la monarquía a corto plazo, y menos aún a largo plazo si se consolidaba una república democrática.

El objetivo declarado de los republicanos consistía, precisamente, en instaurar una democracia. Sin embargo el significado de tal concepto variaba mucho según los partidos. El PSOE, de ideología marxista, veía al nuevo régimen como un período de transición hacia una dictadura socialista. Pero en quien quizá podamos observar mejor los problemas de aquel régimen es en Azaña, que por algo fue considerado «la revelación» y hasta la «encarnación» de la república.

---

* J. S. Vidarte, *No queríamos al rey*, Barcelona, 1977, p. 228.

Los loadores del político alcalaíno lo retratan como paradigma de prohombre demócrata y liberal, y en los últimos veinte años han cundido los ditirambos a su figura, presentada como víctima de la incomprensión y la brutalidad de una derecha adversa a las libertades, y también de cierto extremismo alocado de la izquierda obrerista. Pero si observamos las pruebas aducidas por sus admiradores, encontramos una lista de frases y expresiones del propio político, bien escritas y a veces conmovedoras, pero no un análisis de su conducta práctica, la cual intentaré resumir aquí.

Azaña entró en la política republicana con un cántico al extremismo. Miembro del Pacto de San Sebastián, que trató de imponer la república mediante un golpe militar, expuso sus intenciones en varios discursos, poco antes del fracaso del golpe en diciembre de 1930. En ellos se proclamó orgullosamente «sectario», anunció que no promovería la moderación, y definió el futuro régimen como una república «para todos los españoles, pero gobernada por los republicanos». A su juicio, sólo los partidos autoproclamados republicanos poseían «títulos» para gobernar. Esta idea remite al despotismo ilustrado, no a la democracia, y más aún si recordamos cuán pocos, divididos y mal avenidos, eran los llamados republicanos: ¡el propio Azaña los ha fulminado en sus diarios por ineptos y botarates!

No obstante, la república llegó como un régimen representativo de casi todas las tendencias, pues, no debe olvidarse, tanto el movimiento antimonárquico como la toma efectiva del poder, el 14 de abril, habían sido dirigidos por los conservadores católicos Alcalá-Zamora y Miguel Maura, y el primero de ellos era el presidente del gobierno provisional. Casi todo el mundo pensó que esta Segunda República iba a tener poco en común con las convulsiones de la Primera. Pero esa esperanza inicial cayó por tierra antes de un mes, en mayo, cuando más de cien iglesias, bibliotecas y centros de enseñanza, fueron incendiadas por turbas de exaltados. Las izquierdas identificaron a aquellos delincuentes con «el pueblo», identificándose así implícitamente con ellos. Azaña, desde el gobierno impidió cualquier freno a los desmanes, y presionó, en cambio, en pro del castigo a las víctimas, empezando por disolver a los jesuitas, aunque la medida no se cumpliera de momento.

Poco después, el alcalaíno influyó decisivamente en los rasgos más antirreligiosos y sectarios de la nueva Constitución, haciéndola no simplemente laica, como se dice, sino hostil a las creencias y sentimientos mayoritarios en el pueblo. Sólo esto ya la volvía poco democrática, y peligrosa para la convivencia. No fue una constitución elaborada por consenso, como la actual, sino por el rodillo aplastante de la izquierda, método que Azaña consideró adecuado, ensalzándolo con estas palabras: «Si yo (...) tuviera en esta Cámara la mitad más uno de los diputados (...) en ningún momento (...) habría vacilado en echar sobre la votación el peso de mi partido para sacar una Constitución hecha a su imagen y semejanza.» Siendo muy minoritario, hubo de transigir, pero sólo con otras izquierdas. Como criticará Martínez Barrio, «de un manotazo rompía con el propósito de ensayar cualquier política de transacción y de acomodo» *.

Al disolver la orden jesuita y tratar de asfixiar a las demás órdenes religiosas, prohibiéndoles la enseñanza y cualquier actividad económica, la ley reducía a los religiosos a ciudadanos de segunda, atentaba contra los derechos de conciencia, asociación y expresión, y contra la voluntad de los padres en la enseñanza de los hijos. Consciente de esas mutilaciones, Azaña las justificó en razones de seguridad del nuevo régimen, pese a que los católicos no

---

* Discurso en las Cortes, 13 de octubre de 1931. D. Martínez Barrio, *Memorias*, Barcelona, 1983, p. 74.

lo habían amenazado, y ni aun en las jornadas incendiarias de mayo habían respondido con violencia. La Constitución invitaba a la guerra civil, en palabras de Alcalá-Zamora, que había contribuido mucho más que Azaña a traer la república, y que dimitió por estas decisiones sectarias.

La república nacía así como una democracia a medias, mal concebida, ajena u hostil a profundas realidades sociales e históricas del país. Otros republicanos superaban a Azaña en extremismo jacobino, pero ello no mengua su responsabilidad en la formación de aquella democracia contrahecha y destinada inevitablemente a provocar confrontaciones. Pronto Ortega y Gasset, uno de los «padres espirituales de la república», que tanto influyó en crear un ambiente pro-republicano, clamaba su célebre: «No es esto, no es esto.»

La realidad empeoró la teoría, pues la Ley de Defensa de la República, promovida también por Azaña (como la de Vagos y Maleantes, que muchos han creído franquista), permitía al gobierno actuar al margen de la Constitución, dejando en papel mojado los artículos referentes a las libertades y la seguridad ciudadanas. Esa ley produjo innumerables detenciones sin acusación, deportaciones a las colonias, cierre de más periódicos que en cualquier período equivalente anterior, etc. En sus diarios, Azaña explica cómo ordenó sofocar las rebeliones anarquistas fusilando sobre la marcha a quienes fueran cogidos con armas, actitud que desembocaría en la matanza de campesinos de Casas Viejas por la policía del gobierno. Pero, según sus admiradores, Azaña se limitaba a gobernar «con la razón, la virtud y la palabra».

En noviembre de 1933, el voto popular arruinó prácticamente a los partidos republicanos, y el mismo Azaña pudo salir diputado gracias a haberse presentado por las listas del PSOE en Bilbao. Desastre tal se explica por sus fracasos en el primer bienio: una reforma agraria tenida generalmente por inepta, un estatuto autonómico para Cataluña que muchos temían fuese utilizado por los nacionalistas como palanca para ir a la separación (así ocurriría en 1934, y luego desde julio de 1936, con la vulneración del estatuto en todos los terrenos, igual que haría el PNV), algunas mejoras en la enseñanza primaria, neutralizadas por la supresión de la enseñanza de las órdenes religiosas; una reforma militar bien encaminada, pero cuyos defectos de aplicación práctica, señalados por el propio Azaña, aumentaron la crispación en el Ejército, etc. En los aspectos abiertamente negativos cabe destacar, aparte de su democratismo un tanto peculiar, un aumento de la inseguridad, varias insurrecciones o huelgas revolucionarias anarquistas mal resueltas, brusco aumento de la delincuencia común, de los atentados y de las violencias políticas, estancamiento económico causado por la crisis mundial, pero agravado por la retracción de la iniciativa privada a causa de la inseguridad, empeoramiento del hambre hasta los niveles de principios de siglo, etc.

Sin embargo la desfavorable voz de las urnas no disuadió a Azaña de intentar ocupar el poder, demostrando que sus frases sobre el derecho exclusivo de los republicanos a gobernar expresaban su convicción profunda y no ocurrencias ocasionales. Apenas perdidas las elecciones urdió un golpe de estado, proponiendo a Martínez Barrio (entonces jefe del gobierno) y a Alcalá-Zamora (presidente de la república) no convocar las Cortes elegidas por el pueblo, y preparar nuevos comicios a medida, para que ganaran las izquierdas. Según Alcalá-Zamora, la presión sobre Martínez Barrio traslucía una fuerte afinidad masónica. Martínez ostentaba la máxima jerarquía de la masonería española, y Azaña también había ingresado en la Orden, pese a causarle hilaridad sus ceremonias secretas.

Esta presión en pro de un golpe contra la legalidad que él mismo había contribuido a imponer por rodillo, la citan Alcalá-Zamora y Martínez Barrio en sus memorias, siendo por eso bien conocida, aunque a menudo ocultada. No era conocido, en cambio, otro intento golpista unos meses más tarde, en verano de 1934. En su libro *Mi rebelión en Barcelona*, y en el «Cuaderno de la Pobleta», Azaña afirma haber mantenido por entonces una postura legalista y tratado de calmar a Companys, embarcado éste en los preparativos de su propia rebelión contra el gobierno legítimo. Pero Azaña faltaba a la verdad, como demuestran unos documentos de la dirección socialista conservados en la Fundación Pablo Iglesias: él había tratado de arrastrar al PSOE a un golpe de estado en connivencia con Companys y con base en Barcelona. Los líderes socialistas rechazaron la propuesta, por estar organizando su propia insurrección y no desear supeditarse a los partidos «burgueses» *.

Azaña niega también haber participado en la insurrección socialista y nacionalista catalana de octubre del 34, planteada textualmente como una guerra civil y comienzo real de ésta. Pero el partido azañista propugnó entonces públicamente el empleo de «todos los medios» para derribar al gobierno democrático de centro derecha. Como es sabido, la insurrección se impuso durante dos semanas en parte de Asturias, pero en el resto del país fracasó, porque la gente, en su inmensa mayoría, desoyó los llamamientos izquierdistas a acudir a la violencia.

Procesado Azaña por aquellos hechos, su caso fue sobreseído, detalle irrelevante, pues la justicia resultaba lo bastante peculiar como para absolver «por falta de pruebas» a Largo Caballero, principal y reconocido líder de la revuelta, el cual salió de la cárcel declarándose dispuesto a volver a intentar la revolución.

---

* P. Moa, *Los orígenes de la guerra civil,* Madrid, Encuentro, 1999, pp. 335-336.

Azaña trató luego de recomponer con el PSOE una alianza reformista como la del primer bienio. Pero sus célebres discursos de 1935 responden a su lema inicial de no predicar la moderación, y hay en ellos apología de la insurrección de octubre, igualándola, en valor democrático, a las elecciones que le habían echado a él del poder. Apoyó asimismo la campaña sobre la supuesta represión de Asturias, provocadora de un clima popular de guerra civil antes inexistente (por ser inexistente habían fracasado en octubre los llamamientos a las armas). Y, en fin, hay pocas dudas de que tomó parte en la maniobra del *straperlo* para liquidar al principal partido centrista, el de Lerroux, agravando los extremismos en el país. Por lo demás, su esperanza de repetir la alianza republicana-socialista del primer bienio era un puro espejismo. El PSOE había cambiado mucho, dividido entre los minoritarios prietistas y los mayoritarios seguidores de Largo Caballero, y marginado el sector democrático de Besteiro, con el cual no trató Azaña.

De esas gestiones nació la liga conocida en la historia como Frente Popular. Éste integraba a un sector relativamente moderado, el de los seguidores de Azaña más los socialistas de Prieto y los nacionalistas catalanes, y de un sector más potente y abiertamente revolucionario, el PSOE-UGT de Largo Caballero, y los comunistas. La poderosa y revolucionaria CNT también apoyó con sus votos al Frente Popular, como había apoyado la llegada de la república, por la esperanza de que facilitaran sus designios libertarios.

El sector «moderado» perseguía la llamada «republicanización» del estado, consistente en coartar la independencia judicial y condicionar las instituciones para impedir una vuelta de las derechas al poder. Proyecto antidemocrático muy próximo al del régimen del PRI mejicano, reconocidamente corrupto pero tenido por modélico entre los republicanos españoles. Izquierdas y derechas empataron a votos en unas elecciones anómalas, marcadas por las presiones y disturbios de las masas en la calle y la huida de buena parte de las autoridades que debían asegurar la pureza del escrutinio. En todo caso, la ley electoral dio más diputados al Frente Popular, y Azaña proclamó, sin mayor respeto a las reglas de la democracia, que el poder no saldría ya de manos de la izquierda *. De nuevo «un régimen para todos los españoles, pero gobernado por los republicanos».

Mas, para su desgracia, sus poderosos aliados pensaban de otro modo. Comunistas y socialistas de Largo instauraron un doble poder, imponiendo la ley desde la calle. Los comunistas presionaban a Azaña para obligarle a aplastar a la derecha, disolviendo sus organizaciones y encarcelando a sus líderes, lo cual suponía acabar con la democracia y dar un largo paso hacia la dictadura *proletaria*. Los socialistas *bolcheviques* trataban de desgastar al gobierno para heredarlo «legalmente», a fin de llevar así adelante su revolución sin el riesgo de un nuevo alzamiento. Y los anarquistas empujaban hacia su propia revolución. El resultado fue un caos sangriento. Azaña se había hecho la ilusión de dirigir a tan peligrosos amigos, y en realidad se vio arrastrado por ellos y por su propia demagogia. Finalmente hizo destituir, ilegítimamente, al presidente Alcalá-Zamora, cuyo puesto ocupó.

Una de las frases de *Los mitos de la guerra civil* que más escándalo han causado es la de que Franco respetó más que Azaña la legalidad republicana. Algunos han adulterado la frase, para hacerla más atacable, transformándola en la de que Franco era más

---

* Azaña describe así las elecciones: «Los gobernadores de Portela (el jefe de gobierno que presidía los comicios) habían huido casi todos. Nadie mandaba en ninguna parte, y empezaron los motines.» Sus frases sobre la imposible vuelta de la derecha, en su discurso del 1 de marzo de 1936, en un acto público ante masas izquierdistas.

«demócrata», cosa muy distinta. Franco aceptaba la democracia sin entusiasmo, y acató el régimen, sin pensar en rebelarse mientras no derivase hacia la revolución. No entró en la intentona de Sanjurjo, frenó tres posibles golpes de estado, y en octubre de 1934 defendió la legalidad contra los partidos izquierdistas que la asaltaban. Cuando él se sublevó, en julio de 1936, se habían alzado contra la república, además de Sanjurjo, los anarquistas, los socialistas, los nacionalistas catalanes, los comunistas y... Azaña. Si los líderes izquierdistas hubieran mostrado el mismo respeto que Franco a la legalidad, la guerra nunca habría estallado, y a Franco sólo lo conocerían hoy los especialistas en historia militar de la época.

Visto lo visto, ¿hasta qué punto puede llamarse democrática la república? En mi opinión, lo fue en sus comienzos, aunque limitadamente, debido a su tendencia jacobina y avasalladora contra la mitad de los españoles. Y esa democracia fue debilitándose con rapidez, hasta casi desaparecer tras las elecciones de febrero de 1936. Pudo haberse hundido definitivamente en octubre de 1934, pero, en aparente paradoja, entonces la salvó el centro derecha, dándole un año y medio más de vida. Quizá pudo la derecha haber evitado también la guerra civil, de haber continuado en el poder los dos años más que le correspondían, pero eso lo impidió —nueva paradoja—, no la izquierda, sino el católico *progresista* Alcalá-Zamora, abriendo el paso a la revolución.

El rápido declive y la violenta degradación del régimen produjo una honda decepción en millones de españoles, reflejada en la furia con que lo llegaron a condenar varios «padres espirituales de la república» al poco de recomenzar la guerra, en 1936. Pérez de Ayala, por ejemplo, trata a Azaña y a los republicanos en general de «desalmados mentecatos», y afirma: «Lo que nunca pude concebir es que hubieran sido capaces de tanto crimen, cobardía y bajeza.» Gregorio Marañón, probablemente ya ajeno a la masonería, si realmente estuvo en ella, los fulmina con frases no menos amargas: «Tendremos que pasar varios años maldiciendo la estupidez y la bellaquería de estos cretinos criminales», «Horroriza pensar que esta cuadrilla hubiera podido hacerse dueña de España. Sin quererlo siento que estoy lleno de resquicios por donde me entra el odio, que nunca conocí». Ortega y Gasset critica sin ambages a los intelectuales extranjeros que, ignorando casi por completo la realidad de España, se solidarizaban con el Frente Popular, desacreditando así la labor intelectual. Unamuno es igual de ácido, y si llegó a enfrentarse con los falangistas, en ningún momento hasta su muerte varió su intensa aversión al gobierno izquierdista que se presentaba, contra toda evidencia, como legítimo y democrático.

Y aquí entra la segunda cuestión planteada al principio: ¿provino la guerra de una amenaza fascista, o de una amenaza revolucionaria? Ya indiqué antes cómo falseaba Azaña la realidad, cuando justificaba sus ataques a las libertades en la necesidad de defenderse de la Iglesia, pues ésta acató al régimen incluso después de la quema de conventos. El principal partido católico, la CEDA, y su dirigente, Gil-Robles, hicieron una oposición moderada y legal, al margen de conspiraciones o del golpe de Sanjurjo. Tanto fue así, que la crisis y fracaso de Azaña a lo largo de 1933 no provino de la oposición católica, sino de la anarquista, dato a menudo olvidado u oscurecido.

El espíritu conciliador, y hasta apocado, de la CEDA, llegó al extremo de que, tras resultar en noviembre del 33 el partido más votado, se abstuvo de gobernar o de presionar para hacerlo, y sólo reclamó su derecho a principios de octubre del año siguiente. En ese momento las ofensivas desestabilizadoras protagonizadas previamente por el PSOE, los nacionalistas catalanes, el PNV y los republicanos, habían llevado al país a una situación límite, coronada con la rebelión en dicho mes de octubre so pretexto de la decisión de la CEDA, perfectamente legal y democrática, de entrar en el gobierno. Obsérvese, además, cómo frente al ataque izquierdista contra la legalidad, la derecha tuvo la oportunidad de replicar con un contragolpe que, desde el poder, tenía todas las bazas para triunfar. Sin embargo la derecha defendió entonces aquella legalidad tan antipática para ella, y lo hizo invocando explícitamente las libertades *. Este hecho decisivo revela, contra las afirmaciones de sus adversarios y de muchos historiadores, qué poco tenía en común con el fascismo el gran partido de la derecha. Y prueba la farsa de la izquierda que, antes y después de octubre, motejaba de fascista a la CEDA sólo con el doble fin de paralizarla moral y políticamente, y de soliviantar a las masas. Como he probado en *Los orígenes de la guerra civil*, la izquierda era perfectamente consciente de la falsedad de sus acusaciones, utilizadas como coartada.

Al margen de la CEDA, había en la derecha grupos más o menos fascistas o golpistas, en particular los monárquicos y la Falange. Pero los monárquicos eran muy minoritarios, y aún más los falangistas, hasta el punto de no haber sacado éstos ni un diputado en las elecciones de 1936. Numerosas historias resaltan el papel de la violencia de la Falange, pero casi siempre ocultan o difuminan el hecho de que esa violencia reaccionaba a la violencia letal de las izquierdas, siendo éstas las iniciadoras del duelo de atentados tanto en 1934 como en 1936.

El ambiente «fascista», o más propiamente rebelde, creció en la CEDA sólo en los meses siguientes al triunfo del Frente Popular, cuando el sector izquierdista «moderado» intentaba reducir

* En *El derrumbe de la II República y la guerra civil* (Madrid, 2001), I parte, examino la actitud de la CEDA ante la insurrección izquierdista.

a las derechas a la impotencia definitiva, mientras el sector extremista buscaba aplastarlas como paso previo a su revolución. Aun entonces las derechas insistieron reiteradamente al gobierno republicano en que aplicase la ley y acabase con la oleada de asesinatos (unos 300 en cinco meses), incendios de iglesias, asaltos a centros políticos y periódicos derechistas, huelgas sangrientas, etc., que sacudían la sociedad, creando, en palabras del mismo Prieto, una situación insoportable para el país. La propuesta de aplicar la ley fue rechazada en las Cortes, en medio de una oleada de insultos, amenazas y provocaciones contra los peticionarios. El régimen, de cuya legitimidad democrática quedaba ya muy poco, acabó de deslegitimarse con tal actitud, similar, aunque muy agravada, a la adoptada ante la quema de conventos, bibliotecas y centros de enseñanza al comenzar la república, cuando identificaron las violencias con la voluntad del pueblo.

La derecha se rebeló en julio de 1936, por tanto, frente a un peligro revolucionario real e inminente, al revés que la rebelión izquierdista de 1934, organizada contra un peligro fascista inexistente y que los insurrectos sabían inexistente.

Es decisivo también, para comprender la realidad, el comportamiento de los dos gobiernos en 1934 y en 1936. En el primer caso, el gobierno derechista defendió y mantuvo la Constitución; en el segundo, el gobierno izquierdista acabó de arrasarla al claudicar enseguida ante los revolucionarios y armar a las masas: en ese momento cayeron los últimos restos de legalidad republicana y la revolución cundió por el país imparablemente, prueba de lo avanzado de su gestación en los meses previos.

La conducta de la izquierda desacreditó profundamente la democracia en España, pues quienes más la invocaban y decían representarla eran quienes más la transgredían y amenazaban las libertades. Ello, unido a la crisis general del liberalismo en Europa, empujó a la derecha hacia posiciones crecientemente autoritarias. Por eso la contienda final se daría, no entre democracia y fascismo, como suele decirse, sino entre un revolucionarismo totalitario y una derecha autoritaria.

Estas dos cuestiones enlazadas, la del carácter democrático de la república, y la de la realidad de un peligro fascista o de un peligro revolucionario, concentran los puntos clave de la historiografía en torno a la guerra civil, y de ellas dependen las interpretaciones de los sucesos concretos.

Opino que en la exposición aquí resumida los hechos históricos entran con naturalidad, mientras que quienes insisten en el carácter democrático del Frente Popular y en el peligro fascista, se ven abocados a constantes contradicciones e incoherencias. Apuntaré unas pocas. Las reformas del primer bienio, se afirma, beneficiaban al pueblo y perjudicaban a las derechas, las cuales, por esa razón, querían destruir la república; pero si fue así, ¿cómo explicar la reacción popular muy mayoritaria, que dio sus votos al centro derecha en 1933? Y si las *fascistas* derechas sólo soñaban con destruir el régimen, ¿por qué la CEDA defendió el orden constitucional frente al golpe revolucionario del 34? ¿Y por qué los supuestos fascistas no aprovecharon tan magnífica ocasión para un contragolpe, y en cambio esperaron a sublevarse hasta julio del 36, cuando estaban fuera del poder, con el ejército más dividido que nunca, y con enormes probabilidades de fracaso? Tan enormes que el golpe militar fracasó realmente, dejando a los sublevados en posición desesperada, de la que sólo les salvó el célebre puente aéreo de Franco sobre el estrecho de Gibraltar.

Según la versión corriente, el caos de los meses siguientes al —anómalo— triunfo electoral de las izquierdas en 1936, fue provocado deliberadamente por los *fascistas* para propiciar y justificar el golpe militar, pero en tal caso, ¿por qué esos mismos *fascis-*

tas exigieron al gobierno el cumplimiento de su más elemental deber de garantizar el orden público, y las izquierdas se opusieron? Las incoherencias culminan cuando quienes así piensan se ven obligados a llamar «republicano» a uno de los bandos de la guerra civil, disimulando el hecho de que las fuerzas principales de ese bando consistían en los anarquistas, autores de tres sangrientas insurrecciones contra la república; los socialistas, promotores de una rebelión mucho más sangrienta todavía; los nacionalistas catalanes, participantes en la misma; los comunistas, que aparte de haber participado en la insurrección dicha, eran los orgullosos y ciegos agentes de Stalin, uno de los tiranos más brutales de la historia. Y con manifiesta deshonestidad intelectual, a esos partidos, que tanto hicieron por arruinar la república, se les llama, además, defensores de la libertad. Por contraste, entendemos perfectamente que los únicos protectores externos de tales *republicanos* fueran regímenes como la tiranía estalinista o la corrupta seudo democracia mejicana, y que las democracias reales se mantuvieran al margen. En cambio los apologistas del Frente Popular deben atormentar la lógica para tachar de «traidoras» a las democracias por no ayudar a demócratas del calibre de los comunistas, anarquistas, socialistas o azañistas.

Esa concepción conduce a un absurdo tras otro, y al falseamiento sistemático de los hechos, como he expuesto en otras ocasiones, partiendo, en general, de documentos de la propia izquierda.

Alguien me preguntó una vez: «De todas formas, ¿qué importancia tiene aclarar estas cosas del pasado, si hoy día no influyen para nada? ¿No es mejor ocuparse del futuro?» Pero influyen en el presente y condicionan el futuro. Ahora mismo asistimos a intentos de hacer tabla rasa de la transición, que, con todos sus fallos, nos dejó una Constitución hecha por consenso y no por rodillo, y ha permitido una convivencia razonable durante un cuarto de siglo. Sin embargo, numerosos políticos e intelectuales de izquierda y nacionalistas admiradores de los Balcanes, muestran descontento, añoran aquella vieja república convulsa, la pintan de color de rosa en desafío a los hechos y la lógica, y aspiran a imponer, por medios que llegan hasta el terrorismo, una situación que amenaza muy seriamente la paz, la unidad y la democracia españolas. El conocimiento de la historia debe alertarnos sobre tales experimentos.

2

LA CEDA Y PAUL PRESTON *

¿Cuál fue el carácter y actitud de la CEDA? Esta cuestión, y la de su (improbable) equiparación con la democracia cristiana posterior a la Segunda Guerra Mundial, han suscitado bastante estudio, por ser una de las claves de la historia de la república. Que no era un partido democrático, o no plenamente, lo reflejan frases como éstas de su líder Gil-Robles: «De la facilidad con que pude actuar en el Parlamento han deducido muchos que soy un parlamentarista decidido y contumaz. ¡Qué poco me conocen los que tal dicen! Quienes me veían asistir con ininterrumpida asiduidad a las tareas de la Cámara, intervenir en los debates, promover incidentes, interpelar a los ministros y provocar tumultos no hubieran comprendido la violencia inmensa, la repugnancia casi física que me causaba actuar en un medio cuyos defectos se me revelaban tan palpables. Mi formación doctrinal, mi sensibilidad se rebelaban a diario contra el sistema en que me veía obligado a actuar.» Aunque no se rebeló. Tomo la cita de S. Carrillo, quien la usa para demostrar la peligrosidad fascista de Gil-Robles, blasonando él, a su vez, de perfecto demócrata **.

---

* Apéndice de *Los personajes de la república vistos por ellos mismos* (Madrid, 2000).

** S. Carrillo, *Juez y parte,* Barcelona, 1998, p. 47.

Frases como éstas las compensa el líder cedista con otras de sentido opuesto en las que se presenta como un educador de la derecha en el espíritu democrático. Y plantean un problema: ¿cómo interpretar las contradicciones de los personajes históricos? Contradicciones muy explotables en la propaganda, pues permiten resaltar las citas convenientes y olvidar las contrarias (Carrillo, desde luego, prescinde de citar a Gil-Robles cuando éste resulta poco «fascista», o de citarse a sí mismo en frases totalmente antidemocráticas). Para salir del embrollo, conviene distinguir entre la línea general del personaje y sus incoherencias parciales, y examinarlas todas en el contexto político. A veces lo significativo son esas incoherencias aparentes, y simple retórica la línea exteriormente más general. El problema puede resolverse, de todos modos, atendiendo a la relación entre las palabras y los hechos. Así, Gil-Robles atacó pocas veces de palabra el parlamentarismo, lo que no fue pura hipocresía, pues en los hechos no lo atacó nunca. Carrillo y el PSOE lo atacaron en cambio muy reiteradamente, de palabra y de obra: no sufrían la enfermedad del «cretinismo parlamentario» ni de las «ilusiones democráticas», como se decía expresivamente en el lenguaje marxista.

La CEDA era, más que un partido, un conjunto de ellos, como su nombre indica (Confederación Española de Derechas Autónomas), y abarcaba diversas posiciones, con el denominador común de la defensa —legalista— de la religión, la propiedad privada, la familia y la unidad de España. La orientación doctrinal la marcaba el periódico *El Debate*, su órgano oficioso, muy ligado a la Iglesia.

Las ideas sociales de la CEDA se inspiraban en encíclicas papales como la *Rerum Novarum* de León XIII. Ésta condenaba los socialismos por su concepción de la igualdad humana, considerada ajena a la realidad del mundo, y por cultivar quimeras sobre la eliminación del sufrimiento y el malestar de la humanidad, así como por recurrir a la lucha de clases para el logro de sus objetivos, definidos como ilusorios. También criticaba al liberalismo por su concepto exagerado o exaltado del individuo, o por presentar el salario como un contrato libre, cuando la desigualdad de condiciones entre obrero y patrón podía imponer salarios de hambre bajo una engañosa libertad. Al efecto trataba de definir, sin éxito claro, nociones como las de «salario justo» y «precio justo».

Así, la derecha católica aspiraba a sustituir la lucha de clases por unas relaciones «totalitarias» en el sentido de que debían englobar a patronos y empleados bajo la tutela del gobierno, y basadas en la «justicia y la caridad», pues «la concordia es necesaria porque es fructífera, lo contrario no». A ese fin convenía, decía Gil-Robles en octubre de 1933, un «Estado fuerte que respete las libertades individuales, pero que realice e imponga la armonía de los intereses generales», primando el «bien común». De ahí debía resultar una «armonía social» que dejaría quizá pocas funciones al Parlamento, a largo plazo. El objetivo quedaba, de todas formas, como algo lejano, algo con lo que por el momento sólo se podía «soñar».

Las izquierdas tachaban estas ideas de palabrería insustancial e inefectiva, encubridora —como las fórmulas liberales— de los sustanciales y efectivos intereses de una oligarquía financiera y terrateniente. Esta crítica izquierdista era obligada a partir de doctrinas como las de Marx, que repelían la armonía social: los intereses atribuidos al *proletariado* y los supuestos a la *burguesía* serían antagónicos. En consecuencia había que optar forzosamente por los intereses de una u otra clase social, y esa opción definiría a los políticos y a los partidos. Desde luego, las frecuentes apelaciones cedistas a la concordia y la moderación en la lucha política chocaron siempre con un cerrado desprecio por parte de las izquierdas, que las veían como una manifestación de debilidad.

Para realizar su ansiada armonía, los gilroblistas pensaban en un sistema corporativista no bien definido, cifrado en una intervención decisiva del Estado en la vida económica y social. El ideal corporativo sería una evolución necesaria de las democracias sumidas en la crisis de la época, e integraba a la CEDA en una amplia corriente derechista internacional, que iba desde los fascismos o el corporativismo portugués a tendencias conservadoras británicas y hasta liberales useñas *. *El Debate* atendía a todas ellas, incluido el *New Deal* de Roosevelt. Usa vivía entonces un período turbulento, con huelgas sangrientas y miseria para grandes masas. El diario cedista juzgaba así el *New Deal*: «No se piensa volver al pasado (...), tampoco a la guerra de clases, que es tan época pasada como la libertad capitalista, que quizá Romler ha calificado con exactitud al decir que el marxismo es una enfermedad del capitalismo moderno. Si curamos éste, suprimiendo sus taras, habremos acabado con la otra enfermedad. Y esto es lo que se intenta ahora en muchas naciones (...) como (...) Norteamérica» **.

Tratando de conciliar democracia y corporativismo, *El Debate* ensalzaba el parlamento y el patriotismo ingleses. El líder conservador Baldwin recibía su aprobación cuando declaraba: «hemos entrado en un nuevo sistema económico cuyo fin nadie puede predecir (...) [Se va] a una forma de control que muy pocos hubieran creído posible hace diez años», la cual requeriría «la más estrecha cooperación de todos los hombres que creen en el nuevo

---

* Empleo «Usa» y «useño» en lugar de Norteamérica y norteamericano o americano, Estados Unidos y estadounidense, por ser términos más breves y perder hasta cierto punto el carácter un tanto abusivo e inexacto de los anteriores.

** *El Debate,* 13 de enero de 1934.

orden de cosas». Desconfiando de soluciones drásticas, el diario recogía también de Baldwin: «Cuando alcanzáis un gran entusiasmo (...) puede estar dentro un espíritu verdaderamente peligroso. He visto manifestaciones de ello en países que no quiero nombrar. Procede de la creencia en que si todos se unen pueden remediarse los males en cinco minutos.» La alusión a los nazis era patente. El periódico cedista consideraba que la nueva legislación británica sobre las minas, la agricultura, etc., iba en dirección correcta: «Constituye, sin decirlo, el embrión de organizaciones corporativas. En esos organismos están representados los patronos, los obreros y la colectividad»; y expresaba el deseo de que la evolución española siguiera el camino de la británica *.

La idea es persistente: «¡Qué distintos el pensamiento y la práctica fascista, el pensamiento y la realización prudente de Oliveira Salazar, la nueva política de Roosevelt, la evolución lenta y callada de Inglaterra y las actividades del racismo germánico (...) No necesitamos decir el método que tiene nuestras preferencias: el de los ingleses. Que la sociedad haga por sí sola, hasta donde sea posible, la renovación. El Estado asiste, vigila, protege las evoluciones.» En marzo de 1933, en Barcelona, Gil-Robles afirmó su «discrepancia radical del fascismo en cuanto a su programa, en cuanto a las circunstancias en que aparece y en cuanto a la táctica que lo inspira» **.

La CEDA creía defendible su ideario tanto en república como en monarquía, a la cual prefería pero sin especial fervor, ya que «el doce de abril no sólo cayó la Monarquía española, cayó todo un sistema social y político que estaba minado en su base, que estaba totalmente podrido». Frente a los monárquicos que le hos-

---

* *Ib.*, 11 de noviembre de 1933.

** 20 de enero de 1934. J. Tusell, *Historia de la Democracia Cristiana en España,* Madrid, 1986, p. 206.

tigaban por tibio, Gil-Robles declaró: «Parece que quieren que yo convierta la enorme fuerza obtenida en las elecciones en un factor de perturbación de la política española. Eso no lo haré jamás.» En suma, aclaraba en *El Debate*: «Los católicos (...) no pueden encontrar dificultades en avenirse con las instituciones republicanas, y como ciudadanos y como creyentes están obligados a prestar a la vida civil un leal concurso (...). Ni de su sentir ni de su pensamiento de católicos podrá derivar (...) hostilidad al régimen republicano.» Otro punto esencial era la defensa de la unidad española, aunque: «Nuestro programa (...) excluye los excesos del nacionalismo y los del internacionalismo.» También deseaba salvaguardar la tradición neutralista hispana ante las contiendas europeas *.

En la CEDA convivían fuerzas diversas, algunas extremistas, así como minorías abiertamente republicanas. Igual que en los demás partidos, las juventudes formaban el sector más radicalizado, con sus lemas autoritarios ** y gestos de corte o similitud fascista, tan subrayados en muchas historias. Pero la práctica, ya lo hemos observado, era diferente: ni milicias, ni desfiles uniformados e intimidatorios, ni acciones violentas o sabotajes a las concentraciones de partidos contrarios, ni asesinatos o detenciones ilegales, ni espionaje sobre las ideas políticas del vecindario, etc. Cosas que en cambio realizaron abundantemente las juventudes socialistas o los *escamots* nacionalistas catalanes. La moderación esencial de la cedista JAP (Juventud de Acción Popular) debe pesar en el análisis mucho más que los signos y gritos fascistoides, y sin embargo rara vez es puesta de relieve. Y resulta tanto más

---

* *CEDA*, 16 y 31 de diciembre de 1933; abril de 1934.

** Y admite Gil-Robles, citándoles: «Somos antiparlamentarios (...). El bien común no puede ser interpretado a través de la asamblea elegida por un sufragio universal inorgánico» (en Gil-Robles, *No fue posible la paz*, Barcelona, 1998, p. 185).

digna de subrayar esa moderación cuanto que el violento acoso sufrido constantemente por los japistas desde la izquierda empujaba a respuestas asimismo violentas. Después de todo, los continuos gestos y consignas violentos del PSOE o de la Esquerra habrían tenido poca relevancia histórica de no haber sido llevados a la práctica. Lo significativo es la contención de la JAP, cuyos miembros sólo a última hora, tras las elecciones de febrero de 1936 y la oleada de desmanes que la siguió, iban a fascistizarse en gran número, pasándose muchos de ellos a la Falange.

La CEDA, en fin, sin ser democrática puede considerarse más cerca de serlo que el PSOE o incluso que las izquierdas republicanas. En tan precarias condiciones, ¿podría haber funcionado la democracia? Quizá. Una vez establecidas las reglas del juego, la disciplina de las urnas y el control mutuo entre los partidos tienden a consolidar el sistema y a relegar a un nebuloso futuro las aspiraciones utópicas, hasta marginarlas. El plan de Lerroux de atraer a la CEDA al juego republicano no parece descabellado. Pero la historia siguió otros rumbos y las reglas fueron rotas, a causa de la incapacidad de las izquierdas para aceptar el veredicto de las urnas favorable a la derecha, y de la intensa ilusión socialista de que había llegado la oportunidad para alcanzar sus ideales de «emancipación proletaria». Ideales que, con un poco más de contención, habrían descansado también en el limbo de los sueños a realizar «algún día», hasta ser paulatinamente olvidados.

Tratar a la CEDA de fascista está hoy desacreditado, pero todavía historiadores como W. Bernecker, en su libro *Guerra en España,* publicado aquí en fecha tan reciente como 1996, rechazan la tesis de la moderación de la CEDA, defendida por R. Robinson, y prefieren la autoridad contraria de José R. Montero y de P. Preston. Montero elaboró un estudio sociopolítico en dos tomos, en los que, desde el marxismo, estigmatizaba la identificación de la

CEDA con «el modo de producción capitalista» y su supuesta fascistización durante 1934 *. Pero es Preston quien ha mantenido con mayor éxito e insistencia la idea de una CEDA fascista, por lo que será tratado aquí con alguna extensión.

En su obra *La destrucción de la democracia en España*, el estudioso británico apoya la pretendida creencia socialista de que la CEDA tenía peligrosidad similar a la del hitlerismo, y avala a Largo Caballero y a Prieto, los promotores de la insurrección y guerra civil en 1934. Deja en cambio malparado a Besteiro, que se oponía a la violencia, como iluso o algo peor. Podría pensarse que, al igual que en otros contenciosos historiográficos, la visión obtenida dependerá del tipo de citas a que se acuda, o de los datos seleccionados en abono de una u otra tesis, pues en la historia, es sabido, se encuentra de todo. Pero no parece ser éste el caso. Más bien da la impresión de que las tesis de *La destrucción de la democracia* sólo se mantienen a costa de omisiones e ilogismos excesivos.

Creo haber probado que el PSOE sentía más bien desprecio por la derecha, y que el supuesto miedo a su «nazismo» era un recurso propagandístico. Preston, por el contrario, señala: «Gil-Robles acababa de volver del congreso de Nüremberg y parecía muy influido por lo que había visto. Sus impresiones aparecieron en el boletín interno de la CEDA, describiendo favorablemente su visita a la Casa Parda, a las oficinas de propaganda nazi y a los campos de concentración y cómo había visto a las mili-

* En los años sesenta y setenta proliferaron en España los estudios marxistas, o que así se presentaban, llamados, con cierta mofa, «marxismo cañí». Conviene señalar, no obstante, que la derecha solía mirar esos estudios con respetuoso temor intelectual. Tristemente, aquella vasta marxistización del pensamiento no dejó idea u obra de alguna envergadura. Y así declinó sin pena ni gloria, y terminó esfumándose entre el polvo levantado por la caída del muro de Berlín.

cias nazis adiestrándose. Aunque expresaba vagas reservas sobre los elementos panteístas del fascismo, concretaba los elementos más dignos de emulación en España: su antimarxismo y su odio a la democracia liberal y parlamentaria.» Hubo, en efecto, un momento pasajero en que Gil-Robles se planteó si sus juventudes tendrían que «armonizar las nuevas corrientes [nazis] con los principios inmortales de nuestra católica tradición». Pero ese momento se limitó a septiembre de 1933 *.

Si bien Gil-Robles sentía despego por el régimen parlamentario (como la mayoría de la izquierda), nunca se identificó con los métodos nazis, y su actitud hacia Hitler no se deja resumir en «vagas reservas». Al desdeñar sus convicciones cristianas, Preston comete el mismo error que si desdeñase las convicciones marxistas del PSOE, simplemente porque no las compartiese o entendiese. El cristianismo era determinante en la CEDA, y por ello el «panteísmo» nazi constituía un fundamental motivo de distanciamiento.

De los partidos ultras, el hitleriano era el menos apreciado por la CEDA. *El Debate*, contra lo que sugiere *La destrucción*..., no lo tuvo por modelo. De hecho condenó puntos capitales de aquél, cosa que el estudioso silencia: la política belicista, el culto a la fuerza, el racismo, la persecución religiosa; y mostraba franca alarma ante el rumbo de Hitler. El corresponsal del periódico en Berlín, deslumbrado por el dinamismo nazi, advertía, no obstante, con ocasión del «Día del partido» en Nuremberg: «La tensión patriótica de esta muchedumbre unánime da miedo»; y pronosticaba una catástrofe europea. La reglamentación alemana del trabajo motivaba en *El Debate* algo más que reticencia: «¡Qué peligroso resulta un Estado omnipotente para vigilar los principios

---

* P. Preston, *La destrucción de la democracia en España,* Madrid, 1978, p. 89; J. Tusell, *op. cit.*, p. 205.

morales!» Y el totalitarismo hitleriano le inspiraba comentarios como éste: «No pasa un día sin que las noticias de Alemania aludan a la propagación de un espíritu de violencia en la clase juvenil. La juventud entrega su libertad y su independencia a esa vaga idea nacionalista que la convierte en instrumento servil, en cosa de un Estado opresor y absoluto.» Y seguía en tono de gran dureza para concluir lúgubremente: «Su más grave consecuencia será el estallido bélico.» *

Faltan en *El Socialista* condenas semejantes en relación con la URSS. Importa la fecha del comentario de *El Debate*, 29 de septiembre del 34, vísperas de la insurrección izquierdista en España, porque excluye claramente los métodos hitlerianos incluso en una situación límite como la que se anunciaba. Y, en efecto, las llamadas del diario católico contra los insurrectos de octubre invocaron la ley, las libertades y la integridad de España **. La limitada simpatía de la CEDA por el nazismo provenía sólo de que lo tenía por un valladar frente a la revolución y al expansionismo soviético, postura muy compartida en las derechas europeas del momento.

Especialmente ominosa suena la referencia de Preston a los campos de concentración. Pero los campos se presentaban como instituciones de reeducación por el trabajo, en principio similares a los de la Ley de Vagos y Maleantes de Azaña. Era un siniestro engaño, cierto, pero no todavía los campos de exterminio masivo en que se convirtieron durante la guerra mundial. Y también distaban aún mucho de la mortífera explotación del Gulag soviético, que llevaba años funcionando. Debe recordarse que en 1933 y 1934 los actos hitlerianos más brutales estaban inéditos o se

* *El Debate,* 17 y 29 de septiembre de 1933, y 20 de enero de 1934.

** Tratado con cierta amplitud en *El derrumbe de la II República y la guerra civil,* parte I, caps. I y II.

habían ejercido, en la *Noche de los cuchillos largos*, precisamente contra el ala extrema del propio movimiento nazi, las milicias SA, lo que podría tomarse como indicio de una tendencia menos fanatizada. Y si bien el nazismo fue desde el principio cruel y antidemocrático, en aquellos años no podía ni de lejos compararse con la dictadura soviética. Lenin y Stalin habían apilado ya una gigantesca montaña de cadáveres, y la destrucción de las libertades y derechos humanos en Rusia había sido más profunda y sistemática que en Alemania o en Italia (en esta última la represión había sido muy poco sanguinaria). Ante estos hechos, la «comprensión» de las derechas europeas —no sólo la española— hacia el nazismo resulta mucho más explicable que el abierto entusiasmo de las izquierdas por Stalin. Callar estos aspectos vuelve ininteligible la época. Sin embargo Preston omite estas diferencias, nada banales, y crea en el lector apresurado una impresión falsa, como si Gil-Robles aplaudiera los campos de exterminio.

Lo mismo ocurre en el tratamiento del libro a las elecciones de noviembre de 1933, el momento crucial de la república porque en ellas quedó de relieve el talante de las fuerzas políticas, y prefijado el destino del régimen. Los acontecimientos subsiguientes fueron el desarrollo lógico de aquellas posturas, que nadie o casi nadie rectificó, o no las rectificó en grado suficiente.

Pues bien, el estudioso inglés afirma que ya antes de las elecciones de 1933 «no era difícil encontrar paralelismo [de los sucesos que en Alemania llevaron a Hitler al poder] con la situación española. La prensa católica aplaudía la destrucción de los movimientos socialista y comunista en Alemania. La derecha española admiraba el nazismo por su énfasis en la autoridad, la patria y la jerarquía, todas ellas preocupaciones centrales de la propaganda de la CEDA (...). Justificando la táctica legalista en España, *El Debate* señalaba que Hitler había llegado al poder legalmente». La campaña electoral cedista resulta, en *La destrucción...* «técnicamente reminiscente de los procedimientos nazis» *. Todo esto es forzar los hechos, por no decir falsearlos abiertamente. Era y es racionalmente imposible ver paralelismos entre la intensa agresividad y violencia nazis y la posición defensiva, legalista y pacífica de la derecha católica española. La CEDA nunca empleó la mezcla de intimidación, desfiles y mítines de masas, con técnicas de auténtica hipnosis colectiva típicos del nazismo. Ni realizó atentados ni apedreó a votantes, como sí hicieron los socialistas y los nacionalistas catalanes de izquierda, con su saldo de muertos y heridos. En aquellas elecciones las derechas sufrieron más de media docena de muertos, pero no replicaron de la misma manera. Estos datos tienen mucho más peso que las vagas y malintencionadas alusiones a «reminiscencias nazis». ¿Qué habría escrito Preston si las intimidaciones, atentados y asesinatos hubieran procedido de las derechas y las víctimas sido socialistas? ¿Cuántas páginas de comentarios les dedicaría, viendo en ellos la prueba concluyente de sus tesis? Habiendo ocurrido al revés, simplemente pasa por alto el asunto.

La alusión a la autoridad, la patria y la jerarquía tampoco es convincente. Esos principios son defendidos, sobre todo en períodos de desorden social, por los movimientos conservadores, sin que ello los asimile al de Hitler. Y, curiosamente, serían socialistas y comunistas quienes bien pronto iban a exaltar desmesuradamente dichos valores.

Afirma Preston: «Una considerable sospecha rodeaba las intenciones de la CEDA cuando empezó la campaña [electoral de 1933] (...). La extrema belicosidad de Gil-Robles no era muy tranquilizadora.» La *extrema belicosidad* partió indiscutiblemente de los socialistas, la Esquerra y otros, como vimos con detalle en *Los orígenes de la guerra civil*; Gil-Robles fue el único que entonces

* P. Preston, *op. cit.*, p. 91.

llamó a la paz y la concordia. Y el PSOE, poco intranquilizado por la CEDA, cuyo éxito no esperaba, lanzó sus dardos más bien contra Lerroux. Insiste el historiador: «Quedaba claro que la CEDA estaba dispuesta a ganar a costa de todo.» * ¿Qué será ese «todo»? La masiva votación obtenida sorprendió a la CEDA tanto como a las izquierdas, y Gil-Robles no la buscaba: anunció que no deseaba un éxito «imprudente», actitud refrendada cuando en vez de explotar su victoria se contentó con apoyar a Lerroux, al cual había superado en apoyo popular y en diputados. Moderación que, dicho sea de pasada, vino muy bien al PSOE y a los nacionalistas catalanes para organizar su insurrección contra el gobierno legítimo.

Sumándose a juicios extremistas, Preston califica de «injusto» el resultado electoral del PSOE, porque, habiendo mantenido (más o menos) sus votos de 1931, bajó de 113 a 60 diputados. Olvida que la Ley electoral causante de esa «injusticia» había sido impuesta por la izquierda en pleno y contra la opinión de la derecha, y que había tenido los mismos efectos, en perjuicio de la derecha, en 1931. También olvida que el PSOE no mantuvo sus electores en sentido proporcional, que es el que importa, pues el electorado de 1933 duplicaba al de 1931, debido al sufragio femenino, y por tanto un partido necesitaba duplicar sus votos para mantener la misma representatividad. Verdaderamente la argumentación de Preston sólo puede calificarse de peculiar.

Con el mismo estilo sugiere el historiador que las elecciones habrían sido amañadas, destacando denuncias menores hechas por la izquierda y olvidando las denuncias sobre violencias izquierdistas, que causaron un mínimo de seis muertos. Aunque hubo pactos electorales para todos los gustos, *La destrucción...* atiende sólo a los parciales de la derecha con los radicales de Lerroux, defi-

* P. Preston, *op. cit.*, p. 89.

niendo a estos últimos como «grandes maestros en la falsificación electoral» *. Pero el gobierno que presidió las elecciones era de centro izquierda, sin participación de la derecha y presidido por Martínez Barrio, un radical de izquierda hostil a la CEDA y sobre cuya honradez nadie ha arrojado sombras. No hay duda razonable de que los votos del Partido Radical y los demás fueron genuinos. Nadie les hubiera consentido falsear significativamente los comicios, por mucha «maestría» que quiera suponérseles. El mecanismo electoral no sufrió anomalías significativas, ni fue influido por disturbios en la calle, al revés que las de febrero del 36, tan satisfactorias a juicio de Preston.

Las reacciones antidemocráticas a las elecciones del 33 por parte de casi todos los partidos de izquierda, con abiertas amenazas de violencia e intentos de golpe de estado por Azaña y otros republicanos, tampoco ocupan el espacio debido en *La destrucción...*, con ser decisivas para comprender la historia de aquellos tiempos.

Este breve muestrario de omisiones y desvirtuaciones indica, a mi juicio, el precio a pagar por sostener a ultranza una visión historiográfica mal enfocada, e ilustra sobre el modo como se fabricó la leyenda de una CEDA «nazi» **.

---

* *Ib.*, pp. 162 y 93.

** El muestrario podría alargarse mucho. Señalaré sólo otro ejemplo. El congreso de las juventudes de la CEDA en El Escorial, en abril de 1934, resulta ser, en *La destrucción...*, «un gesto amenazante», «antirrepublicano» dentro del supuesto estilo nazi. Lo probarían los gritos de «¡Jefe, jefe!», que acogieron a Gil-Robles, y las frases de éste: «Somos un ejército de ciudadanos (...) dispuestos a dar la vida por nuestro Dios y por nuestra España (...). El poder vendrá a nuestras manos (...). Nadie podrá impedir que imprimamos nuestro rumbo a la gobernación de España.» Suena vagamente a fascismo. Pero la cosa cambia al completar las frases: «Somos un ejército de ciudadanos, no un ejército que necesite uniformes y desfiles militares.» «Somos los más firmes defensores de la legalidad establecida.» Al exaltar el patriotismo

La ausencia, en fin, del peligro fascista la revela el mismo Preston al citar del «Cuaderno de la Pobleta» una charla de Azaña con el líder socialista Fernando de los Ríos, en enero de 1934, triunfante ya en el PSOE la línea insurreccional tras la marginación de Besteiro: «Me hizo —cuenta Azaña— relación de las increíbles y crueles persecuciones que las organizaciones políticas y sindicatos padecían por obra de las autoridades y de los patronos. La Guardia Civil se atrevía a lo que no se había atrevido nunca. La exasperación de las masas era incontenible. Les desbordaban. El Gobierno seguía una política de provocación, como si quisiera precipitar las cosas. ¿En qué pararía todo? En una gran desgracia, probablemente. Le argüí en el terreno político y en el personal. No desconocía la bárbara política que seguía el Gobierno ni la conducta de los propietarios con los braceros, reduciéndolos al hambre. Ni los desquites y venganzas que, en otros ramos del trabajo, estaban haciéndose. Ya sé la consigna: "Comed República", o "que os dé de comer la República". Pero todo esto y mucho más que me contara, y las disposiciones del Gobierno,

---

español, el *Jefe* advirtió: «No temo que en España este movimiento nacional derive por cauces violentos; no creo que (...) pretenda resucitar la Roma pagana o haga la exaltación morbosa de los valores de la raza.» Estas apelaciones a la paz y la legalidad y contra el racismo y las aspiraciones fascistas, omitidas en *La destrucción...*, no son lenguaje nazi, e indican algo muy distinto de lo que Preston da a entender. No menos demostrativo fue el ambiente en que Gil-Robles habló, una concentración juvenil fácilmente inflamable, y más después de los violentos ataques que había sufrido desde la izquierda: «Hemos tenido todas las dificultades, agresiones, bombas, huelgas generales, amenazas y coacciones de todo género», dijo Gil-Robles, y no exageraba. Hechos así caldeaban los ánimos y los tornaban propicios a reacciones furiosas. Pese a ello, la CEDA se mantuvo sobria y moderada. El observador puede preguntarse sobre la reacción del PSOE ante un hostigamiento tal a sus mítines. Nada de ello, con su evidente trascendencia, es siquiera insinuado por Preston.

y la política de la mayoría de las Cortes, que al parecer no venía animada de otro deseo que el de deshacer la obra de las Constituyentes, no aconsejaba, ni menos bastaba a justificar, que el Partido Socialista y la UGT se lanzasen a un movimiento de fuerza.» Azaña aconsejó a De los Ríos meter en razón a las masas, con vistas a ganar las próximas elecciones. Y comenta Preston, con candidez: «Es difícil ver, dada la intransigencia de los patronos, cómo podía la dirección socialista pedir a sus seguidores que fueran pacientes.» Al parecer, las masas gastaron una pesada broma al PSOE, empujándolo casi a empellones a sublevarse, para luego dejarlo solo en su revuelta, pues como se recordará, no secundaron en ningún sitio, salvo en la cuenca minera asturiana, los llamamientos a las armas *.

Este relato lo considera Preston «revelador en extremo»; y lo es, aunque no en el sentido que él imagina. Azaña encubre sus posiciones de 1934, mucho menos legales y pacíficas de lo que él indica en el «Cuaderno de la Pobleta», escrito varios años después con evidente afán justificativo. Pero también descubre mucho. A sus denuncias de la «increíble y cruel conducta» de la Guardia Civil cabría objetar que, con todo, no hubo bajo los gobiernos *reaccionarios* matanzas como las del bienio azañista (San Sebastián, Sevilla, Arnedo, Casas Viejas y otras). No hablemos de la supuesta consigna «¡Comed República!», con la cual los patronos supuestamente dejaban sus fincas sin cultivar para no pagar jornales, cuando la cosecha cerealista de 1934 fue de las mayores del siglo, y fueron precisamente los socialistas quienes intentaron arruinarla mediante una huelga general. Nótese que Azaña y De los Ríos fustigan a un gobierno radical, es decir, republicano de centro, no derechista, pero que estaría creando los motivos esgrimidos por el PSOE para justificar su rebelión… contra la dere-

* P. Preston, *op. cit.*, pp. 173 y 185-186.

cha. Pese a tales desmanes, Azaña dice haber exhortado encarecidamente a su interlocutor a permanecer en la vía legal, con lo cual demuestra no creer en una amenaza para las libertades ni, por tanto, en un peligro fascista.

Descartado, pues, ese imaginario peligro, la política democrática —aunque no la revolucionaria— de las izquierdas sólo podía consistir en unirse y preparar los comicios venideros, como insistió Azaña (y como, por lo demás, terminaron haciendo, aunque ya en un ambiente envenenado por el golpe de octubre, y con el programa no democrático del Frente Popular). De hecho, nada podía convenir más a la izquierda que aquellas —de ser generales— tropelías de la derecha contra los obreros, pues con ellas la CEDA haría el trabajo a sus enemigos para las siguientes elecciones. Sin duda hubo desmanes patronales, que la izquierda explotó muy a fondo, y que perjudicaron seriamente a la derecha, cuyos líderes eran muy conscientes del daño *. Apenas concluida la primera vuelta de las elecciones del 33, *El Debate* advertía: «La anarquía a breve plazo prevé el corresponsal de *L'Écho de Paris* en el supuesto de que las derechas (...) quisieran abusar de su victoria y caer en pasados errores. Nos parece que el corresponsal

---

* Muchos patronos actuaron de forma abusiva bajo los gobiernos radicales, y no sólo en regiones pobres como Andalucía o Extremadura, sino en la más rica Cataluña. El historiador A. Balcells recoge en su *Cataluña contemporánea* el testimonio de Carles Cardó y hombre próximo a la derechista *Lliga*: «Al día siguiente de la victoria de las derechas (...) los fabricantes de cierta cuenca fluvial de Cataluña rebajaron los salarios (...) alegando aquel vulgar *Ya hemos ganado*, que les dejaba en una talla moral inferior a la de sus operarios. Los casos de represalias contra aparceros y *rabassaires* son numerosos. Sabemos de un solo pueblo de las tierras tarragonesas en que se hicieron más de 300 desahucios, bien entendido que afectaron todos a familias afiliadas a partidos de orden, las cuales han votado en bloque por el Frente de Izquierdas.» Cardó escribe poco después de las elecciones de febrero del 36, y narra otros hechos similares (A. Balcells, *Cataluña contemporánea*, Madrid, 1974, pp. 143-144).

ha visto las cosas con claridad y que la razón le acompaña en sus previsiones.» Y llamaba a una conducta prudente, evitando el revanchismo y el «catastrofismo» de los monárquicos. En un artículo del boletín *CEDA*, el mismo año, Gil-Robles acusaba a los patronos explotadores y vengativos: «A los que ahora se lamentan de lo que está ocurriendo, yo he de preguntarles: ¿pero es que creéis que no tenéis vosotros más culpa que el señor Largo Caballero?»; y otro número del boletín les trataba de «cómplices de la revolución» *.

Pero los atropellos patronales no fueron ni con mucho tan generales ni su influjo tan decisivo como cuenta la propaganda. En 1936 no será la derecha, sino el centro, el que caiga por tierra. La CEDA ganará bastantes votos.

Si el peligro de fascismo era falso, ¿lo era el revolucionario? Cree Preston que sólo después de las elecciones de noviembre de 1933 recuperó Largo Caballero «el tono revolucionario que había adoptado antes en el cine Pardiñas y en la Escuela de Verano de Torrelodones», cuando la realidad es que aquel tono había ido *in crescendo*, como hemos visto, y lo usaban también Prieto y *El Socialista,* portavoz del partido. O afirma que a finales de año la «retórica» de Largo «no iba acompañada de intenciones revolucionarias serias. No se hicieron planes concretos para un levantamiento y, en diciembre (...) los socialistas permanecieron ostentosamente fuera de un intento de insurrección de la CNT» **. Las intenciones eran tan serias que ya los socialistas se armaban, y Prieto y Largo trataban de neutralizar al legalista Besteiro. Aducir la abstención del PSOE en la sangrienta insurrección —no «intento»— anarquista de diciembre supone olvidar algo tan elemental como

* *El Debate*, 29 de noviembre de 1933 y 15 de junio de 1934.

** P. Preston, *op cit.,* p.162.

que el PSOE excluía la improvisación ácrata y que, en el plan socialista, debía ser el PSOE quien arrastrase a la CNT, y no a la inversa. Tampoco fue la «retórica» de Largo una reacción al «injusto» fracaso electoral, como asegura el autor, cuya idea de lo justo y de la democracia en este terreno admite discusión. Y al definir como «estridente retórica revolucionaria» la conducta de la Juventud Socialista (con sus atentados, asesinatos, entrenamiento y agitación violentos), amplía insospechadamente el significado de la retórica. Como vemos, la hipercrítica de Preston a la CEDA se trueca en ingenuidad nada ingenua ante el PSOE.

Así, dice de Gil-Robles: «levantaba sospechas por haber colaborado con la dictadura de Primo de Rivera». La actividad política de aquél en tiempos de Primo fue insignificante. Por el contrario, Largo Caballero, consejero de Estado del dictador, no «levanta» sospecha alguna en el historiador inglés. O da fe a la frase socialista de «cuando en España no había legislación social, se pagaban salarios misérrimos y todos los conflictos los resolvía la Guardia Civil». ¿Ocurriría tan triste (y falseada) situación antes de 1931, con el PSOE como la única izquierda permitida y amparada por la dictadura? O cita como un hecho: «El cincuenta por ciento de la población de Sevilla se acostaba con hambre todas las noches» y en la página siguiente da por bueno el testimonio del embajador useño Bowers cuando afirma no haber hallado desórdenes en todo el país. ¿Es verosímil que viviendo grandes masas en condiciones tan insoportables no hubiese algún que otro disturbio? Pero había mucha menos hambre y muchos más disturbios de los indicados en *La destrucción*.... En la huelga campesina del 34 acepta sin asomo de crítica las versiones de M. Nelken o de Ramos Oliveira, sin importarle sus flagrantes contradicciones. Y así sucesivamente *.

* P. Preston, *op. cit.*, pp. 84, 85 y 87.

Para entender la época también debe compararse la actitud de la CEDA con la del PSOE con respecto a los dos grandes totalitarismos de entonces. Si la derecha católica repudiaba la violencia, el racismo y las concepciones estatales nazis, el PSOE aprobaba las ideas y el terror soviéticos. Como en el resto de Europa, en España apenas preocupaba a los socialistas el inmenso cúmulo de víctimas y la asfixia total de las libertades bajo el régimen comunista. Una excepción era Besteiro, casi el único en advertir con genuino espanto que la revolución sumergiría a España en un baño de sangre. Largo y Prieto aceptaban el terror como una necesidad histórica *. Y frente a la necesidad histórica y los costes inevitables del progreso, los argumentos democráticos o simplemente humanitarios desfallecían entre los marxistas, y no sólo entre ellos. Lógicamente, la angustia de Besteiro, aún más acentuada, afectaba también a la CEDA, que tenía muy presente la experiencia soviética. La revolución rusa, reciente en 1934, había

---

* He aquí una muestra típica de esa postura en *La vida penal en Rusia*, del intelectual socialista Jiménez de Asúa, tenido por moderado. Jiménez pone por las nubes el sistema soviético. Conocedor de cómo se aplicaban las leyes en la URSS, censura suavemente «las arbitrariedades de los órganos administrativos» en referencia a la policía política GPU, pero advierte que la crítica al estalinismo, «permitida en el área limitada de lo abstracto, se paraliza frente al fenómeno concreto de un pueblo que ha removido desde los cimientos al capote su organización vital», por lo que elude cuidadosamente «caer en el frenesí crítico», ya que «en horas revolucionarias, la serenidad no puede exigirse» (L. Jiménez de Asúa, *La vida penal en Rusia,* Madrid, 1931, pp. 49-50, 90 y 99-100).

Una actitud frecuente en ámbitos izquierdistas republicanos y masones la reflejan estas palabras atribuidas al general López Ochoa: «El comunismo no es para nosotros un coco, somos partidarios del progreso humano (...). Quién sabe si yo podría ser tan buen general del Ejército Rojo como del republicano» (J. M. García Escudero, *Historia política de las dos Españas,* Madrid, 1976, p. 1.136).

estremecido en verdad al mundo, como titulaba John Reed su célebre reportaje, y sus consecuencias, desarrollo y expansionismo mundial provocaban pesadillas en los conservadores. Pero el autor de *La destrucción*..., tan dispuesto a sobrevalorar el pretendido miedo del PSOE al fascismo, desestima el miedo, mucho más fundado y razonable, de la CEDA a una revolución de corte soviético.

Tan sistemáticas desvirtuaciones indican que el libro de Preston debe partir de un enfoque irreal. Y, en efecto, éste aparece nítidamente al comienzo de la obra: «Durante la II República, los partidos parlamentarios de la izquierda introdujeron una serie de reformas que amenazaban directamente la estructura económica y social existente en España antes de 1931. Las actividades tanto de la derecha legalista como de la llamada catastrofista entre 1931 y 1939 fueron ante todo la respuesta a esas ambiciones reformistas de la izquierda (...) este libro es un examen del papel jugado por el partido socialista en la organización del desafío reformista, de la resistencia decidida a la reforma llevada a cabo por los representantes políticos de la oligarquía (...) y de los efectos del conflicto subsiguiente en el movimiento socialista y el régimen democrático español» *.

Las reformas en cuestión son las llamadas sociales, así como los estatutos de autonomía, la reforma del ejército o la separación de la Iglesia y el estado. Pero no se descubre en ellas un grave trastorno para las estructuras sociales. La reforma agraria, tenida por la más demoledora para las bases de la *oligarquía,* fue abordada sin convicción y con timidez por las izquierdas, no porque temiesen a las derechas, por entonces muy débiles políticamente, sino por una mezcla de inseguridad sobre sus efectos, desconfianza

* P. Preston, *op. cit.*, p. 9.

entre los partidos y notoria ineptitud. El gobierno *reaccionario* salido de las elecciones del 33 no sólo mantuvo dicha reforma, sino que la aceleró, y el partido fascista o semifascista de José Antonio exigía un fuerte impulso al reparto de tierras. También mantuvieron los radicales las instituciones del primer bienio. Siguieron actuando los «jurados mixtos» establecidos por el PSOE para regular la contratación colectiva, e incluso fue admitida en ocasiones la Ley de Términos Municipales, a la que otorgaban los socialistas un valor desmesurado, y que molestaba a las derechas, pero también perjudicaba a miles de braceros y era saboteada por los republicanos de izquierdas, para exasperación de Largo.

Otra reforma clave fue la de las autonomías regionales, aunque sólo Cataluña logró su estatuto mientras duró el régimen. El pronunciamiento de Sanjurjo en 1932 tuvo como uno de sus motivos impedir el estatuto catalán. Pero este pronunciamiento fue desatendido por casi toda la derecha, y más tarde los gobiernos reaccionarios mantuvieron el estatuto. Lo mantuvieron incluso, y esto es decisivo, tras la rebelión de Companys en octubre del 34, cuando fue suspendido pero no abolido. En realidad un buen sector de la derecha defendía la manera tradicional de gobernarse España, con fueros que otorgaban a diversas regiones un amplio autogobierno, y podía ver en las autonomías una actualización de aquella forma de estado. La oposición a los estatutos no se dirigía contra el principio en sí, sino más bien contra el separatismo de sectores de la Esquerra y del PNV, con el consiguiente peligro de disgregación nacional. También a las izquierdas, en especial al PSOE, les inquietaban las autonomías por motivos semejantes o por otros doctrinarios (liberales o marxistas): retrasaron cuanto pudieron el estatuto vasco y marginaron el gallego. En general, el problema consistía en qué uso darían al estatuto los nacionalistas. Y el líder de la Esquerra, Companys, demostró que no era un problema irreal, al utilizar fraudulentamente los medios legales para preparar su insurrección.

La reforma del ejército levantó ampollas en grupos castrenses, pero era moderada y con sus principios estaban de acuerdo la mayoría de los militares de derecha. Franco la encontraría bien pensada. Fue su pésima aplicación, como Azaña reconoce en sus diarios, lo que la volvió impopular entre la oficialidad. Por supuesto, no fue abolida, contra lo que Preston da a entender, por Lerroux, ni cuando Gil-Robles se encargó del Ministerio de la Guerra, en 1935. Como tampoco hubo marcha atrás en la separación de la Iglesia y el estado. La expulsión de los jesuitas o la prohibición de enseñar para las órdenes religiosas, si bien concebidas por Azaña como una garantía para la república, fueron lo contrario, pues quebrantaron la enseñanza, vulneraron el principio de igualdad ciudadana y provocaron la indignación de una considerable masa popular, no sólo ni principalmente de la *oligarquía*.

Que las reformas distaban de amenazar seriamente al conjunto de la derecha, lo prueba la actitud de los radicales y de los cedistas en el poder. Sólo minorías de derecha se opusieron cerril y destructivamente a las reformas, que ni siquiera contaban con un claro consenso de los republicanos y fueron saboteadas, indirectamente, por los anarquistas. Si bien la CEDA tenía ideas distintas de las izquierdistas sobre el modo de afrontar la crisis de los tiempos, pensaba realizar su programa, votado mayoritariamente en 1933, mediante un proceso largo y constitucional.

No fueron, pues, las reformas sino su aplicación arbitraria, inhábil y agresiva para gran parte de la sociedad —como reconocerían luego diversos políticos izquierdistas, empezando por Martínez Barrio— lo que sembró el descontento, y no sólo, ni mucho menos, entre los *oligarcas.* La reforma agraria se rodeó de exaltaciones extremistas y de medidas como la instalación de braceros sin respeto a los derechos de propiedad, para alarma de propietarios grandes y pequeños. En Cataluña y Vasconia, los nacionalistas cultivaban una propaganda vejatoria para la opinión española, sin reciprocidad por parte de ésta. El laicismo venía coreado por una agitación sumamente ofensiva para los creyentes, y por atentados, incendios y destrucciones. En cuanto a lo último cabe destacar la singularidad de que quienes quemaban templos y asaltaban centros políticos y periódicos derechistas... ¡acusaban a sus víctimas de fanatismo e intolerancia! Debe reconocerse que, de haber sido los católicos españoles la mitad de fanáticos de como suele presentárselos, estos actos habrían levantado oleadas inmediatas de disturbios y represalias, y en muchos países sin duda habría ocurrido así.

Y debe recordarse que, al caer Primo de Rivera, la monarquía buscó la vuelta al constitucionalismo, el cual, por su propia dinámica, tendría que llevar a cabo reformas parejas a las republicanas. Con la república las reformas quizá se aceleraron, pero es difícil que con la monarquía no se hubieran abierto paso igualmente. En definitiva, sólo si la derecha hubiera reaccionado de modo subversivo a las reformas —lo que sólo hizo una pequeña minoría— se habrían convertido éstas en un problema decisivo para el régimen. Pero no hubo tal, y la cuestión clave, escamoteada por Preston, fue la de la democracia: ¿iba a evolucionar el régimen por medio de las elecciones y las libertades, o bien por la imposición violenta de unos partidos sobre otros?

No, las reformas no eran lo bastante radicales o temibles como para que la derecha terminara por sublevarse y correr un serio riesgo de ser definitivamente aplastada. Si al final se rebeló, en 1936, se debió a otras causas. El peligro para ella provino del ambiente creado y la marcha revolucionaria de la CNT, el PCE y, sobre todo, del PSOE y de los nacionalistas catalanes de izquierda. Se produjo, y no por las derechas, un creciente socavamiento de la legalidad y una amenaza revolucionaria a cada paso más concreta. A ella respondió la derecha radicalizándose, si bien muy lentamente. Hasta el alzamiento de 1936, la CEDA no ocasionó ninguna crisis seria del régimen, y salvó a éste de la de octubre de 1934. Hasta finales de 1933, y excepto la «sanjurjada», las crisis fermentaron todas en las izquierdas mismas: alzamientos anarquistas, *bolchevización* y ruptura del PSOE con la ley, etc. El «golpe» de la CEDA consistió en ganar un alto número de votos populares. Y desde entonces fueron las izquierdas las que siguieron vulnerando sin tregua la legalidad.

La sobrevaloración del impacto de las reformas se combina en *La destrucción...* con una doctrina implícita de un marxismo desleído, cuyos resultados vienen contenidos en el planteamiento: lucha de clases entre los partidos de la «oligarquía» y los que representan a «la clase obrera» y a «las clases populares». Preston cree a pies juntillas en esas representatividades. Aunque bien podría dudar de ellas. El vasto sostén popular al principal partido «oligárquico» debiera suscitarle incertidumbre, pero si lo hace, la despacha de un modo simple: «En un régimen democrático, la ventaja numérica habría jugado normalmente a favor del partido de la clase trabajadora (...). Sin embargo, para finales de 1933, Acción Popular [partido núcleo de la CEDA] había demostrado que unos amplios recursos financieros y una propaganda hábil también podían conseguir apoyo popular» *. Así, el influjo cedista provendría de una máquina de manipulación propagandística, engrasada con chorros de dinero. El PSOE, de suyo se entiende, a nadie manipulaba —a pesar de las denuncias de Besteiro sobre el «envenenamiento» de la conciencia de los trabajadores—, y sería, con toda naturalidad «el partido de los trabajadores».

* P. Preston, *op. cit.*, p. 159.

Pero ¿cómo explicar que millones de personas se dejasen embaucar por una oligarquía tan cruel, oscurantista y explotadora como la que Preston describe, de la cual tenía la gente larguísima experiencia práctica? ¿Cómo no seguía esa gente a los partidos que *naturalmente* la representaban e iluminaban acerca de sus intereses, partidos muy fuertes, con numerosa prensa y amplios recursos financieros, y dueños de los resortes del poder durante los dos primeros años del régimen? Por otra parte, los anarquistas también se proclamaban representantes del pueblo trabajador, despreciaban a la república por antipopular y antiobrera y la hostigaban sin tregua. ¿Por qué no da Preston el mismo crédito a su propaganda que a la del PSOE, cuando la CNT tenía entre los obreros no menos respaldo, y posiblemente más, que la UGT? Problemas elementales que *La destrucción…*, lamentablemente, deja de lado.

En resumen, la cuestión del origen de la guerra civil puede plantearse así: ¿surgió la guerra del cerrilismo y las conspiraciones derechistas contra las reformas, o del impulso revolucionario del PSOE y antidemocrático de las izquierdas *burguesas*? Los hechos examinados indican que fue lo segundo, y que la CEDA se inquietaba por una amenaza revolucionaria que, al revés que la fascista, era auténtica y no fraguada por la propaganda. El PSOE profetizó que la lucha de clases escindiría inexorablemente al país entre los partidarios de la dictadura *proletaria* y los de la burguesa o fascista, y calculó que ellos, los *proletarios*, eran los más fuertes. La profecía tendía a cumplirse por sí sola: en la medida en que la agitación social tomase un carácter revolucionario, la derecha sería empujada a posiciones extremas. Sin embargo, y a despecho de esa enorme presión izquierdista, así como de los esfuerzos de atracción de la extrema derecha, la CEDA eludió la tentación dictatorial.

Debe admitirse, pues, que el principal partido de la derecha respetó las reglas del juego mejor que sus contrincantes, y que propugnó reiteradamente la concordia, o al menos un suavizamiento de las tensiones que volvían irrespirable la política. La fascistización de un amplio sector derechista, invocada por la teoría del PSOE y por las argucias justificativas de la Esquerra, no iba a producirse en España hasta meses después de las elecciones de 1936, y en circunstancias agónicas. En conjunto, la actitud cedista fue tolerante y paciente en sumo grado. Difícilmente en cualquier país un potente sector social hubiera soportado sin rebelarse un acoso como el sufrido por la parte del pueblo representado en la CEDA.

Cabe especular, finalmente, si la contención de este partido ayudó a la paz. Quizá tuvo, precisamente, el efecto contrario, pues su moderación fue juzgada como debilidad y cobardía por muchos de sus enemigos, estimulando los ímpetus de la revolución.

3

LA IDEA DE ESPAÑA EN LA II REPÚBLICA *

I

En los diarios conocidos como «Cuaderno de la Pobleta», escribe Azaña el 15 de septiembre de 1937: «Lo que me ha dado un hachazo terrible, en lo más profundo de mi intimidad, es, con motivo de la guerra, haber descubierto la falta de solidaridad nacional (...). A muy pocos nos importa la idea nacional (...). Ni aun el peligro de la guerra ha servido de soldador. Al contrario: se ha aprovechado para que cada cual tire por su lado.» Creo que difícilmente se puede certificar con mayor patetismo un fundamental fracaso histórico, el fracaso de una idea de España.

Cierto que en la república coincidieron no una, sino varias ideas de España. No pensaban lo mismo al respecto Alcalá-Zamora, Gil-Robles, Largo Caballero, Prieto, García Oliver, José Antonio, Azaña o Franco, siendo todos ellos personajes clave en la historia de aquel régimen. Por otra parte, atender a esas diferencias, cosa imposible en un ensayo corto, nos remitiría, no a la II República, sino a una situación extendida sobre todo el siglo XX. Como queda de relieve con la cita inicial, se trata aquí más bien de la idea republicana de España.

---

* En la obra colectiva *España, un hecho*, publicada por FAES, Madrid, 2003.

Pero aun en ello encontramos una dificultad, nacida de la propaganda, como tantas dificultades surgidas cuando nos referimos a aquella época. El republicanismo ha terminado por identificarse no ya con un partido, sino con una figura, la de Manuel Azaña, a quien suele considerarse no sólo el político e intelectual más destacado del régimen, sino su misma encarnación o personificación. En cierto sentido esto es un abuso, pues la república vino sobre todo por la acción de dos conservadores, Alcalá-Zamora y Maura, con mínima intervención de aquél. Y Alcalá-Zamora presidió la república prácticamente los cinco años de vida de ésta, mientras que Azaña sólo tuvo poder efectivo alrededor de tres años. Además, la mayoría de los republicanos no se identificaba con Azaña, sino con Lerroux, cuyo Partido Radical, moderado a pesar de su nombre, era el más votado con gran diferencia, y el más antiguo y cohesionado entre los autonombrados republicanos. Sin embargo casi nadie se acuerda de él al hablar de republicanismo, como tampoco del republicanismo conservador de Alcalá-Zamora, cada uno con su particular idea nacional.

Con todo, la identificación de la república con Azaña tiene un contenido profundo y adecuado. Azaña tuvo una intervención decisiva en la configuración legal y en el tono, por así decir, del régimen, y luego en la formación del Frente Popular que precipitaría la experiencia republicana a su definitiva ruina. Por ello, Azaña encarna el carácter y destino de la república, y parece lícito desde el punto de vista intelectual, además de por razones de economía, resumir la concepción republicana en la de este dirigente. Creo que podemos entender, en buena medida, la peripecia republicana a partir de la idea azañista de España.

La conclusión de Azaña sobre la falta de idea nacional en los demás partidos y políticos es, por supuesto, discutible. Los criticados podrían replicar que no les faltaba tal idea, sino que la tenían distinta de la del crítico. Algo más parecen desmentir las frases del alcalaíno, y es la exaltación patriótica en que rivalizaron durante la guerra los partidos del Frente Popular. Comunistas, socialistas, anarquistas y republicanos cantaban el heroísmo español. Podrían traerse a colación innumerables textos, lemas y canciones, pero expondré aquí sólo un par de citas, más significativas por su origen, de cuando la batalla de Madrid en noviembre de 1936. Decía el periódico *CNT,* hablando de los milicianos, el 11 de noviembre de 1936: «Son los héroes imperecederos de Cavite, Callao, Gerona, Trafalgar, Zaragoza, Arapiles, San Quintín, Breda, Amberes, Milán, Nápoles, Sicilia, Nervi, Constantinopla, Túnez, Orán, Otumba, Tetuán... que renacen hoy y exigen su puesto en la lucha sangrienta.» El mismo Companys, cuyas infidelidades y maniobras separatistas tanto deplora Azaña, arengaba el 10 del mismo mes, como reproducía *El Socialista*: «Lucha, vence o muere en tu sitio, soldado del Ejército Popular, hijo esforzado y simbólico del pueblo español. Combate con las armas, con los dientes, con las garras; lánzate en alud sobre el enemigo. Tú, cobarde, atrás; te marcaremos con el hierro candente de la infamia. Debes ser nacido de un bastardo borbónico y una cortesana extranjera. Por eso retrocedes y arrojas las armas (...). Adelante, valientes madrileños.» En cuanto a los comunistas, declararon la guerra como una lucha del pueblo español contra la invasión nazifascista.

Sin embargo algo no acababa de encajar en esos arrebatos. En situación tan extrema como la guerra, todos veían el patriotismo como el impulso movilizador más potente, pues hay muy pocas cosas por las que muchos hombres estén dispuestos a dar la vida. Valía la pena, por tanto, aprovechar ese impulso, tal como Stalin cultivó al máximo, durante la guerra mundial, el sentimiento patrio e incluso aprovechó el religioso. Pero en realidad, socialistas y comunistas compartían la doctrina de Marx, según la cual «los obreros no tienen patria», y la nación es un invento burgués, cuyo objetivo consiste en asegurar un marco territorial y demográfico a la explotación capitalista. Ellos y los ácratas aspiraban a una sociedad homogénea, sin diferencias nacionales, ni propiedad privada, estado, familia o religión. Antes de la contienda era frecuente en las izquierdas, no sólo comunistas, oponer el grito de «¡Viva Rusia!» al de «¡Viva España!».

Quizá fueran los comunistas quienes con mayor empeño glorificaron el patriotismo español, queriendo convertir la guerra en algo parecido a la de Independencia contra Napoleón. Ese sentimiento chocaba más en el Partido Comunista que en cualquier otro, pues para él la patria real, o en todo caso superior, era la URSS de Lenin y Stalin, la «patria de los trabajadores», cuya defensa incondicional constituía la «piedra de toque del internacionalismo proletario». El PCE estaba férreamente tutelado desde Moscú, como admiten hoy prácticamente todos los historiadores, dando lugar a la paradoja de que un partido agente, literalmente, de una potencia extranjera, y orgulloso de serlo, llamase a combatir por la independencia contra un supuesto invasor. En el curso de la guerra, el PCE resultó la fuerza mejor organizada, más disciplinada y más potente de la izquierda, hegemónica en instituciones tan cruciales como el ejército y la policía. Así pudo imponer su línea de acción, venciendo sucesivamente a todos sus rivales, al principio más poderosos: a los socialistas de Largo Caballero, antes aliados privilegiados suyos, a los anarquistas, a los nacionalistas catalanes o a Prieto. Siendo el PCE un instrumento ciego y eficaz del Kremlin, su predominio convirtió al Frente Popular en un protectorado o satélite de la URSS, de lo cual hoy no caben muchas dudas entre los historiadores serios.

Pero esa pérdida de independencia no se debió sólo al PCE, sino también a la decisión de entregar el grueso de las reservas de oro español a Moscú, decisión tomada por los líderes socialistas, entonces casi tan admiradores de la URSS como los comunistas. Ha habido mucha controversia sobre si Stalin estafó al Frente Popular, pero se trata de un asunto de menor enjundia al lado de la constatación del hecho político clave: el Frente Popular perdió el control de sus reservas financieras, que pasó a Moscú. Si Largo Caballero califica de milagro la llegada del tesoro español, sano y salvo, a Odesa, su recuperación habría sido un milagro aún mayor. De resultas, quedó en manos del Kremlin un factor tan vital como el abastecimiento de armas y por tanto el destino de sus protegidos. Es inútil hablar aquí de traición por parte de la URSS, como dice el título de una compilación reciente de documentos soviéticos, pues fueron los gobernantes izquierdistas españoles quienes, por propia voluntad, entregaron al tirano soviético las reservas financieras, y con ellas su propia causa. Pudo comprobarlo el mismo Largo Caballero cuando, arrepentido de su decisión, intentó resistirse y fue defenestrado. En sus papeles testimonia hasta qué punto se permitían presionarle los soviéticos, amos del oro y de las armas. El Frente Popular perdió así su independencia, sin protesta eficaz de anarquistas ni de republicanos, ni, desde luego, de Azaña, que en sus diarios pasa por alto este definitorio hecho. Tal es la conclusión política decisiva en cuanto al manejo del oro, tan revelador sobre la idea de España en aquel régimen, siendo las demás cuestiones derivadas y casi anecdóticas por comparación.

La ausencia de una idea de España o de un sentido nacional capaz de aglutinar a los diversos partidos y superar las discrepancias entre ellos, se manifestó de muchas formas, impidiendo una elemental lealtad entre las fuerzas izquierdistas, por lo cual resultó determinante en la suerte de la guerra. Merece la pena repasar, aunque sea muy a grandes rasgos, la evolución de los acontecimientos, y ver hasta qué punto tenía razón Azaña a pesar de las argucias que hubieran podido oponérsele sobre diferentes maneras de concebir la idea de España.

El primer factor de desunión fue, paradójicamente, la euforia de los momentos iniciales de la guerra, ante la abrumadora superioridad material y estratégica del Frente Popular y la consiguiente seguridad en la pronta derrota del enemigo común. Como constata también Azaña, citando al nacionalista catalán Lluhí, cada partido pensó entonces en reforzarse frente a los demás, a fin de asegurarse la parte del león en los frutos de la victoria. El resultado fue un desorden que los sublevados aprovecharon con audacia para salir en pocas semanas de una situación desesperada, y ganar la iniciativa.

Ante las derrotas continuadas, la euforia de las izquierdas dio paso a la aprensión, y finalmente a un franco temor. Ese temor devino el principal elemento de cohesión del Frente Popular, y obligó incluso a los anarquistas a arrumbar sus propias doctrinas y entrar en el gobierno. Aun así, fue un sentimiento negativo, insuficiente para forjar una unidad sincera, como bien observa Azaña. Las tensiones internas causaron en mayo de 1937, en Barcelona, una guerra civil dentro de la guerra civil, y la sañuda represión de los perdedores, es decir, los anarquistas y poumistas. Esa fue la manifestación más explosiva de dichas tensiones, pero las desconfianzas, intrigas y rivalidades no cesaban. El propio Azaña había intentado maniobras diplomáticas en Londres sin conocimiento del jefe del gobierno, Largo Caballero. Luego, al rendirse el gobierno de Vizcaya, los nacionalistas vascos traicionaron a sus aliados, que habían combatido a su lado en defensa de la provincia, hasta el extremo de señalar a las tropas fascistas italianas las mejores vías de ataque para que «coparan» a los *gudaris* y abrieran así una amplia brecha en el frente. Luego, en plena batalla del Ebro, los nacionalistas vascos y catalanes intrigaron en Londres y París, siempre a espaldas de sus aliados, para que las Vascongadas y Navarra, más Cataluña y posiblemente Aragón, se convirtieran en protectorados inglés y francés respectivamente. En fin, la guerra terminó en una segunda guerra civil en el seno de las izquierdas, entre comunistas y negrinistas, por un lado, y socialistas, anarquistas y republicanos, por otro.

Ante tales desgarramientos cabe preguntarse cómo pudieron las izquierdas sostener la guerra durante cerca de tres años. La respuesta es doble: estuvieron a punto de perderla en los primeros cinco meses, pese a su superioridad material, y si después lograron reforzarse y continuar fue gracias, por una parte, a la ayuda soviética pero, sobre todo, a la disciplina y unidad impuestas por los comunistas, con métodos cada vez más duros, incluso terroristas, pero eficaces. Ahora bien, esa dura tutela se hizo más y más insufrible a los demás partidos, al punto de que éstos terminaron por sublevarse, prefiriendo rendirse sin condiciones a Franco antes que seguir luchando bajo hegemonía comunista. Y de modo tan revelador terminó una guerra ya perdida de todos modos.

II

Así pues, si algo quedó claro en esos tres años fue que ni el ideal nacional republicano de Azaña, ni el de ningún otro, lograron inspirar y orientar a las izquierdas en un esfuerzo común, ni siquiera en circunstancias tan arduas como aquellas, cuando peligraban todos de forma inminente. El fracaso de la idea nacional hiere a Azaña con la mayor crudeza, como él dice: «De ahí proviene el drama que estoy viviendo (sin menosprecio de la sensibilidad ajena), con más violencia y hondura que nadie.» Vamos a examinar un poco esa concepción de España.

En sus escritos, Azaña suele mostrar un recio espíritu patriótico: «Mi duelo de español se sobrepone a todo»; «Siento como propias todas las cosas españolas, y aun las más detestables hay que conllevarlas, como una enfermedad penosa»; «España es la entidad más cuantiosa de mi vida moral, capítulo predominante en mi educación estética, ilación con el pasado, proyección sobre el futuro», etc. Tales expresiones, frecuentes en él, contrastan sin embargo con la descripción tenebrosa que hace de la entidad amada y de sus tradiciones. En *Fresdeval,* aparece un pueblo embrutecido y encanallado, sumido en un romo escepticismo, incapaz de aspiraciones o ideas algo elevadas. Tal viene a ser también la impresión ofrecida por *La velada en Benicarló,* y la que destilan sus diarios, donde concluye: «Una verdad arrasa el alma: empujada por la barbarie, España rueda otra vez al abismo de su miseria.»

Explica su lúgubre visión de este modo: «No soy indulgente con sus defectos [de España]: con su locura, su violencia, su desidia, su atraso, su envidia», para rematar, de modo incoherente: «Pero no son razón para volverle la espalda, y despegarse, ni de subirse al trípode del hombre superior.» Podría no haber incoherencia en estas palabras, si el autor descubriese en el pueblo virtudes capaces de equilibrar toda esa suma de lacras morales y físicas, si le encontrase tradiciones o dotes en que apoyarse para salir del terrible atolladero. Pero eso no aparece, o apenas, en sus escritos. Su visión de España es casi permanentemente oscura, y hacia ella alterna el desprecio hiriente y la lamentación. Para colmo, los españoles de sus escritos son poco inteligentes, tienen poco seso o poco hábito de emplearlo, y muy pocos entre ellos saben simplemente hacer bien las cosas. Ante un país así, lo prudente y sensato sería alejarse, desentenderse de él, salvo que uno se considerase un gigante capaz de enmendar con casi sus solas fuerzas el estrago. En su fuero interno, Azaña se sentía algo parecido, como expresa en ocasiones como en *El jardín de los frailes,* o en la descripción del ensueño en que conversa con un fantasma de Alfonso XIII. Él es el hombre firme y clarividente, con alma de artista, capaz de enderezar las cosas. Aunque, siempre contradictorio y con un fondo de autodesconfianza, afirma: «Es prudente desconfiar de los salvadores de sociedades y de los creadores de mundos nuevos.» Pero no otra cosa quería él.

Esta visión de España y de sí mismo, mesiánica en el fondo, tenía una larga tradición en el jacobinismo hispano, extendido desde los liberales exaltados de después de la invasión napoleónica, hasta los republicanos de izquierda en la II República. Los jacobinos formaban grupos poco numerosos y menos representativos, plagados de personalismos, en perpetua querella entre ellos, con la mente llena de panfletos y retórica de la Revolución francesa, a los que apenas hacían aportación, fuera doctrinal o de análisis de la sociedad a transformar. También les caracterizaba un anticatolicismo exacerbado e intelectualmente romo. Y sin embargo, tales limitaciones no les arredraban en lo más mínimo para intentar gobernar el país; es más, se creían con un derecho privilegiado a gobernar, pues ¿no eran quienes más y más alto invocaban la libertad y la democracia? Podían y debían dirigir la nación, por las buenas o por las malas. En el siglo XIX fueron ellos quienes crearon la tradición desestabilizadora de los pronunciamientos militares. De todos modos, Azaña descollaba intelectual y políticamente muchos codos por encima de sus correligionarios jacobinos, hacia la mayoría de los cuales muestra un abierto desdén, quizá merecido. Su sensación de soledad aparece con frecuencia en sus escritos, así como la añoranza de algún «español inteligente que echo de menos, con agudeza y fortaleza suficientes».

Parte esencial de aquella visión de España era la atribución de las culpas de tan dramática miseria. También aquí Azaña entronca con la línea jacobina. La culpa de todos los males procede de la historia española a partir de la derrota de los Comuneros en el siglo XVI, momento en el cual el rumbo de España se habría extraviado y no habría vuelto a enderezarse. Desde tan infausta fecha, la historia de España constituía un cenagal de opresión y desgracias: en eso coincidía Azaña con los demás republicanos de izquierda y con otros izquierdistas, incluso con algunas derechas que bebían en las mismas fuentes. En su llamado Siglo de Oro, afirma, España sólo habría sido un imperio «de mendigos y frailes, aliñados con miseria y superstición»; o resume con sarcasmo: «Ganar batallas y con las batallas el cielo; echar una argolla al mundo y traer contento a Dios; desahogar en pro de las miras celestiales las pasiones todas. ¡Qué forja de hombres enterizos!»

En los siglos pasados sólo sería posible encontrar de valioso una especie de «corriente subterránea» muy débil, pero mantenedora, en fin, de las buenas esencias perdidas en Villalar. Por tanto, había alguna esperanza: recobrar el viejo espíritu, considerado auténtico y sofocado durante siglos, remozado ahora en espíritu republicano. Esta viene a ser la concepción transmitida en el siglo XIX a través de los círculos masónicos y de la propaganda extremista. Como concluirá Azaña: «Ninguna obra podemos fundar en las tradiciones españolas, sino en las categorías universales humanas.» Él llamaba «categorías universales humanas», básicamente, a las ideas y práctica políticas francesas de su tiempo. En fin, era preciso «abstraer en la entidad de España sus facciones históricas para mirarla convencionalmente, como una asociación de hombres libres».

Esa interpretación, que durante el siglo XIX cala poco en la intelectualidad y en la gente común, cobra un fuerte impulso a principios del siglo XX, hasta hacerse dominante en amplios medios políticos. Y lo hace justamente a partir de la crisis del 98. Por entonces menudearon los ensayos sobre España, dando lugar a una corriente que llamaremos regeneracionista en sentido amplio. Y aunque Azaña juzga esos ensayos «arbitrarios en el método, pobres de resultados», no les aporta nada original, y su propia posición se identifica en muchos aspectos con ellos. Todos coincidían en proponer remedios drásticos pero poco concretos, y en un europeísmo superficial, incapaz de vislumbrar siquiera los derroteros que pronto desembocarían en la Gran Guerra. La frase orteguiana «España es el problema y Europa la solución», venía a ser una consigna, donde España es el elemento negativo a superar, diluyéndolo en una Europa observada con espíritu convencional y acrítico.

Costa y, coincidiendo con él en el fondo, Ortega, dieron el tono de este movimiento, cuyas bases podrían considerarse una negación de la España anterior, un rechazo de cuanto ésta había hecho en el pasado, y hasta en una negación de la misma España como nación. Costa habla de «una nación frustrada», de la necesidad de «una total rectificación de nuestra historia», de «fundar España otra vez, como si no hubiera existido»; Ortega clama con cierta altisonancia: «¿Por ventura necesitábamos estos hechos [la Semana trágica] para averiguar que España no existe como nación?» El entonces joven pensador define la historia del país como una especie de enfermedad, idea que recuperará Azaña, comparándola con la sífilis. Estas doctrinas, pregonadas por los intelectuales más en boga, creaban un ambiente muy extendido.

Algunos opinaban de otro modo, pero por lo general callaban ante el ímpetu de las nuevas ideas. No obstante, Menéndez Pelayo advirtió: «Presenciamos el lento suicidio de un pueblo que, engañado por gárrulos sofistas, hace espantosa liquidación de su pasado, escarnece a cada momento las sombras de sus progenitores, huye de todo contacto con su pensamiento, reniega de cuanto en la Historia hizo de grande, arroja a los cuatro vientos su riqueza artística y contempla con ojos estúpidos la destrucción de la única España que el mundo conoce, la única cuyo recuerdo tiene virtud bastante para retardar nuestra agonía. Un pueblo viejo no puede renunciar [a su historia] sin extinguir la parte más noble de su vida y caer en una segunda infancia muy próxima a la imbecilidad senil.» No vamos a discutir aquí si tenía razón Menéndez Pelayo o la tenían Ortega, Azaña y tantos otros, sino a analizar la idea de España de estos últimos, y sus consecuencias.

Para quienes, hablando en sentido amplio, llamaré regeneracionistas, la tristísima historia nacional culminaba por entonces en el régimen más despreciable, el de la Restauración, contra el cual no ahorran dicterios: la necrocracia, el país oficial opuesto al país vital, el sistema de la mentira y la corrupción que sofoca las energías del pueblo, en fin, la concreción de todas las taras a superar si la nación quería volver a ser ella misma, o mejor, a fundarse propiamente. Destruir la liberal Restauración constituía la primera y básica tarea para, de las cenizas de ella y de toda la tradición española, extraer, en palabras de Ortega, «como una gema iridiscente la España que pudo ser».

Sobre estas concepciones y programa cabe hacer al menos tres observaciones. En primer lugar, la realidad observable de la Restauración dista mucho de justificar las condenas en bloque con que la obsequiaban los regeneracionistas, pues, con todos sus defectos, había logrado mejoras que, vistas desde el convulso siglo XIX, eran auténticas proezas. Para empezar, una relativa paz y estabilidad internas, acabando con la era de los pronunciamientos y la epilepsia anterior. También, gracias a esa estabilidad, un progreso económico no muy rápido, pero sí continuado y en aceleración, manifiesto, entre otras cosas, en un aumento sostenido de la renta por habitante, en contraste con el estancamiento de los sesenta años precedentes. Además, el sistema garantizaba una muy amplia libertad de expresión, a cuyo calor se desarrollaba el mayor florecimiento cultural e intelectual del país desde el Siglo de Oro. Añádase que las leyes liberales, con todos sus fallos de aplicación, permitían a cualquier grupo político organizarse, hacer campañas y presentarse a las elecciones, como así ocurría.

Ante estos logros, la crítica de Azaña, Ortega, Costa, etc., suena por lo menos arbitraria y obsesiva. De hecho, la Restauración propulsaba, aunque fuera con lentitud, la regeneración y europeización exigida por ellos tan abruptamente. Si ellos creían tener el medio para acelerarla, nadie les impedía explicarlo y propagarlo para llevarlo a la práctica, si convencían a suficiente gente. En tales condiciones, el radicalismo de sus ataques y la pretensión de derribar aquel régimen sólo pueden resultar chocantes, al igual que la pobreza de sus planteamientos prácticos y las virtudes casi mágicas atribuidas a la mera demolición del sistema, o su radical negación de «la única España conocida», en palabras de Menéndez Pelayo, negación respaldada con muchos más calificativos e improperios que datos y argumentos.

Una segunda observación es que, si España era una fantasmagoría, una nulidad como nación o en todo caso el producto de una historia siniestra, ¿por qué empeñarse en regenerarla o refundarla, tarea sumamente fatigosa, quizá imposible por mucho que quisieran apoyarse en las virtudes lejanas y brumosas atribuidas al movimiento comunero, o en la apropiación un tanto arbitraria del espíritu de Cervantes, o en la imitación deslumbrada y retórica de Europa? Una conclusión por lo menos tan lógica como la propuesta por Azaña, primer firmante de la Liga para la Educación Política Española fundada por Ortega, era la de que cada cual tirase por su lado y tratase de zafarse del abrumador fracaso histórico.

Y así lo hacían otros. El nacionalismo catalán surge negando la realidad de España, como, de hecho, hacen los regeneracionistas; el nacionalismo vasco acepta esa realidad, pero precisamente con los tintes con que la adorna Azaña: un país torvo, opresor, inferior y envilecido, corruptor de «la raza más libre y más noble del mundo», es decir, de los vascos, según aseguraba Sabino Arana. Para los marxistas y anarquistas, la enfermedad llamada España no tenía mejor salida que su disolución en un mundo nuevo y feliz. Todos ellos coinciden en el diagnóstico, y son probablemente más coherentes que los regeneracionistas en sus recetas, tan distintas y aun opuestas, como había de verse con especial dramatismo durante la guerra civil. La común concepción de base sobre España difícilmente podía dar, en realidad, otro fruto que la disgregación y el «sálvese quien pueda». La alternativa azañista de reducir España a «una asociación de hombres libres», al estilo de un club, no mejoraba las cosas, pues los socios, en uso de su libertad, podían entrar o salir en la asociación, o fundar otras a voluntad. Por lo demás, Azaña olvidaba que nadie es libre de elegir su lugar de nacimiento, con sus decisivas consecuencias de idioma, costumbres, derecho, tradiciones, historia y otros rasgos que, precisamente, son los que definen una patria.

En tercer lugar, la tarea que aparentaban echar sobre sus hombros aquellos personajes era realmente titánica: nada menos que refundar una nación. Recuerda un poco al sionismo, y la comparación vale la pena. El sionismo inspiró a un buen número de personajes entregados a su misión, resueltos, capaces de esfuerzos legendarios, extraordinariamente hábiles y hasta, si se quiere, titánicos. Pero salta a la vista que esas cualidades no adornaban de manera especial a nuestros regeneracionistas. Ninguno cumplía mínimamente las exigencias vitales de la misión invocada. Todos ellos se preocupaban ante todo de «solucionarse la vida», de ganar alguna oposición a cargos confortables en la burocracia de un estado según ellos asfixiante y execrable, al que decían querer destruir. Con sus virtudes y sus defectos, y el indudable talento intelectual de varios de ellos, pertenecían por lo común al tipo del «señorito» acostumbrado a una vida cómoda, poco animoso y refractario al riesgo, y en cuyos ostentosos desdenes y lamentaciones aflora la pose. Nada podía concebirse menos titánico.

Por otra parte, si había en la Restauración jóvenes privilegiados, eran precisamente ellos, pues formaban la élite destinada a mantener y renovar el sistema, beneficiarios de una educación superior, viajes y estudios en el extranjero, etc. Y de pronto esa juventud privilegiada mordía la mano que la alimentaba. Se trataba de una rebeldía cómoda y no particularmente generosa ni atrevida, pero no por ello dejaba de causar un daño enorme al sistema, al fomentar un ambiente social quejumbroso, amargado, afectadamente pesimista; ni dejaba de tener un efecto revolucionario al conjuntarse con rebeldías más auténticas, como las marxistas y anarquistas. Ésta fue la auténtica tragedia de la Restauración, sobre la que ha hecho abundante luz José María Marco en su libro *La libertad traicionada*.

La Restauración cayó por tierra, finalmente, bajo los golpes combinados de los revolucionarios, los regeneracionistas y otros. Entonces quedó de relieve que si bien entre todos habían tenido ímpetu suficiente para derribar el régimen liberal, no constituían ni remotamente una alternativa a él, y por tanto, la dictadura se impuso sin el menor problema. Y no menos de relieve quedó el carácter acomodaticio, la flaqueza de ánimo y la escasa creencia en sí mismos de aquellos supuestos rebeldes. El espíritu intransigente con las injusticias y opresiones, incendiario en nombre de la libertad, dispuesto a refundar España, se apagó como una simple vela al aliento de un grito de Primo de Rivera. Y no porque la dictadura fuese férrea: al contrario, se trató probablemente de la dictadura más liberal, menos sanguinaria y por así decir más humana que conoció el siglo XX, en España o fuera, como acabarían reconociendo muchos de sus enemigos, empezando por Alcalá-Zamora. Azaña, después de redactar su primer manifiesto claramente republicano contra el dictador, renunció a difundirlo y se hundió en la inoperancia política, el tedio y la rumia de sus males y los de la patria, más tarde compartidos en el grupo Acción

Republicana, poco más que una tertulia. En compensación, tuvo la oportunidad de cultivar su indudable talento literario, que le valió el Premio Nacional de Literatura por su ensayo acerca de Juan Valera, y publicó, sobre todo, *El jardín de los frailes,* obra notable, muy notable a mi juicio.

Terminada la dictadura, la monarquía se apresuró a suicidarse. Vino entonces la república, y con ella la gran oportunidad para los enemigos de la Restauración. Creo del mayor interés abordar ahora el funcionamiento de la idea republicana de España en esa ocasión histórica, ya que las ideas políticas sólo pueden juzgarse adecuadamente en relación con la práctica histórica a que dan lugar.

III

En el verano de 1930, los líderes republicanos, reunidos en San Sebastián, esbozaron un plan para hacerse con el poder mediante un golpe militar o pronunciamiento, en la vieja tradición. En el otoño, en espera del pronunciamiento, Azaña inauguró el nuevo curso en el Ateneo de Madrid, del cual era presidente, y aprovechó la ocasión para exponer todo un conjunto de ideas políticas y de planes. El discurso fue publicado con el título «Tres generaciones del Ateneo», y creo que tiene un excepcional interés definitorio, casi profético, no siempre apreciado en todo su valor.

Azaña irradia allí optimismo y confianza en la «misión inaugural del tiempo nuevo», y anuncia la «gran renovación y trastorno necesitados por la sociedad española», pues «España es víctima de una doctrina elaborada hace cuatro siglos en defensa y propaganda de la Monarquía católica imperialista, sobrepuesta con el rigor de las armas al impulso espontáneo del pueblo». Se hacía preciso, y posible, derrocar a una clase política e intelectual «timorata, precavida, tullida de ánimos», de la cual «no puede esperarse nada». ¿Traería el anunciado trastorno consecuencias peligrosas? A juicio del orador no había motivo para la preocupación: «Si me preguntan cómo será el mañana, responde que lo ignoro; además, no me importa. Tan sólo que el presente y su módulo podrido se destruyan. Si agitan el fantasma del caos social, me río.» Compara ese fantasma del caos con el orden de la física: «¿Andarían las estrellas dándose trompicones por el espacio? ¿No se establecería por acción y reacción de las masas un equilibrio que los físicos describen en las leyes de la Mecánica? Otro tanto digo del caos social; no es menester que yo intente ordenarlo.» Por consiguiente: «No seré yo, que con otros aguardaba verme un día menos solo, quien siembre desde esta tribuna la moderación.» La democracia y la modernidad, que él asociaba a su concepto de la nueva España, debían imponerse tajantemente contra la tradición española, en un trastorno que daría paso, de forma automática, a un orden nuevo y superior, tal como un cuerpo enfermo se repone al eliminar las causas de su enfermedad. Lo explicó con un vivo símil: «Así como hay personas heredo-sifilíticas, España es un país heredo-histórico.»

En otro lugar escribirá: «Siempre me ha parecido que la conducta de España debía depender de la inteligencia, que no quiere decir de los intelectuales.» La «inteligencia» venía a ser el grupo de audaces republicanos inspirados por la razón y la modernidad, dispuestos a «rajar y cortar a su antojo» en el mundo por él condenado a morir. La gran misión que en 1930 presentaba el destino a lo que Azaña llamaba «la inteligencia», se concebía como una destrucción a fondo. Pero, consciente de que esa tarea no podía realizarla sólo un grupo forzosamente reducido, anunciaba: «La obligación de la inteligencia, constituida, digámoslo así, en vasta empresa de demoliciones, consiste en buscar brazos donde los hay: brazos del hombre natural en la bárbara robustez del instinto», de modo que «los gruesos batallones populares, encauzados al objetivo que la inteligencia les señale, podrá ser la fórmula del mañana.» El objetivo consistía en demoler la herencia histórica de España, muy particularmente el catolicismo, en el que las izquierdas veían un enemigo fundamental —si no *el* fundamental—, la causa del desvío de la historia del país y de su postración secular.

La receta salvadora podía resumirse en la democratización y modernización de España, aunque enseguida percibimos en ello una contradicción. La república, diría reiteradamente Azaña, con estas o parecidas palabras, «ha de ser pensada y gobernada por los republicanos». Idea ciertamente poco afín a la democracia, y bastante al despotismo ilustrado, sobre todo si no olvidamos que la *inteligencia* republicana se componía de diversos partidos con escaso apoyo ciudadano. Pero él confiaba en un respaldo incondicional a su designio por parte de «los gruesos batallones populares», alegremente dispuestos a actuar como «brazos» gobernados por el cerebro jacobino. Esta era otra de las claves de su programa de modernización.

Los que Azaña llamaba «batallones» u «hombre natural», estaban organizados sobre todo en el PSOE-UGT y en la CNT anarquista. Al año siguiente, después de los conocidos avatares que trajeron la república, los republicanos de izquierda tuvieron la oportunidad de llevar adelante su programa de demoliciones. Un comienzo del programa, no muy alentador, fueron las jornadas de quemas de conventos, bibliotecas, centros de enseñanza y obras de arte por grupos izquierdistas, en mayo del 31, al mes de inaugurarse la república. Como se recordará, fue sobre todo Azaña quien impidió la intervención de la fuerza pública contra aquellos demoledores «en la bárbara robustez de su instinto». La derecha, asustada, no reaccionó al terrible golpe, y al principio todo pareció ir bien, pues los socialistas, aunque mucho más numerosos y organizados que los republicanos, parecían seguir la batuta jacobina, e incluso los anarquistas apoyaron con sus votos a la república. Pero la excelente perspectiva iba a oscurecerse pronto.

Pues si la derecha, todavía medrosa, tardó bastante en organizarse convenientemente, una parte de los batallones populares empezó enseguida a dar serios quebraderos de cabeza al nuevo régimen. Se trataba de los anarquistas, nada inclinados a reconocer el papel rector adjudicado a sí misma por la *inteligencia* republicana, hacia la cual no sentían realmente el menor respeto.

Casi desde el principio predominaron en la CNT las corrientes revolucionarias sobre las más moderadas, y el resultado fue una oleada de huelgas salvajes y dos insurrecciones, una en 1932 y otra en 1933. Durante la primera, Azaña, furioso con aquellos hombres naturales desmandados, y sintiéndose respaldado por el PSOE, había movilizado tropas y ordenado proceder contra ellos con la máxima dureza. En sus diarios hace esta reveladora anotación: «Como Fernando de los Ríos me oyó decir que se fusilaría a quien se cogiese con las armas en la mano, quiso disentir; pero yo no le dejé, y con mucha brusquedad le repliqué que no estaba dispuesto a que se me comiesen la República. Todos los demás ministros aprobaron mi resolución. Desde la misma sala del Consejo hablé por teléfono con el general Batet, ordenándole que enviase una columna al lugar del suceso, con instrucciones inexorables de aplastar a los levantiscos.» Las víctimas de la insurrección ascendieron a 30, y hubo un gran número de detenidos. Según los líderes de la CNT, «las cárceles se llenaron de bote en bote y las torturas estuvieron a la orden del día». Más de cien presos fueron deportados a África. Al año siguiente los anarquistas volvían a rebelarse, dando lugar a nuevas torturas y tratos brutales en Barcelona y otros lugares, pero sobre todo a la matanza de Casas Viejas por la republicana Guardia de Asalto. No cabe duda de que el origen de la tragedia estuvo, al menos en parte, en la decisión de Azaña de actuar con toda violencia, aun si probablemente fue falsa la célebre frase de «tiros a la barriga», atribuida a él. El episodio de Casas Viejas arruinó el prestigio y la popularidad del dirigente republicano. Al revés de lo que a menudo se da a entender, no fue la derecha, sino los ácratas, los que hicieron fracasar el bienio izquierdista.

Pero aún había de recibir un golpe más duro la *inteligencia* republicana y su idea de España y de modernidad, pues a los pocos meses la abandonaban los otros batallones populares, los socialistas. En el PSOE pugnaban desde el principio dos corrientes, la representada por Prieto, que aceptaba de buena gana la hegemonía azañista, y la de Largo Caballero, que entendía el apoyo a los republicanos como una táctica pasajera, a fin de crear condiciones favorables a la revolución social. La doctrina marxista, oficial en el partido, preveía, desde el *Manifiesto Comunista*, la alianza con sectores burgueses «progresistas» o «avanzados», pero no para dejarse dirigir por ellos, sino, al contrario, para dirigirlos, mientras pudieran ser útiles al objetivo revolucionario. Las condiciones revolucionarias parecieron madurar a lo largo de 1933, y ante el auge de la política de Largo Caballero el mismo Prieto claudicó. A Largo se le denominó «El Lenin español», y *bolchevique* a su tendencia. Besteiro fue el único líder histórico que condenó la dictadura del *proletariado*, tachándola de «locura colectiva», o «locura dictatorial»; denunció el *envenenamiento* de la conciencia de los obreros por la propaganda del partido, y vaticinó un estéril baño de sangre. Pero quedó cada vez más aislado en el partido, en medio de una lucha interna extremadamente acre y violenta, como explica el socialista Amaro del Rosal. En octubre, Prieto declarará oficialmente la ruptura, que calificó de definitiva, con los republicanos de cualquier tendencia.

Los brazos, por tanto, se rebelaban contra la *inteligencia*, la cual perdía toda posibilidad de hacer triunfar su idea de España. Pero en sus dos años de gobierno también pudo constatar Azaña la escasez de la *inteligencia* republicana. Sus diarios están llenos de agrias referencias a la ineptitud y vacuidad de la mayoría de sus correligionarios. Gordón Ordás, jefe radical-socialista, es un «pedante fracasado», «insigne albéitar» que «se ha afanado por adquirir una ilustración vasta y general, sin que podamos estar seguros de que la haya asimilado». De Marcelino Domingo deplora: «¿Qué sería un Gobierno presidido por este hombre? ¿Y qué puede ser la reforma agraria dirigida por él?» Álvaro de Albornoz queda como un simple que «no se entera de nada», y «ha fracasado hasta un extremo que raya en lo cómico». Y así sucesivamente.

No ofrece más esperanzas el conjunto. Un congreso del Partido Radical Socialista, el más votado entre los republicanos de izquierda, le inspira esta descripción: «Llevan tres días, mañana, tarde y noche, desgañitándose. Y lo grave del caso es que de ahí puede salir una revolución que cambie la política de la república.» «Después de tan feroces discusiones, se han echado a llorar oyendo el discurso de Domingo; se han abrazado y besado, han gritado... Gente impresionable, ligera, sentimental y de poca chaveta.» De su propio partido dirá, cuando suba a la presidencia de la República: «Llorera general (...). Explosión de entusiasmo, abrazos, promesas, juramentos cívicos... En fin, muy bien. Es posible que ahora lo destrocen todo.» De otros afines comenta: «No saben qué decir, no saben argumentar (...). No se ha visto más notable encarnación de la necedad.» El desdén se trueca a veces en amargura: «Veo muchas torpezas y mucha mezquindad, y ningunos hombres con capacidad y grandeza suficientes para poder confiar en ellos.» «¿Tendremos que resignarnos a que España caiga en una política tabernaria, incompetente, de amigachos, de codicia y botín, sin ninguna idea alta?» Etcétera. Quizá ningún enemigo de la república ha descrito ésta de forma tan lúgubre y desalentadora.

El desastre quedó consumado en las elecciones de noviembre de 1933, cuando el republicanismo de izquierda se hundió casi por completo. Esa derrota electoral fue la piedra de toque del democratismo de Azaña: coherente con su tesis de que sólo los republicanos de izquierda o jacobinos podían gobernar la república, rechazó la voz de las urnas y propuso un golpe de estado, para impedir la reunión de las Cortes resultantes de las elecciones. Fallida la intriga por la oposición de Alcalá-Zamora, volvió a proyectar un golpe unos meses más tarde, en verano del 34, apoyándose en la Esquerra catalana, dueña de la Generalidad y en pie de guerra. Pero necesitaba una vez más a los «batallones populares» del PSOE, los cuales rehusaron participar en la intentona, como sabemos. El golpe quedó así en el aire.

En octubre de ese año, los socialistas y los nacionalistas catalanes se alzaron en armas contra un gobierno legítimo y democrático de centro derecha. El partido de Azaña llamó a emplear «todos los medios» contra el gobierno. Esto difícilmente lo hubiera hecho sin la aquiescencia de su líder, cuya presencia en Barcelona en aquellos momentos tampoco ha quedado nunca explicada satisfactoriamente. Procesado por su presunta implicación en la revuelta, los tribunales archivaron la causa, lo cual significa poco o nada, pues algo parecido hicieron con Largo Caballero. En su libro famoso *Mi rebelión en Barcelona*, Azaña oculta, con toda evidencia, buena parte de la verdad.

Pasadas aquellas conmociones, pareció posible volver a una conjunción como la del primer bienio entre la *inteligencia* y los *brazos* populares, y tal fue el sentido que Azaña quiso dar a la alianza más tarde conocida con el nombre comunista de Frente Popular. En apariencia las circunstancias eran favorables. Prieto no estaba dispuesto a repetir la aventura insurreccional, y el sector socialista de Largo Caballero también aceptó ahora el pacto con los republicanos de izquierda. Además, hasta los mismos anarquistas iban a votar a favor de la coalición de izquierdas en las elecciones de febrero de 1936, como lo habían hecho en las de abril del 31.

Sin embargo aquellos buenos augurios no pasaban de ser un espejismo. Largo, los anarquistas y los comunistas, que por primera vez representaban un papel importante, estaban más dispuestos que nunca a seguir con su línea revolucionaria y a dirigir, a empellones, a la *inteligencia* jacobina, no a dejarse dirigir por ella. Azaña repetía, muy agravados, sus errores del primer bienio, aliándose con fuerzas en extremo violentas que no ocultaban su decisión de acabar con la democracia. Además, excitó y estimuló esas fuerzas en un tiempo de auge del odio y el fanatismo. La insurrección de octubre había fracasado porque la población, no dispuesta a la guerra civil, había desoído los llamamientos a las armas hechos por socialistas y nacionalistas catalanes. Pero en 1935 el ambiente estaba mucho más crispado, en gran medida por la enorme campaña izquierdista sobre la represión en Asturias, basada en exageraciones y falsedades, como hoy está probado.

Azaña percibió con más o menos claridad el peligro, y en uno de sus discursos advirtió sobre «el torrente popular que se nos viene encima». Pero concluyó con extraño optimismo: «A mí no me da miedo el torrente popular (...). La cuestión es saber dirigirlo, y para eso nunca nos han de faltar hombres.» Frases extrañas, casi alucinadas, pues si algo lamenta constantemente su autor es la falta de hombres capaces y enérgicos. Vuelto al poder deplorará no disponer siquiera de un centenar de ellos.

Así, apenas ganadas las elecciones de febrero del 36, los «gruesos batallones populares» se desmandaron definitivamente, arrollando a la supuesta inteligencia. La ley empezó a imponerse desde la calle, y se implantó un doble poder de hecho, ante el cual los republicanos eran impotentes. El «caos social» que Azaña había despreciado en 1930, se traducía en una oleada sin precedentes de asesinatos, incendios, asaltos a centros y periódicos de la derecha, y a domicilios particulares, y huelgas incontroladas, en las que a veces luchaban sangrientamente anarquistas contra socialistas.

Las derechas pidieron reiteradamente al gobierno que cumpliera su deber más elemental de garantizar el orden público y la ley, pero Azaña y su sucesor Casares Quiroga rehusaron atender las peticiones y justificaron los desmanes. De este modo se deslegitimaban a sí mismos. Para la derecha la situación se hizo prácticamente desesperada, hasta resolverse en un alzamiento con pocas probabilidades de éxito, y que estuvo a punto de naufragar en los primeros días. La *inteligencia* republicana intentó una última resistencia ante la revolución, negándose a armar a las masas, resistencia patética, que duró menos de dos días. A continuación Azaña cedió a las presiones y autorizó el reparto de armas, y con él, la plena imposición revolucionaria, uniendo su destino definitivamente al «hombre natural en la bárbara robustez de su instinto», no para dirigirlo, sino para ser arrastrado por él. Como observa el líder republicano, «la democracia que había se acabó al empezar la guerra». Tendría que haber dicho «la poca democracia que quedaba». Entender el pasado exige valorar debidamente estos hechos.

La república y la guerra fueron la última consecuencia de la ruina de la Restauración, y uno puede preguntarse cuál habría sido la historia de España si hubiera proseguido el proceso de evolución moderada dentro de las libertades, propio de aquel régimen. Las críticas más habituales a la Restauración se centran en su incapacidad para integrar a las nuevas fuerzas surgidas por entonces, tales como el socialismo, los nacionalismos o hasta el propio anarquismo. Sin embargo eran fuerzas muy difíciles de integrar. Y tampoco la república consiguió integrarlas, lo que no deja de ser sorprendente, pues fueron ellas las que enseguida ocuparon el poder y le dieron contenido, pese a lo cual se dedicaron enseguida a socavar y atacar su propio sistema legal, cosa no muy frecuente en la historia.

Una leyenda atribuye a las derechas el sabotaje y final destrucción de la república. Hoy puede decirse que la idea es perfectamente falsa. La derecha no respondió con violencia a agresiones tan brutales como la quema de conventos, bibliotecas y centros de enseñanza; no se identificó con el golpe de Sanjurjo, salvo algunos sectores muy secundarios, y casi todos los 290 homicidios políticos del primer bienio, calculados por S. Payne, procedieron de acciones y choques entre izquierdistas; la derecha alcanzó el poder por la vía democrática y bajo una legalidad netamente de izquierdas, no establecida por consenso, y a pesar de todo defendió dicha legalidad cuando las izquierdas la asaltaron, y la mantuvo después. Su rebelión final ocurrió en una situación extrema y prácticamente sin salida, cuando ya se habían rebelado los anarquistas en tres insurrecciones, el propio Azaña en dos intentos de golpe de estado, y los socialistas, nacionalistas catalanes de izquierda y comunistas, en el movimiento revolucionario más sangriento de Europa occidental desde la Comuna de París.

Prácticamente todo el proceso republicano puede entenderse muy bien a partir de aquella exposición que hizo Azaña en 1930 sobre España y su historia, sobre el necesario trastorno y proceso de demoliciones basado en la alianza entre la *inteligencia* y el *hombre natural*, con su negativa a predicar la moderación y su despreocupación por un posible caos. Tales son las concepciones básicas con las que actuó Azaña, encarnación del régimen, y cuyo desarrollo no puede ser más ilustrativo.

Azaña se definió en una ocasión como intelectual, liberal y burgués. Pero en realidad no era liberal, sino jacobino, o, si se prefiere, un liberal jacobino, heredero de la tradición exaltada antes aludida, cuyas épocas de poder tuvieron todas carácter convulsivo. Dentro del jacobinismo, Azaña estaba intelectualmente muy por encima de la media, desde luego, y en su excelente prosa sabe defender muy bien su causa. En sus diarios de guerra explica que él quiso acabar con la costumbre de fusilarse entre españoles. La frase ha sido muy celebrada, y sugiere que antes de él se fusilaba sin tasa, pero no es cierto. La Restauración fusiló sólo en casos extremos, y la dictadura de Primo, en ninguno. En otra ocasión asevera: «Cuando el azar, el destino, lo que fuere, me llevó a la política activa, he procurado razonar y convencer (...). Querer dirigir el país, en la parte que me tocase, con estos dos instrumentos: razones y votos. Se me han opuesto insultos y fusiles.» También estas palabras han sido acogidas con entusiasta credulidad por diversos historiadores, pero no pueden ser tomadas muy en serio. No dirigió el país con razones cuando impidió que la policía reprimiese a los incendiarios de iglesias y bienes culturales, o cuando empleó con excesiva dureza a la policía y al ejército contra las revueltas anarquistas, o aplicó la Ley de Defensa de la República, que de hecho invalidaba las libertades, y cerró periódicos a mansalva y encarceló sin acusación; o cuando se alió con revolucionarios abiertos y rehusó aplicar la ley a sus desmanes. Tampoco se descubre mucho respeto por los votos en los dos golpes de estado que planeó al perder las elecciones, o en sus justificaciones de la insurrección de octubre contra un gobierno legítimo y democrático. Etcétera La idea nacional de Azaña se suele identificar con la democracia, pero ello sólo puede sostenerse si atendemos en exclusiva a la retórica y cerramos los ojos a los hechos.

En fin, creo que en la base de todas estas actitudes y contradicciones puede descubrirse una idea distorsionada de España, considerada como una enfermedad a sanar con remedios drásticos. Julián Marías ha señalado que un lastre del PSOE consiste en su visión negativa de nuestra historia. En esa visión negativa y distorsionada coincidían casi todas las fuerzas de izquierda y algunas de derecha, y también en la pretensión, realmente vanidosa, de estar llamadas a reinventar o refundar una nación con casi dos milenios de historia, sustituyendo la moderación por la exaltación y la evolución por el trastorno. Tal idea de España carecía necesariamente de poder de cohesión, impedía superar las profundas diferencias entre los distintos partidos y fomentaba en realidad el aborrecimiento entre ellos, sólo disimulado por la aversión aún mayor hacia el enemigo común. Las consecuencias a duras penas podían ser otras que las que Azaña comprobó y lamentó, un poco a deshora.

4

UNA VISIÓN NEOESTALINISTA DE LA GUERRA CIVIL

En el número 15, de mayo de 2003, de la revista digital de pensamiento *El Catoblepas,* inspirada por Gustavo Bueno, el profesor Enrique Moradiellos publicaba una larga crítica (más de 50 folios) a mis tesis sobre la intervención extranjera en la guerra civil española, en respuesta a otro artículo del profesor Antonio Sánchez Martínez en defensa de mis libros. Con cierta abundancia retórica, Moradiellos desarrolla su crítica a partir de cuatro cuestiones básicas: «1) La *génesis* de dicha intervención (quién o quiénes fueron los primeros en intervenir, cuándo tomaron la decisión y cómo la llevaron a la práctica material mente por vez primera); 2) las *motivaciones* de dicha intervención (incluyendo su posible variación a lo largo del tiempo de duración del proceso bélico): razones de orden estratégico, de cálculo político, de interés económico, de carácter diplomático, de afinidad ideológica; de naturaleza clasista, etc.; 3) la *entidad* de esa misma intervención (en cantidad, en calidad y en sus ritmos temporales de entrega y disposición): volumen de armamento remitido, número de efectivos humanos involucrados, cuantía de los préstamos y créditos otorgados, disponibilidad de las facilidades logísticas avanzadas y vigor del respaldo diplomático ofrecido; 4) la *trascendencia* de esa intervención para el propio resultado de la guerra (la cuestión más compleja por ser la más valorativa y especulativa, en la medida en que significa ponderar hasta qué punto fue crucial y decisiva, o secundaria y accesoria, esa intervención en el resultado final: la victoria absoluta alcanzada por el bando franquista y la derrota total y sin paliativos cosechada por el bando republicano).»

En cuanto al primer punto, Moradiellos hace un detallado examen de diversos estudios recientes, en particular *Armas para España,* de Howson, para concluir que, si bien es correcta mi apreciación general de que los dos bandos intentaron casi simultáneamente obtener armas en el extranjero, yerro en lo demás. Así, por ejemplo, frente a mi punto de vista de que los envíos franceses de aviones llegaron ligeramente antes, y al principio en mayor número, él considera que ocurrió exactamente al revés, y que los franquistas obtuvieron pronto una notable supremacía aérea, gracias a los aviones italianos y alemanes. En conclusión quedaría demostrada «la falsedad y error de las afirmaciones tradicionales franquistas recogidas y recuperadas por Pío Moa: *la intervención francesa no precedió a la italo-germana y tampoco tuvo su misma entidad en volumen y calidad durante esos primeros meses cruciales del conflicto.* Todo lo contrario».

Pasando a la segunda cuestión, la de las motivaciones de las potencias intervencionistas, Moradiellos matiza con mucho énfasis, sin desmentirlos, mis asertos sobre las razones de Hitler y Mussolini. Pero el desacuerdo principal yace en torno a Stalin. ¿Por qué intervino Stalin? En mi opinión, porque le interesaba ante todo alejar de sus fronteras la sombra de una nueva guerra europea, y tratar de que estallara entre las democracias y Alemania, para lo cual la hoguera española le ofrecía una excelente ocasión. Esto era crucial para él. Al mismo tiempo procuraba dominar progresivamente el Frente Popular español. A juicio de Moradiellos nada de eso se sostiene, aunque empieza por interpretar erróneamente mi punto de vista, atribuyéndome la idea de un intento de Stalin de fomentar la revolución social en Europa mediante la creación de un estado satélite en la península Ibérica y la provocación de una guerra general en el continente. Eso es una forma muy confusa de exponer mi tesis. En bastantes casos, Moradiellos da la impresión de haberme leído con poca atención.

Para él, en cambio, la interpretación esencialmente correcta es la que llama «hipótesis del honesto Stalin». Esta versión «favorecida por sectores pro-republicanos y progresistas», ve en la política soviética «un intento de sostenimiento de un régimen democrático (español) en oposición al expansionismo del Eje italo-germano y con la esperanza de forjar una alianza con las democracias occidentales en defensa de la seguridad colectiva y la paz». Éste es el punto más interesante de la crítica, pues de acuerdo con él, Stalin habría defendido, aunque por sus propios motivos, la democracia en España y en Europa, frente a la actitud presuntamente suicida de las democracias reales.

Pasando al tercer punto, la entidad de la intervención, Moradiellos sostiene, como en el primer punto, y contra mis tesis —basadas fundamentalmente en los estudios de los hermanos Salas Larrazábal—, que, a lo largo de prácticamente toda la guerra, la ayuda germano-italiana a Franco superó en alto grado a la soviética y de otros países al Frente Popular, tanto en material como en tropas.

Y finalmente, el tema principal, el de la trascendencia de la intervención sobre el desarrollo de la contienda. Contra mi impresión de que la intervención no tuvo una influencia muy importante en el curso de la guerra, él, algo escandalizado, escribe: «Pío Moa se adscribe sin dudas ni temores a la versión tradicional elaborada por el bando franquista y desarrollada por la historiografía más afecta al régimen: ese contexto y esa intervención no tuvieron una importancia esencial y definitiva porque la ayuda recibida por ambos bandos fue sustancialmente idéntica y nivelada, de modo que el equilibrio alcanzado contrarrestó su posible incidencia. En consecuencia, la victoria total y sin condiciones del bando liderado por Franco y la derrota absoluta y sin paliativos cosechada por sus enemigos republicanos respondieron, fundamentalmente, a otros motivos y razones internas y propiamente españolas: la mayor capacidad de combate de las tropas de Franco y el mejor aprovechamiento de sus recursos militares y materiales por el mando franquista; el mayor orden y eficacia del aparato administrativo insurgente y el acierto de sus políticas económica y social para sostener el esfuerzo bélico; el mayor entusiasmo y entrega de la población civil de retaguardia y la mayor confianza popular en sus autoridades y en la justicia de su propia causa, etc. Con su corolario lógico: el bando enemigo fracasó o fue manifiestamente peor en el manejo de todas esas facetas y dimensiones y sus propios errores y fracasos explican su desplome y su derrota. Basta leer las propias palabras de Pío Moa para comprobar que lo dicho no es una caricatura fácil o tergiversadora.»

Y en este caso no lo es. Para desmentirme, Moradiellos cita a Azaña, a Sainz Rodríguez, a expertos británicos, etc., que, en su opinión, demostrarían la importancia prácticamente decisiva de la ayuda alemana e italiana, unida a la no intervención británica, en la victoria franquista.

En consecuencia, y visto el punto tercero, Moradiellos considera probada «la debilidad argumental y la falsedad documental que estaban en la base misma de las tesis defendidas por el señor Pío Moa en lo referente a la génesis, motivación, entidad y transcendencia de la intervención extranjera en la guerra civil española», por lo que «pone en duda la fiabilidad, el rigor y la destreza del señor Pío Moa en calidad de historiador de la guerra civil. No en vano, aun cuando el examen detallado aquí practicado sólo haya cubierto un aspecto (temáticamente parcial pero nada baladí) del fenómeno de la guerra civil, los fallos, errores y falsedades detectados son tan abundantes y tan recurrentes que, necesariamente, proyectan una potente sombra de duda sobre la solidez y fundamentos veraces del conjunto de la obra de Pío Moa» *.

Hasta aquí, en resumen, la crítica de Moradiellos. A continuación, mi réplica, en la misma revista *Catoblepas*.

Mi propuesta de debate ha sido tenazmente desoída, pero ahora el señor Moradiellos se ha puesto a la labor en *El Catoblepas.* Lo hace en un tono algo pedantuelo y mayestático, pero,

---

* Moradiellos escribió su trabajo en respuesta a una crítica que le hacía el profesor Antonio Sánchez Martínez, en torno a *Los mitos de la guerra civil.* Posteriormente reprodujo lo esencial de su escrito en la *Revista de Libros*, donde le contesté, y en la revista *Ayer*, como si sus tesis no hubieran tenido respuesta.

en fin, son defectillos menores al lado de su loable esfuerzo por clarificar las cosas, rebatiéndome.

Peores son otros defectos, como cuando empuja el debate, no hacia la objetividad, sino hacia la etiquetación ideológica. Así, me cataloga como «tradicionalista y franquista, sin asomo de ironía ni propósito de sarcasmo». El que una versión sea «franquista» o «antifranquista» no tiene en principio relevancia en cuanto a la clarificación del asunto, y, al contrario, plantear así las cuestiones tiende a desviarlas del interés por aclararlo, que debiera ser fundamental. Sospecho que mi crítico espera ganar puntos gratuitamente al marcarme con una etiqueta que él sabe perjudicial a los ojos de mucha gente, por su utilización demagógica y sin criterio, al modo como se ha hecho con el término «fascista». Seguiré ahora, un poco, su mal ejemplo, y lo etiquetaré a él de estalinista o neoestalinista, yo sí con un poco de sarcasmo, por cuanto su versión refleja en alto grado la propaganda elaborada por los comunistas sobre la guerra civil.

Según esa propaganda, la guerra fue una confrontación entre democracia y fascismo, en la cual las democracias occidentales traicionaron a la española, que debió ser ayudada *in extremis* por Stalin, en pro de la libertad y de la paz internacional. Esa ayuda no bastó a contrarrestar la proporcionada a Franco por las potencias fascistas, debido a la política de no intervención inglesa, pero permitió mantener una heroica resistencia republicana durante casi tres años. Entre los neoestalinistas, unos defienden a Stalin y otros lo critican por suponer que podía haber hecho más por la «república». Asimismo, unos culpan más a los comunistas y otros a sus aliados, por las dañinas trifulcas interizquierdistas. Pero se trata de variaciones sobre el mismo tema, muy elaborado, insisto, por la propaganda del Kremlin.

En ese esquema, la intervención exterior cobra el máximo relieve, y en algunos casos llega a ser la explicación fundamental de por qué la «república» perdió la guerra: en último extremo, por el sabotaje de los británicos, «los auténticos villanos», en expresión de Hemingway. Moradiellos no llega tan lejos —hoy sería imposible—, pero concede a la intervención y no intervención extranjera un peso mucho más grande que el que yo le atribuyo. Siendo ésta, precisamente, la especialidad de sus estudios, su esfuerzo refutatorio es tanto más de agradecer. Sin embargo, no estoy seguro de que no se enrede un tanto en los detalles, y enrede al lector poco atento. Ya en una discusión en la *Revista de Libros* le llamé la atención sobre su tendencia a confundir la complejidad de un asunto con el embrollo a la hora de explicarlo.

La crítica de Moradiellos, trata las, a su juicio, cuatro cuestiones básicas de la intervención extranjera, por este orden: génesis, motivaciones, entidad y trascendencia. Ese orden no parece un buen método expositivo, y perjudica la comprensión. Al enfrentarse con una masa de datos dispersos, el investigador puede empezar por cualquiera de ellos, pero una vez ha llegado a una conclusión, conviene ofrecerlos en un orden más inteligible. En este caso, creo que debiera haber empezado por el último punto, es decir, por la trascendencia de la intervención extranjera —que no depende de los puntos anteriores, salvo, y parcialmente, del tercero—, pues es el punto a partir del cual pueden valorarse los demás. Si la trascendencia hubiera sido escasa, entonces la gestación, las motivaciones y la misma entidad de la intervención serían cuestiones menores, aunque no por ello faltas de interés, desde luego. Si el crítico hubiera obrado así, habría ahorrado a sus lectores bastantes páginas de farragosas y a ratos confusas disquisiciones.

Ese fallo de exposición refleja, como veremos, otro más profundo. En historiografía se perciben fácilmente dos tipos de errores, los de detalle, inevitables incluso en los trabajos más cuidados, y los de enfoque, mucho más graves, pues suelen echar a perder esfuerzos de investigación muy laboriosos. Me parece que, desgraciadamente, algo así le ocurre a Moradiellos, como vamos a ver.

Empezaré por exponer mis tesis en torno a la trascendencia de la intervención extranjera, ya que difícilmente se hará una idea el lector que las conozca sólo por la presentación que de ellas hace mi crítico:

a) La intervención extranjera tuvo en España un carácter muy diferente en cada bando, porque sirvió a la URSS para hacerse con el control del Frente Popular, no habiendo ocurrido nada semejante por parte de Italia y Alemania con respecto al bando franquista.

b) La intervención fue, *grosso modo*, equivalente en términos materiales en los dos bandos, y por ello no pudo influir de modo decisivo en el curso de la guerra... excepto en un momento preciso: la batalla de Madrid en noviembre de 1936.

c) La política de No Intervención mantuvo el conflicto español aislado, evitando que encendiera un conflicto europeo o se convirtiera en «la primera batalla de la Segunda Guerra Mundial», como a menudo sigue diciéndose. Con ello cumplió las expectativas de las democracias.

La primera tesis es obviamente la crucial desde el punto de vista de España, porque pone a las demás en su auténtica perspectiva, pero, sorprendentemente... ¡Moradiellos ni siquiera la aborda! Este olvido, en sí mismo, constituye uno de esos nefastos errores de enfoque antes aludidos.

Ampliaré brevemente la idea. El bando que, en principio, tenía más probabilidades de convertirse en títere de sus auxiliadores era el nacional, pues, al faltarle inicialmente, y por un buen período, medios de pago o industria propia, dependía enteramente del crédito que quisieran otorgarle Roma y Berlín, y carecía de margen de maniobra para imponer condiciones. El Frente Popular, en cambio, poseía ingentes recursos financieros —la cuarta reserva de oro del mundo, otras muy importantes de plata, las principales exportaciones...—, y podía comprar, incluso al contado, cuanto precisara. Además disponía de prácticamente toda la industria de guerra y de la base industrial, muy considerable en Barcelona, Vizcaya, Santander y Asturias.

Y sin embargo ocurrió lo contrario de las expectativas lógicas. El bando franquista, aunque haciendo concesiones menores, defendió su independencia con eficacia. Por ejemplo, tras ocupar Vizcaya mantuvo las exportaciones de hierro a Inglaterra, contra las aspiraciones de Hitler. O durante la crisis de Munich declaró su neutralidad en caso de conflicto europeo, para irritada decepción de Roma y de Berlín. Consintió un grado muy bajo de intrusión en sus decisiones militares, y no admitió que la Falange o cualquier otro grupo actuase como un partido agente de los alemanes o los italianos.

En cambio el Frente Popular cayó enseguida en una dependencia fundamental del Kremlin. Un canal de esa dependencia fue el envío del grueso del oro español a Moscú, al cual, nuevo motivo de asombro, apenas presta atención Moradiellos, como si careciese de relevancia. Pero la tuvo, y difícil de exagerar. Las discusiones al respecto han solido versar sobre si Stalin engañó a España con el oro, pero ese es un debate menor. El efecto realmente crucial del envío fue que el Frente Popular perdió el control sobre sus recursos financieros, tuvo que gastarlos en las condiciones impuestas por la URSS, consumiéndolos directamente en lugar de obtener créditos sobre ellos, y ni siquiera llegó a recibir jamás cuentas detalladas del gasto. Stalin, dueño efectivo de las reservas españolas, pudo imponer a su conveniencia los precios y los ritmos de envío de los materiales comprados, *y con ello se hizo el amo del destino del Frente Popular.* Los documentos del archivo de Largo Caballero, que he citado ampliamente en *El derrumbe de la II República,* muestran la angustia del gobierno español ante las constantes injerencias soviéticas, que debía tolerar ante el chantaje de no recibir las armas pagadas a alto precio. Las mejores de éstas iban a las unidades comunistas, y alguna operación bélica que pudo haber tenido vastas consecuencias (la ofensiva propuesta por Largo Caballero en Extremadura para cortar en dos la zona enemiga) fue saboteada por los asesores soviéticos, amos entonces de la aviación y los carros.

No fue el oro el único cauce por el que se escurrió la independencia de las izquierdas españolas. La URSS proporcionó numerosos consejeros, los cuales, sea cual fuere su número real —esto parece ser lo único que interesa a Moradiellos— tuvieron una influencia política y militar incomparablemente superior a la de los militares alemanes o italianos en el bando opuesto. El propio ejército del Frente Popular perdió toda relación con el diseñado por Azaña, y fue modelado al estilo soviético, desde los signos exteriores (como la estrella roja) hasta la intensa politización por medio de los comisarios políticos, o el extremo disciplinarismo de sus códigos, lindante con el terror. Tampoco tuvo paralelo entre los nacionales la intervención policíaca soviética. De hecho, la NKVD actuaba en España como en terreno colonial, al margen del gobierno español y dirigiendo de manera subrepticia a la misma policía secreta del Frente Popular. Algunos de los episodios al respecto (como el caso Nin) son bien conocidos y no hará falta repetirlos aquí.

El control soviético tuvo otra vía absolutamente fundamental, también olvidada sorprendentemente por mi crítico, y es la existencia en España de un partido agente de los intereses soviéticos, el PCE, rígidamente orientado desde Moscú. Desde su fundación en los años veinte, el PCE había supuesto un inmiscuimiento soviético en la política interna española, como señala Stanley Payne en su último libro, cuya lectura atenta recomiendo a Moradiellos; y durante la guerra se convirtió rápidamente, y gracias en buena medida a la «ayuda» estaliniana, en el partido más poderoso del Frente Popular. En ningún momento, insisto, jugó la Falange o cualquier otro grupo en el bando opuesto un papel ni remotamente similar al servicio de Berlín o de Roma.

Bien manifiesta quedó la hegemonía soviética en sucesos como la exclusión del poder de las fuerzas y políticos opuestos a Stalin, por poderosos que fueran. Así la CNT, o Largo Caballero, o Prieto.

Naturalmente, si Moradiellos pudiera demostrar que el Frente Popular mantuvo el control del oro y lo gastó de la manera más conveniente para él, que el PCE no obedecía a Stalin o que su influencia en el Frente Popular fue negligible, que los asesores y militares soviéticos no tuvieron más influencia que los alemanes e italianos, que la NKVD operaba bajo autoridad española, que la destitución de políticos anticomunistas fue una casualidad, etc., entonces no cabe duda de que habría derrumbado por completo mis tesis sobre la intervención extranjera, ya que las restantes caerían por su propio peso o serían secundarias. Lamentablemente, ni siquiera lo intenta, sino que se pierde en cuestiones interesantes, sin duda, pero accesorias, perdiendo su crítica mucho valor.

Así pues, y en tanto otros historiadores no logren desmentirlo, debemos aceptar que el efecto más relevante de la intervención extranjera en la guerra de España fue la básica sumisión a Stalin por parte del Frente Popular, mientras que el bando nacional logró preservar su independencia.

Pasemos ahora a la segunda tesis. Sostengo que, en términos militares, la intervención se equilibró más o menos. Quien haya seguido la interminable discusión, desde hace unos treinta años, sobre qué bando recibió más aviones, tanques o artillería, comprueba cómo cada poco tiempo aparecen estudios que pretenden superar o desmentir a los anteriores. Moradiellos concede el mayor crédito a uno de ellos, el de Howson —se proclama de su «escuela»—, cuya concepción de la guerra es, como he expuesto en el libro sobre los mitos de ella, sencillamente pueril. Los datos de Howson sobre aviones y artillería han sido rebatidos por Jesús Salas y Artemio Mortera, a quienes sigo de preferencia. Pero no entraré ahora en ese debate, insisto en que secundario una vez clarificada la primera tesis. Admitiré en principio que mi crítico pueda tener razón en varios datos parciales, pero sigo inclinado a creer en un equilibrio básico, incluso con ligera supremacía de los suministros recibidos por las izquierdas.

Para ello me baso en la siguiente consideración: los nacionales comprometieron créditos por valor de unos 550 millones de dólares, principalmente con Italia y Alemania, mientras que el Frente Popular movilizó casi todo el oro (más de 700 millones de dólares), la plata (unas 1.300 toneladas, vendidas sobre todo en Usa) y otros efectos difíciles de evaluar, procedentes de exportaciones, requisas o simples saqueos —que alcanzaron enorme amplitud— de bienes particulares, estatales o eclesiásticos. El gasto total del Frente Popular, incluyendo los cuantiosos créditos concedidos por la URSS a última hora, fue muy superior al contrario, y pudo muy bien sobrepasar los 900 millones de dólares. ¿Qué hizo con suma tan ingente?

La cuestión podría dilucidarse en lo esencial si Moscú hubiera rendido cuentas precisas de su gestión del oro y otros bienes recibidos, pues entonces sabríamos qué material facilitó efectivamente, y a qué precio. Pero como no ha juzgado conveniente entregar esas cuentas, seguimos en el terreno de las estimaciones más o menos afinadas y en la valoración de documentos parciales, sobre las cuales no acaban de ponerse de acuerdo los especialistas. La URSS no sólo envió armas, sino también alimentos y otros productos de consumo, pues la ínfima productividad de la zona izquierdista se tradujo en la oleada de hambre mayor, con mucho, sufrida por España en el siglo XX, peor que las de 1941 y 1946. Pero aun así, si con todos esos recursos el Frente Popular obtuvo muchas menos armas que sus contrarios, como sostienen Moradiellos y otros, debemos concluir que Moscú estafó escandalosamente a sus protegidos, o bien que éstos mostraron una ineptitud o corrupción no menos escandalosas.

Sin embargo me inclino a creer que Stalin no estafó de modo significativo al Frente Popular. Él comprendió muy bien (mejor que Moradiellos, desde luego) que la clave de la victoria no consistía tanto en las armas como en la creación de un ejército eficiente, capaz de sacarles partido. Sus directrices al Frente Popular en ese sentido están cargadas de sensatez y sentido común, y logró que se cumplieran en lo esencial. También insistió, con menor éxito, en el desarrollo de una fuerte industria de guerra en España. No tiene lógica que, con esa política general, fuera luego a dejar desabastecido al ejército. A falta de las cuentas, por tanto, opino que Stalin debió de limitarse a cobrar sus armas a precio alto, quizá abusivo a veces, pero la URSS, debemos tenerlo presente, debía alimentar su propio rearme frente a Alemania, y no estaba en posición de regalar nada.

En cuanto a la ineptitud y corrupción en los dirigentes frentepopulistas, está bien acreditada, y Moradiellos puede leer la abundante documentación al respecto en los libros del historiador anarquista Francisco Olaya. (Por contraste, los nacionales negociaron duramente con Alemania, logrando rebajar notablemente los pagos, y pagaron el material italiano a precio de saldo, al hacerlo después de la guerra mundial, con una lira muy devaluada.) Pero me cuesta creer que esa combinación de ineptitud, corrupción y altos precios alcanzara tal volumen que, habiendo gastado el Frente Popular mucho más que sus contrarios, recibiera muchas menos armas. Por ello sigo creyendo en la corrección básica de los datos aportados por Jesús y Ramón Salas.

Sea como fuere, parece claro que en la lucha por obtener armas, el bando nacional mostró mucha mayor eficiencia y menor corrupción, sobre todo si fuera cierta la pretensión de Moradiellos, es decir, que obtuvo muchas más armas pese a disponer de menos recursos. Además, pagó esas armas en excelentes condiciones, hipotecando lo menos posible la economía del país, mientras que sus contrarios privaron a España de casi todas sus reservas financieras y de cuantiosos bienes expoliados a particulares, al patrimonio nacional y a la Iglesia.

En fin, tampoco pudo ser decisiva la presencia de extranjeros, aun si aceptamos, como sostiene Moradiellos, un número bastante superior de ellos en el bando franquista. Pues como cada bando llegó a movilizar a más de un millón de hombres durante bastante tiempo, y el número total de extranjeros a lo largo de la contienda se distribuye en números mucho menores en cada etapa, al rotar con frecuencia, el total nunca debió de sobrepasar el 10 por ciento, probablemente el 5 por ciento la mayor parte del tiempo.

Por consiguiente los aportes externos no pudieron ser decisivos, tomando la guerra en su conjunto. Pero pudieron serlo en algún momento particular. A mi juicio así ocurrió, concretamente en la batalla de Madrid de noviembre de 1936, mientras que los neoestalinistas suelen atribuir ese carácter determinante al paso del estrecho por las tropas de Franco en julio-agosto del mismo año.

Mi tesis descansa en la siguiente consideración: dada la imposibilidad de conquistar una ciudad de un millón de habitantes con las bregadas pero escasas fuerzas del Ejército de África, Madrid sólo podía caer si sus defensores estaban tan desmoralizados que apenas ofreciesen resistencia. Esa desmoralización parecía lograda después de la liberación del mítico alcázar de Toledo, y la conquista de la capital pudo haber dado fin a la guerra a sólo cinco meses de iniciada, con una intervención exterior insignificante (algo mayor en aviones, aunque la guerra de España fue esencialmente de infanterías), y con empleo de pequeñas columnas en vez de grandes unidades militares. Pues bien, según los franquistas avanzaban desde Toledo a Madrid, afluían el material, los asesores y tropas especiales soviéticas, junto con las brigadas internacionales, y, siguiendo la consigna comunista, estaba en formación un ejército regular de nuevo tipo, todo lo cual iba a transformar por completo la contienda.

Y así, en vísperas del ataque a Madrid, las izquierdas disponían no sólo de más tropas, sino también de más y mejores medios de combate (artillería, tanques y aviones), de una posición táctica muy superior y, lo que en aquel momento contaba mucho más, de una nueva moral de defensa a ultranza y contraataque. El valor de las brigadas internacionales, por ejemplo, fue ante todo moral, y la agitación, sobre todo comunista, logró cambiar el clima de desánimo de los defensores, mientras la «quinta columna» era aplastada con métodos muy reminiscentes de los soviéticos. La intervención soviética fue decisiva, en lo material y lo moral, y si no consiguió, como pretendía, triturar a las débiles columnas de Franco, al menos impidió la caída de la ciudad, determinando la prolongación de una contienda que pudo haber sido muy corta, la formación de verdaderos ejércitos de masas y la escalada en los aportes extranjeros (los alemanes organizaron entonces la Legión Cóndor, que empezó a actuar *después* de la batalla de Madrid, y los italianos el CTV, cuyas unidades empezaron a llegar también un mes *después* de dicha batalla). Luego, a lo largo de 1937, la intervención de Hitler y Mussolini iría equilibrando y más tarde superando a la de Stalin, con diversas alternativas hasta el final de la guerra, pero en una situación de conjunto decidida en la batalla de Madrid.

Moradiellos pasa por alto, una vez más, esta decisiva ocasión, y en cambio menciona el puente aéreo sobre el Estrecho de Gibraltar: «Sin la oportuna ayuda nazi y fascista en la última semana de julio de 1936, ¿cómo se hubieran recuperado los insurgentes del trauma que supuso el inicial fracaso del golpe militar faccional en casi la mitad del país?» Él y otros han insistido mucho sobre los aviones recibidos por los rebeldes, que habrían transformado un golpe militar fracasado en una contienda en toda regla. Pero esa versión está refutada en *Los mitos de la guerra civil,* basándose en la cronología y en los datos de Jesús Salas y otros.

El puente aéreo sobre el Estrecho tuvo, desde luego, dichas consecuencias trascendentales, pues baste recordar que el golpe ideado por Mola fracasó, dejando en manos de las izquierdas la práctica totalidad del dinero y la industria, la mayoría de las grandes ciudades, la mayor extensión peninsular, la mayoría de las fuerzas de seguridad —mucho mejor entrenadas que las tropas de reemplazo—, la mitad aproximadamente del ejército, y, *grosso modo*, dos tercios de la aviación y la marina. Y la única baza que restaba a los rebeldes, el pequeño Ejército de África, estaba aislado en Marruecos. En estas condiciones, el puente aéreo consiguió tres objetivos estratégicos de primer orden: consolidar a Queipo de Llano en Andalucía occidental, llevar municiones a Mola, que estaba desesperadamente falto de ellas en la zona norte, y unir por Extremadura las zonas norte y sur de la rebelión. Sin esos logros, la rebelión habría sido inexorablemente aplastada.

Pero, contra lo que dice Moradiellos, el cruce aéreo del Estrecho fue iniciado con aviones españoles (más uno alemán requisado), y había alcanzado sus principales objetivos *antes* de cualquier intervención significativa de los aviones alemanes e italianos. La aportación germano-italiana simplemente mejoró para los rebeldes un panorama cambiado ya en lo fundamental por los escasos aviones hispanos. Moradiellos no puede ignorar esto, pero sigue la táctica de hacerse «el loco» y repetir la vieja letanía. Incidentalmente, esa táctica ha sido muy empleada por los neoestalinistas, sobre todo cuando conseguían marginar y sepultar en el silencio a sus refutadores, lo cual, imagino, va a resultarles más difícil en adelante.

Prefiero no extenderme mucho sobre comentarios como: «Sin la constante ayuda militar, diplomática y financiera prestada por la Alemania de Hitler y la Italia de Mussolini, es harto difícil creer que el bando liderado por el general Franco hubiera podido obtener su rotunda victoria absoluta e incondicional.» Esto, en la medida en que no es una perogrullada, empuja al engaño, porque olvida el otro lado de la cuestión: «Sin la ayuda de la URSS de Stalin, el Frente Popular no habría podido resistir casi tres años.» Esa ayuda, que privó de independencia a las izquierdas, se extendió hasta la propia concepción del Ejército Popular de la República, de inspiración soviética, y que no era ninguna broma (lo habían sido en buena medida las columnas milicianas, a pesar de ser mandadas generalmente por militares profesionales y vertebradas con fuerzas de seguridad y tropas regulares). Su modelo soviético, debe recordarse, había vencido en Rusia a las tropas «blancas», apoyadas por diversas potencias *capitalistas*.

La principal debilidad del nuevo ejército del Frente Popular no radicó en la supuesta falta de armas, sino en las rivalidades entre sus fuerzas políticas. Los comunistas hubieron de aplicar grandes esfuerzos no sólo a orientar y dominar el ejército, sino a desbancar por una parte, y conciliar por otra, a sus aliados anarquistas, socialistas, republicanos y nacionalistas. Necesitaban desplazarlos —y lo hicieron por métodos a menudo sangrientos— pero no anularlos, por la necesidad política de mantener la ficción de una «república democrática». Esta exigencia política redundaba inevitablemente en un menor rendimiento militar. Pero la tutela comunista se hacía cada vez más insufrible a sus aliados, hasta que, tras la caída de Cataluña, se planteó a éstos crudamente la opción: ¿Franco o Stalin? Muy hartos tenían que estar de éste cuando eligieron al primero.

Según mi punto de vista, una guerra la gana, salvo en caso de desproporción abrumadora de fuerzas, el ejército mejor mandado y organizado. Resultó serlo el de Franco, pese a haber partido con una inferioridad tal que su derrota parecía garantizada. Las cualidades del mando incluyen, en el caso español, la destreza para conseguir ayuda exterior. Y en este punto, precisamente, la ventaja del bando nacional fue inmensa, no porque obtuviera más medios, sino porque los obtuvo a un coste mucho menor, y no sólo en términos económicos, sino, lo que es mucho más fundamental —aunque Moradiellos no parece entenderlo—, políticos, es decir, sin sacrificar su independencia. Al no enfocar así el asunto, el crítico se pierde en consideraciones y detalles secundarios, cuando no triviales, como hacen Howson y otros (está en abundante, si no muy buena, compañía).

Y vamos con la tercera tesis, que abarca la de las motivaciones y génesis de las políticas extranjeras hacia España. En mi opinión, todas esas políticas giraron sobre un mismo eje: la preocupación por una guerra europea en vías de gestación acelerada, y para la que ninguna potencia se sentía bien preparada. En líneas generales, Alemania e Italia vieron en la contienda española una oportunidad de ganar posiciones políticas, Francia y Gran Bretaña querían aislar la «hoguera» española, evitando su propagación a Europa, y la URSS trató de mantener las llamas por los motivos opuestos. Cada una de estas posiciones básicas tuvo evoluciones y alternativas a lo largo del conflicto, pero siguió, en definitiva, esas líneas básicas.

El problema principal planteado por Moradiellos es el de la actitud soviética, distinguiendo entre la tesis del «honesto Stalin» y la del «pérfido Stalin». Eso me parece un enredo insustancial, que olvida, para empezar, la mentalidad comunista.

En definitiva, ¿quería Stalin aislar al nazismo con el fin de salvaguardar la paz en Europa, o buscaba otra cosa? El amo del Kremlin era demasiado realista para creer en la paz. En varias ocasiones había advertido sobre la «inevitabilidad de una nueva guerra imperialista», idea «científica», coherente con la doctrina marxista-leninista. Siendo así, todo dependía, empezando por el destino de la URSS, de si la contienda empezaba por el este, entre Alemania y la URSS, o por el oeste, entre Alemania y las potencias occidentales. Si el conflicto estallaba por oriente, el sistema soviético se vendría probablemente abajo. Pero si se desarrollaba en el oeste, Europa occidental quedaría devastada y abonada para la revolución comunista. El cálculo resulta obvio para cualquier mirada libre de telarañas ideológicas.

Stalin orientó todos sus movimientos a desviar la guerra hacia el oeste (y a su vez entendía las concesiones de las democracias a Hitler como un intento de desviar a éste contra la URSS, en lo que probablemente tenía alguna razón). A partir del triunfo nazi en Alemania, tan directamente amenazador para Moscú, cobraron el máximo relieve los intereses directos de la URSS como primer, y por el momento único, sistema socialista del mundo, cuya existencia no debía poner en riesgo ninguna acción revolucionaria bienintencionada, pero aventurera. Por esa razón, Stalin transformó radicalmente la línea de la Comintern, pasando del enfrentamiento con las «democracias burguesas» y sus agentes socialdemócratas o «socialfascistas», a buscar la colaboración con todos ellos. Ahora trataba de aislar al nazismo mediante la táctica de los frentes populares.

Los frentes populares perseguían «agravar las contradicciones» entre los países fascistas y los democráticos, empujando a éstos contra aquéllos. A tal fin, el Kremlin, el más acérrimo enemigo de las democracias y el mayor promotor de guerras en todo el mundo desde 1917, desplegó con la mayor desenvoltura las banderas de la paz y la libertad, convirtiéndose en adalid de ambas. ¡Y lo hizo mientras en la propia URSS el terror alcanzaba su cenit, sin que ello preocupase a los muchos simpatizantes *burgueses* que cosechó su nueva política! Fue una verdadera hazaña de la propaganda, que pervive en intelectuales como Moradiellos.

Una cuestión irresuelta es la de si Stalin utilizaba los frentes populares para presionar y en definitiva buscar por una vía tortuosa el entendimiento con Hitler, en lugar de para aislarlo y sumirlo en la impotencia. Krivitski afirmó lo primero: los frentes populares no pasaban de ser un medio indirecto de llegar a un acuerdo con Hitler, objetivo fundamental de Stalin. Los simpatizantes *burgueses* de Stalin han desestimado el testimonio de Krivitski, pero el mismo se ha venido corroborando en lo principal, entre otras cosas en el final pacto nazi-soviético, totalmente inesperado para tantos expertos.

¿Qué papel representaba España en esta situación? Es evidente —salvo para un neoestalinista— que el Kremlin no podía defender la democracia en España (ni en ningún otro país), porque tal régimen no le importaba lo más mínimo, y porque en el Frente Popular no existía democracia, como Azaña reconoció con estas palabras y de otras muchas formas indirectas. Tampoco defendía la paz dentro de nuestro país, pues consiguió alargar el conflicto más de dos años.

Pero ¿defendía la paz en el resto de Europa, aun a costa de prolongar la guerra en España? Aquí hemos de considerar dos puntos de vista. Según los británicos, y en menor medida los franceses, la defensa de la paz europea consistía en evitar la propagación del conflicto español a Europa. Según los soviéticos, la única forma de impedir la guerra europea consistía en frenar en España a Hitler y Mussolini.

Para sostener su postura y empujar a las democracias a un compromiso más activo con el Frente Popular, Moscú presentó nuestra pugna civil como una lucha por la independencia y contra la invasión nazifascista. Si la «invasión» triunfaba, España se convertiría en una dependencia alemana o italiana, y las democracias quedarían en posición desventajosísima, amenazadas en sus líneas de comunicaciones y otros intereses vitales. Por ello les convenía intervenir, o al menos favorecer, el triunfo de las izquierdas españolas. Además, si el nazismo era enérgicamente frenado en España, renunciaría a nuevas agresiones.

Estos argumentos parecen tener peso, pero su cálculo es ilusorio, y no lograron convencer a Londres. Si alguien perdió su independencia fueron las izquierdas españolas, como hemos visto. Y no era seguro el efecto disuasor de frenar a Hitler en la Península, pues este escenario tenía para él valor secundario en comparación con el centroeuropeo. Por otra parte, Londres temía verse arrastrada a una degollina general, para la cual no se sentía preparada y que, en cualquier caso, resultaría tan desastrosa para el occidente europeo como beneficiosa para los soviéticos. Además, los británicos, que simpatizaban tan poco con la presencia soviética como con la nazi, y detestaban la revolución en marcha en nuestro país, estimaron, con acierto, que difícilmente Italia y Alemania harían un pie firme en España.

En suma, para la URSS la defensa de la democracia y la paz era sólo, y sólo podía ser, un pretexto para desviar las tensiones internacionales lejos de sus fronteras, probablemente con la intención de precipitar una nueva guerra «interimperialista», y una cobertura para asegurarse un satélite con el cual jugar en dicha guerra. Este esquema permite entender los hechos, que de otro modo se vuelven incoherentes.

Se ha señalado a menudo la aparente contradicción entre la insistencia soviética en hacer causa común con las democracias contra Hitler, y su política de satelización del Frente Popular, que necesariamente tenía que alarmar a las democracias. Era la misma contradicción que había, dentro de España, entre la defensa aparente de la democracia burguesa por el PCE y la dominación por éste de los principales resortes del poder, empezando por el ejército. Esta doble política ha desconcertado a muchos comentaristas que, cándidamente, consideran un «error» del Kremlin su política de dominación en España. Pero Stalin la veía como una contradicción «dialéctica», en la terminología marxista. Así, la lucha «contra el fascismo», por la «independencia» y la «democracia», debía arrastrar al conjunto de las izquierdas españolas en torno al PCE, convirtiendo a éste en la fuerza hegemónica, como efectivamente ocurrió. De modo similar, los llamamientos a la intervención de Francia y Gran Bretaña contra Alemania debían impulsar una confrontación entre todos ellos o, en el peor de los casos, impedir a las democracias actuar directamente contra un Frente Popular español dirigido por los comunistas.

La táctica de los frentes populares no sólo pretendía concitar las mayores alianzas posibles contra el nazismo. También tenía otro punto esencial: *utilizar el impulso de la lucha «antifascista» para dar pasos decisivos hacia la revolución en cada país*. Este segundo punto, expuesto con plena nitidez en los documentos programáticos, quedaba en cambio difuminado, por razones obvias, en la propaganda exterior. *Por eso suelen olvidarlo tanto los historiadores adeptos a Stalin como los crédulos burgueses influidos por esa propaganda. Sin tener en cuenta ese punto se vuelve ininteligible la política soviética en España, reducida a un penoso «error». Pero el error está en ellos, no en Stalin.*

Avanzado 1938, el Kremlin parece haber dado por perdido su juego en España, que tampoco le interesaba ya mucho. Ni había logrado involucrar a las democracias ni podía pensar, no ya en la victoria, sino ni siquiera en prolongar mucho la contienda. Bien fuera que todo el tiempo los frentes populares hubieran sido sólo una cobertura o un medio tortuoso para pactar con los nazis, como sostienen algunos, o que simplemente Stalin diera la experiencia por fracasada, los tratos con Alemania, sobre todo después de Munich, debieron de cobrar para él la máxima urgencia, y en todo caso el entendimiento con Hitler llegaría pronto. En teoría, la política de Negrín y los comunistas consistía en mantener la guerra civil hasta unirla a la mundial, pero hacia finales de 1938 casi todos los asesores soviéticos en España desaparecieron discretamente. Y cuando, por fin, gran parte de los anarquistas, socialistas y republicanos se rebelaron contra Negrín, entonces el PCE, partido agente del Kremlin, apenas opuso resistencia, pese a tener bajo su mando el grueso del ejército. Pero, en la versión propagandística, los comunistas habrían estado luchando por la democracia y la paz en Europa hasta el final y en primera línea, siendo traicionados finalmente no sólo por las democracias reales, sino por sus propios aliados izquierdistas en España. ¡Qué prodigio!

Aunque se insiste en la guerra española como primera fase de la mundial, en realidad esta última comenzó no con un enfrentamiento entre Hitler y Stalin, como en España, sino con un acuerdo entre ambos, y con la intervención directa de las democracias que en España se habían negado a actuar, mientras que Franco, supuestamente títere de las potencias fascistas, se mantenía neutral. Es difícil encontrar más diferencias, y sin embargo *muchos siguen empeñados en la leyenda.*

En fin, sobre estas tres cuestiones, empezando por la primera, podríamos debatir, si Moradiellos quiere, porque son las realmente significativas.

Debo hacer una referencia a otra actitud de mi crítico, *muy poco democrática y nada académica.* En su escrito afirma sentir «humilde perplejidad ante las airadas denuncias de *censura* contra mis libros». ¿Humildad o hipocresía? En primer lugar no son airadas, sino denuncias, simplemente. Y en segundo lugar están muy justificadas. Tanto Javier Tusell como el PSOE y la UGT han abogado abiertamente por la censura contra mis libros, y por un escarmiento a Carlos Dávila, el periodista que se atrevió a romper en TVE una costumbre censora bien establecida. Menos abiertamente, la censura se ha impuesto de hecho en amplios medios de masas o en ámbitos universitarios. Estas cosas no las ignora Moradiellos, como tampoco que en poderosas cadenas —nunca mejor llamadas— mediáticas se ha despotricado de manera insultante y descalificatoria contra mí y mis trabajos, sin darme la menor opción a contestar.

No menos estalinista se muestra cuando justifica la vulneración del derecho de réplica en la prensa. Él mezcla, retorcidamente, esa denegación del derecho con el rechazo de colaboraciones no pedidas, cosa esta última normal y ajena a la primera. Y a continuación dice alegremente que vulnerar el derecho de réplica es «práctica habitual y generalizada». Lo ha venido siendo, en efecto, contra historiadores como los hermanos Salas Larrazábal, pero dudo mucho que contra los de la tendencia de Moradiellos, los cuales han tenido estos años acceso privilegiado a los medios. Tales prácticas enturbian el debate intelectual y manipulan la información al público. Y denunciarlas no es hacer «victimismo», como él indica, sino combatir una pésima costumbre con la que él no parece sentirse incómodo. El notable éxito del libro (va por los 90.000 ejemplares) se debe a que ha logrado superar, un tanto inesperadamente, esas barreras y trabas, ante las que otros han caído.

Creo que si el crítico logra escapar a defectos y embrollos como los indicados, el debate con él resultaría más fructífero.

Manuel Azaña en las elecciones de 1936 (foto: *El Mundo*).

Liberación de los soldados del Cuartel de la Montaña, 19 de julio de 1936 (foto: Roger Viollet/Cordon Press).

Defensor de San Sebastián
en su puesto, 1936
(foto: Roger Viollet/Cordon Press).

Los diputados socialistas Lamoneda, Anastasio de Gracia,
Bujeda y Alvar con el director de las Milicias de Investigación,
García Atadell, y un grupo de milicianos que trabajaban
a sus órdenes (foto: Francisco Agramunt).

Ovseienko, cónsul general de los soviets, y el escritor Iliá Ehrenburg en el puerto de Barcelona con motivo de la llegada de un buque soviético con pertrechos militares (foto: Francisco Agramunt).

Un grupo de milicianos tras asaltar y quemar una iglesia, ataviados con vestimentas religiosas y en actitud de burla sacrílega (foto: Francisco Agramunt).

Delegación del Partido Comunista alemán, Grupo Thälmann (foto: Roger Viollet/Cordon Press).

Destrozo de imágenes religiosas
en La Seo de Urgell, julio de 1936
(foto: Roger Viollet/Cordon Press).

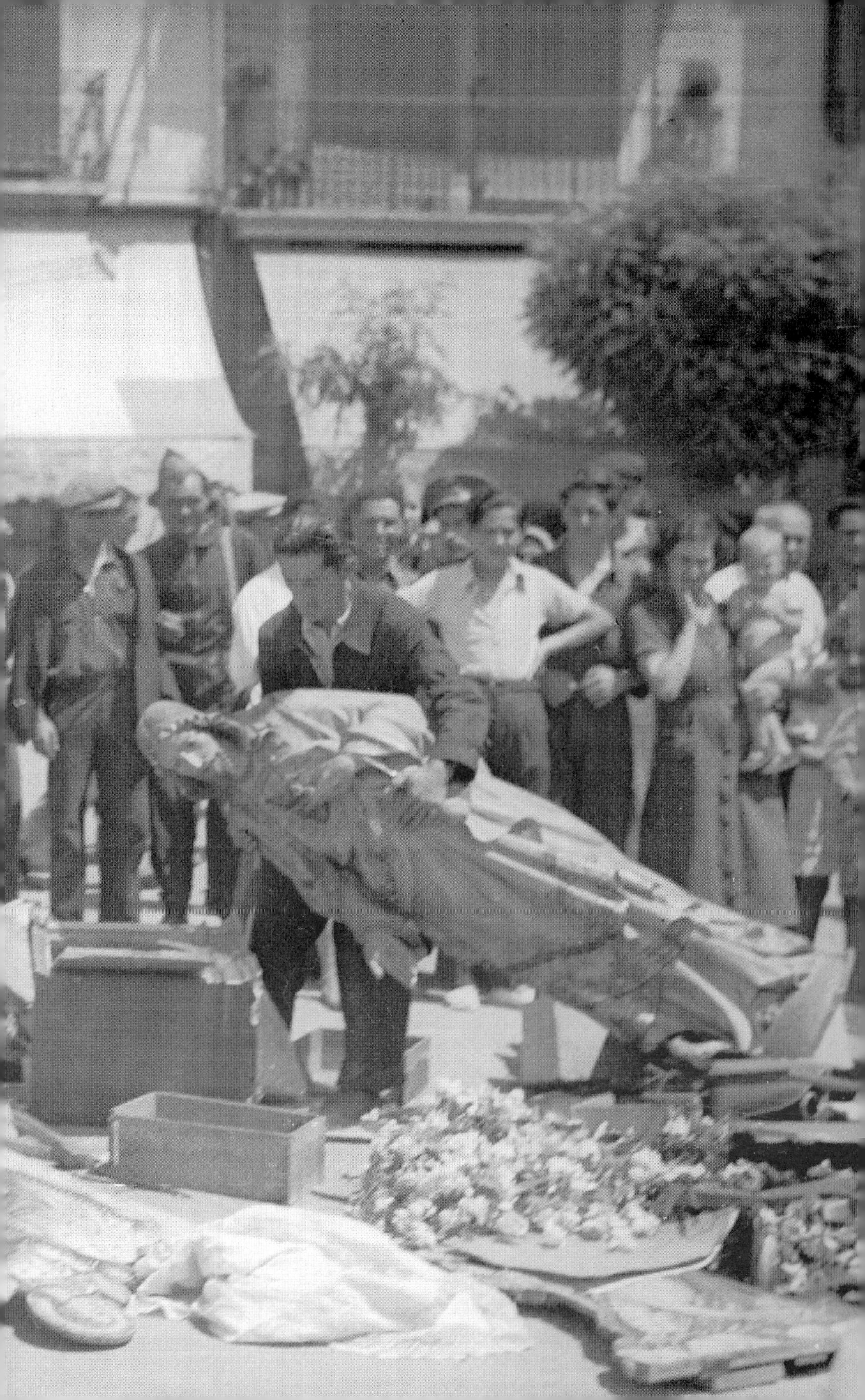

En 1936, manifestación de «republicanos» (foto: Roger Viollet/ Cordon Press).

Silla eléctrica: uno de los diversos procedimientos de tortura empleados por el SIM de Barcelona (foto: Francisco Agramunt).

El coronel Moscardó, el general Franco, el general Varela y el capitán Bolín, en el Alcázar de Toledo al finalizar el asedio, 29 de septiembre de 1936 (foto: Cordon Press).

Guardias de Asalto
en Barcelona
(foto: Roger Viollet/
Cordon Press).

41
42
43
33
34
35
27
26
24
25
18
17
16
9
8
1
2

Prisioneros italianos después de la batalla de Guadalajara, a finales de 1936 (foto: Roger Viollet/Cordon Press).

Exposición de esqueletos a la puerta de la iglesia de las Salesas en Barcelona (foto: Ministerio de Justicia, *Causa general. La dominación roja en España*, 1943).

Desfile de celebración en Zaragoza. El general Franco junto al alcalde de Zaragoza, seguidos por los miembros de su gobierno, dirigiéndose al palacio de la Lonja (foto: Roger Viollet/Cordon Press).

Refugiados en Francia tras la guerra (foto: Roger Viollet/ Cordon Press).

La satelización del Frente Popular español por Stalin

En un trabajo que «se ha beneficiado del apoyo financiero del Ministerio de Ciencia y Tecnología», el señor Moradiellos insistía, en el número 16 de *El Catoblepas* en sus críticas, sin demasiadas variaciones. Aunque se manifiesta azañista, muestra también su proclividad por Negrín, cuya política tanto llegó a detestar Azaña, por cuanto «el análisis de Negrín era imbatible ("La única realidad, por mucho que nos duela, es aceptar la ayuda de la URSS, o rendirse sin condiciones") (...). Por cierto que al respecto ofrece novedosos "datos" el libro de documentos del servicio secreto soviético editado por Ronald Radosh y su equipo: en clara contradicción con la afirmación de que Negrín se había convertido en "instrumento" del PCE, los textos recopilados informan de que "con frecuencia cedía a la presión de otros y no llevaba a cabo los planes que había prometido". Una revelación interesante».

La crítica de verdadera entidad que me hace Moradiellos se refiere a mi enfoque «dualista» de la contienda, pues yo no habría tenido en cuenta la existencia de una «tercera España», o el esquema de las «tres erres» (reformistas, revolucionarios y reaccionarios), que él supone capaz de explicar la historia española durante, al menos, el primer tercio del siglo XX. Yo me habría fijado sólo en las dos últimas «Españas». Partiendo de un enfoque tan simplista y erróneo, toda mi interpretación de la guerra resultaría falseada en mayor o menor proporción.

Esto tiene el máximo interés, pues nos aparta un poco de las argumentaciones secundarias o colaterales en que, tengo la impresión, se pierde a menudo el crítico, y en las que muchas veces no se sabe bien si acepta mis puntos de vista o me critica cosas que no he dicho.

Insiste Moradiellos asimismo en «subrayar nuestra muy humilde perplejidad ante sus airadas denuncias de censura y velada persecución por parte de grandes *cadenas* mediáticas [hacia mis libros].Y no admitimos que en esta afirmación haya más *hipocresía* de la que pueda haber en sus argumentaciones para desmentirla. Ni un mínimo grado de más. Usted sabe muy bien que el supuesto derecho de réplica no tiene existencia jurídica alguna y por eso mismo no ha recurrido a la justicia para enmendar un derecho conculcado. Puede considerarse una costumbre de buen gusto y hasta un ideal de pureza democrática. Pero nada más (...). Por tanto, reiterar por tierra, mar y aire que se le ha negado tal derecho en un medio de comunicación (aunque sea el olímpico diario *El País*) y que se le ha *censurado* por ese motivo, no es más que un ejercicio de dramatización victimista improcedente y retóricamente interesado». Este punto es, naturalmente, muy menudo en la polémica, pero le presto atención por cuanto *refleja una característica tendencia censoria.*Y paso a la respuesta, publicada también en *El Catoblepas*.

Decía en el anterior escrito que, en cuanto a la intervención exterior, la cuestión clave desde el punto de vista español, es la del carácter que adoptó en cada bando, pues supeditó el Frente Popular a Stalin, mientras que no ocurrió nada parecido en el bando franquista. En su tendencia a divagar, Moradiellos ni siquiera había abordado esta cuestión, sospecho que ni siquiera se había percatado de su importancia. Pero ahora por fin, tras mucho preámbulo, tiene que admitirla un poco. Menos mal.

Sin embargo, sus críticas carecen, una vez más, de rigor. Antes resumí: «Si Moradiellos pudiera demostrar que el Frente Popular mantuvo el control del oro y lo gastó del modo más conveniente para él, que el PCE no obedecía a Stalin o que su influencia en el Frente Popular fue negligible, que los asesores y militares soviéticos no tuvieron más influencia que los alemanes e italianos en el bando contrario, que la NKVD operaba bajo autoridad española, que la destitución de políticos anticomunistas fue una casualidad, etc., entonces no cabe duda de que habría derrumbado por completo mi tesis básica sobre la intervención externa, ya que las demás caerían por su peso o serían asunto menor.» ¿Cómo replica a esto el ilustre especialista? Empieza por decir, prometedoramente: «¡Ojo! No se trata de negar lo innegable: que la URSS intervino en la política interior republicana.» Pero, a continuación, con su tendencia a irse por las ramas... pues se va por las ramas, con una disquisición sobre el carácter de la república desde 1931, las «tres Españas», etc. También tocaré esos temas, pero en su momento, pues de otro modo el debate se convertiría en un monumental enredo.

No sólo la URSS, también Italia y Alemania intervinieron, o lo intentaron, en la política interior española. La diferencia está en que los últimos no lo consiguieron, o sólo de manera poco significativa, mientras que Stalin hizo mucho más que simplemente intervenir. Para cualquier persona algo enterada de las circunstancias no puede caber la menor duda del predominio soviético en España, ejercido, como ya dije, por tres vías complementarias: el control del oro, la posesión de un partido-agente, el PCE, y la actuación de los asesores y de la policía política soviética, que operaba en España como en una colonia.

Son datos de tal peso que el asunto queda bien claro, pero Moradiellos se las arregla para salirse por la tangente una vez más. Sobre el oro, en lugar de reconocer que el Frente Popular perdió su control, se embarca en las disquisiciones y justificaciones ofrecidas por los políticos responsables de su entrega a Stalin, asegurando que «no había otro remedio». Esas justificaciones *a posteriori*, así como la proyección de las culpas de unos responsables sobre otros, sólo prueban hasta qué punto dichos responsables comprendían la magnitud de la ilegalidad —por llamarla suavemente— cometida, y de sus nefastas consecuencias, y, desde luego, no desmienten, sino que confirman lo arriba dicho: el gobierno español perdió el dominio de sus reservas, y Stalin, dueño del suministro de armas al Frente Popular, se hizo también dueño del destino de éste.

Los papeles de Largo Caballero, no destinados a la propaganda y que he citado con cierta extensión en *El derrumbe de la II República,* y otros testimonios, demuestran inapelablemente que:

a) La operación del oro se llevó a cabo entre Negrín, Largo Caballero y Prieto, y al margen del presidente de la «república», a quien sólo presentaron los hechos consumados. Prefirieron no informarle, dice Largo, debido a su «estado espiritual verdaderamente lamentable». Según Prieto, y aquí es creíble, cuando Azaña se enteró, tuvo una tremenda explosión de cólera, y amenazó con dimitir (por lo demás, sus amenazas de dimisión abundaron). Me parece de lo más revelador el silencio de Azaña en torno a este turbio asunto, que inevitablemente le implicaba, precisamente por no haber dimitido.

b) La ilegalidad del envío empeoró al no ser tampoco informado previamente el resto del gobierno. Se trató de una decisión oscura tomada entre tres políticos socialistas. No comunistas, entiéndase bien.

c) La entrega del tesoro español se hizo sin documentos probatorios de la propiedad española. ¡Fue Stalin quien propuso ese documento!... que por lo demás quedó en papel mojado. Largo Caballero, como presidente del gobierno, era una de las personas con poder de disponer el gasto, pero fue simplemente apartado en cuanto se convirtió en un estorbo para la política soviética, y fue Negrín, autor material del envío, quien siempre manejó el depósito, en la medida en que la URSS quiso salvar las formas.

d) Stalin jamás ofreció una contabilidad detallada de los gastos, y utilizó la amenaza de suspender los envíos de armas —compradas a alto precio por el Frente Popular— como presión e injerencia en la política española.

e) Negrín tampoco informaba al resto del gobierno sobre su gestión de la Hacienda (supuestamente) pública, como corrobora Zugazagoitia. Su manera opaca y absolutamente irregular de manejar los fondos del país se extendía a medidas como la creación, por su cuenta y como ministro de Hacienda, de una especie de ejército particular de carabineros.

f) Mientras los nacionales obtuvieron cuantiosos créditos sin disponer de ninguna garantía financiera, los políticos izquierdistas, disponiendo de la cuarta reserva mundial de oro, no consiguieron obtener créditos de la URSS hasta la consunción oficial de dicha reserva.

Todas estas cosas deben parecerle normales o perfectamente justificables a Moradiellos, como a Viñas y a tantos otros panegiristas de Negrín. Pero si los encuentran justificables sólo puede ser porque tanto la legalidad como la transparencia (incluso dentro del mismo gobierno) como, sobre todo, la independencia de España, les resultan cosas sin mayor relevancia. Conviene señalar esta implicación inequívoca, porque si no nos perderíamos en enredos palabreros. Mi punto de vista es que la cuestión central de la intervención soviética *consiste en el sometimiento del Frente Popular a Stalin*, mientras que para Moradiellos y demás, eso apenas tiene interés, por lo que desvían la atención de los hechos, centrándola en las justificaciones.

Una vez clarificado este punto, vamos a esas justificaciones. Como sabemos, Prieto y Largo dan versiones distintas y culpan a Negrín, mientras que éste sólo nos ha dejado explicaciones propagandísticas y sin reflexión ulterior, pues no ha escrito, que se sepa, memorias ni análisis retrospectivos —cosa increíble, dada su responsabilidad, pero también muy ilustrativa—; y Azaña guarda un silencio clamoroso. Por alguna razón no muy precisada, Moradiellos prefiere las justificaciones propagandísticas de Negrín y, en lo que le apoyan, las de Largo.

Según esas justificaciones, se entregó el oro a Moscú «porque no había otro remedio», dada la actitud de las democracias (al respecto cuela también una desvirtuación, pretendiendo que Viñas y Aceña sostienen la misma idea. Aceña no cree necesaria la entrega. Todo lo contrario). El argumento indica mucho, pues supone reconocer que fue un mal, aunque «inevitable». El mal, rara vez mencionado, consistía precisamente en la supeditación a Stalin, probablemente el tirano más brutal y sanguinario del siglo XX, en rivalidad con Hitler (aunque éste apenas había iniciado entonces su escalada exterminadora). Se trataba, implica Negrín, de elegir entre la rendición incondicional a Franco o la sumisión a Stalin. Examinemos las dos opciones. La primera significaba aceptar una fuerte represión —aunque ni mucho menos la pretendida por la propaganda—, pero en compensación habría muchos menos muertos y destrozo del país, el cual mantendría, además, su independencia. La segunda suponía perder la independencia, destruir buena parte del país y aumentar en decenas o cientos de miles las víctimas, aunque, de salir bien las cosas, ofrecería a la izquierda la ocasión de ser los perseguidores y no los perseguidos al final de la contienda. Dejemos esto aquí ahora, pues ya veremos el final de esta elección entre Stalin y Franco.

Pero incluso al centrarse en la retórica justificadora de la entrega del oro, y darle crédito por las buenas, Moradiellos olvida algo esencial. Las justificaciones se construyen cuando la guerra está perdida y casi todos se han desengañado de la URSS. Ahora bien, la entrega del oro se planeó y efectuó muy poco tiempo después de la constitución del gobierno de Largo Caballero en septiembre de 1936, «gobierno de la victoria», como se llamó, y muy razonablemente, dado el balance de fuerzas materiales. En ese momento, Largo, Negrín y Prieto no estaban meramente hartos de la abstención de las democracias, pues se identificaban con ellas muy poco o nada, sino que, por el contrario, confiaban en Stalin de manera casi ciega —ni siquiera le pidieron acreditación de la propiedad del oro, como hemos visto—. Éste es el punto definitorio. Para los entreguistas, Stalin venía a ser un modelo. Los tres habían sido dirigentes u organizadores de la insurrección socialista de octubre de 1934, planeada textualmente como una guerra civil y contra un gobierno democrático, a fin de imponer en España una dictadura *proletaria*, es decir, un régimen similar al soviético. Las disputas posteriores entre Largo y Prieto —apoyado por Negrín— se habían difuminado con motivo de la guerra, radicalizándose de nuevo los tres. La ayuda de Stalin auguraba por entonces la victoria y el ajuste de cuentas al enemigo, y el coste de todo ello preocupaba muy poco a aquellos políticos socialistas. Al aceptar las justificaciones tal cual, olvidando la cronología, las circunstancias y los precedentes, Moradiellos, como Viñas y otros, cometen un grave error de método. El oro, en fin, no fue entregado a la URSS porque no hubiera más remedio. Lo fue porque los jefes socialistas tenían el más elevado concepto de Stalin y su régimen.

Observemos, además, que el «no había más remedio» podría aplicarse con mucha mayor razón al bando franquista, que, falto de recursos financieros, de industria y legitimidad internacional, estaba en principio atado de pies y manos ante la presión de las potencias fascistas amigas. Pero, ya ve Moradiellos, ¡sucedió exactamente al revés! Los nacionales consiguieron mantener su independencia, pese a las condiciones realmente adversas.

No resulta más agudo el comentarista en cuanto al segundo factor de imposición soviética, el PCE. Si en el caso anterior sustituía al análisis de los hechos y sus consecuencias por la aceptación acrítica de la retórica de Negrín, ahora vuelve a desviarse de la cuestión para centrarse en una interpretación de la política comunista. El punto decisivo es si el PCE fue un partido agente de Stalin o no, y si su influencia en el Frente Popular de la guerra fue importante o no. La respuesta indiscutible a ambas preguntas es SÍ, y ni el enredo más sofisticado podrá disimularlo. El PCE no sólo influyó en el Frente Popular, se convirtió en el partido hegemónico de éste. Dejó enseguida de ser un partido menor, aliándose con el poderoso sector *bolchevique* del PSOE para luego defenestrarlo cuando se cruzó en su camino. A los nueve meses de guerra había alcanzado tal fuerza que se deshizo simultáneamente de la antes potentísima CNT y del pequeño POUM, y obligó a retroceder a los nacionalistas catalanes. Desde entonces su peso político no hizo sino aumentar: controló la mayor parte del ejército, y, sobre todo, la mejor armada y operativa, así como la policía y otros resortes del poder, defenestró a Prieto como había hecho con Largo, desbarató maniobras adversas como las esbozadas por Azaña y los nacionalistas vascos y catalanes, dividió de nuevo a la CNT e impuso su estrategia general.

Este enorme poder vino al PCE no sólo por «el oro de Moscú», sino también por sus propios méritos, aunque inspirados también por Moscú: era el único partido izquierdista con una estrategia digna de tal nombre —la de los demás apenas iba más allá del ansia por sobrevivir a cualquier precio—; y poseía una disciplina férrea, y un impulso proselitista que le llevó a configurarse como el partido más fuerte, tanto en número como, principalmente, en capacidad operativa y maniobrera. Todo ello al servicio primordial no de España sino de la URSS, la potencia más totalitaria y mortífera del siglo XX, ¿o tiene alguna duda al respecto Moradiellos? ¿O cree que la Falange tuvo un papel similar al servicio de Alemania o de Italia? Tampoco aquí la injerencia del Kremlin provoca en Moradiellos ningún problema, debido a su evidente desinterés por la independencia de España. Pero esta cuestión, insisto, es la principal y debe quedar bien clara como base de la discusión.

En lugar de aclararla, Moradiellos se desvía hacia la política concreta del PCE, la cual encuentra muy aceptable. Vamos con eso, como antes con las justificaciones por el envío del oro a Moscú. Según él, la política comunista se basó en la «colaboración con el alto mando republicano», y en el «interés recíproco» entre el PCE y «los republicanos de izquierda, los socialistas moderados [los de Prieto y Besteiro, dice él, identificando falsamente a ambos. Representaban tendencias muy diferentes, nada moderada la de Prieto] y los restantes soportes organizados del programa reformista». Todos ellos tenían interés no sólo en vencer al enemigo, sino también en acabar con la revolución en la zona izquierdista, viene a decir mi crítico.

Expresiones tales inducen a pensar en algo así como una colaboración entre iguales. Craso error. En cuanto a la «colaboración con el mando republicano», el ejército implantado en el Frente Popular ya no era el de Azaña, sino de tipo soviético, aunque incompleto, y los mandos que no colaboraban con los comunistas eran apartados, incluso asesinados. Por sintetizar, no colaboró el PCE con Rojo, sino Rojo con el PCE.

Y en cuanto a los «reformistas», su inconsecuencia e ineptitud para pensar en términos estratégicos, puesta de relieve sangrantemente por Azaña, permitió al PCE manejarlos y neutralizarlos. Los comunistas tenían su propia línea revolucionaria, como explicaron mil veces, aunque los Moradiellos prefieran hacerse los sordos al respecto. Ya antes de julio del 36, la táctica comunista consistió en presionar al gobierno *reformista* para que aniquilase a las derechas y encarcelara a sus jefes, dando así un muy largo paso hacia la revolución. Luego, al estallar la guerra cundió por el país una revolución anárquica, más bien que anarquista, desatada, nótese bien, por el gobierno *reformista* de Giral al ordenar el reparto de armas. Entonces el PCE procuró, por una parte, la alianza con todos, desde los ácratas a los *reformistas*, y por otra intentó dar marcha atrás a la anarquía. Ello interesaba mucho a Moscú, porque aquella revolución incontrolable había espantado a las democracias, dificultando su intervención en España. Pero Stalin no quería simplemente la intervención de las democracias, ni el mero acuerdo con los *reformistas* españoles. Él buscaba arrastrar a todos ellos y, so pretexto de ganar la guerra, asegurar la preponderancia comunista en los órganos decisivos del estado, de modo que al final nadie pudiera oponerse a su «democracia de nuevo tipo», un régimen revolucionario propio.

Y lo consiguió básicamente, en un proceso estudiado por Bolloten y que he expuesto con algún detenimiento en *El derrumbe de la II República*. Como no ignora Moradiellos, en esa «colaboración contrarrevolucionaria» entre comunistas y *reformistas*, quienes llevaron la batuta fueron los comunistas, y ellos también quienes se fortalecieron con enorme rapidez, y no los divididos, desconcertados e incapaces *reformistas*, cada vez más débiles. Los diarios de Azaña, que Moradiellos cita cuando le conviene, prueban la patética inoperancia de él y los suyos. Por supuesto, la «colaboración» comunista se volvió pronto insoportable para sus presuntos beneficiarios *reformistas*. Prieto quiso rectificar y fue barrido, como lo habían sido Largo o la CNT. Azaña se sentía como en una cárcel (pero no acababa de dimitir). Los nacionalistas catalanes quedaron relegados. Los socialistas de Largo se vieron acosados, y los anarquistas divididos con maniobras bien preparadas. El chantaje comunista era siempre el mismo: o nosotros o Franco.

Bien, como es sabido, la desesperación tanto de los revolucionarios no comunistas, como de los *reformistas* les llevó a preferir la rendición incondicional a Franco antes que seguir bajo tutela estaliniana: así terminó la guerra, en una guerra civil entre comunistas y negrinistas por una parte, y, repárese en el dato, *reformistas* y revolucionarios anarquistas por la otra: la alianza se invirtió al final. El desenlace aclara mucho sobre el carácter del Frente Popular.

Moradiellos cree poder desvirtuar los hechos falseando la conducta de Negrín. Éste fue realmente el hombre del Kremlin en España, pues reunía dos rasgos esenciales: no siendo comunista, podía pasar por demócrata ante las democracias (no pasó, desde luego), y era un perfecto instrumento en manos de Stalin desde el momento —olvidado por Moradiellos— en que entregó a éste el oro y con él la independencia del Frente Popular. No fue un agente pagado, pero sí el gran servidor voluntario y eficiente del Kremlin. Y de nada vale argüir ocasionales quejas de los comunistas por ocasionales incumplimientos de Negrín: todos los amos tienen quejas de sus criados, por expresarlo de forma algo sumaria. Y también los criados suelen murmurar de sus amos. Pero esas obviedades no han de empañar la percepción de quién es el señor y quién el servidor.

Sin darse cuenta, Moradiellos refuta su pretensión de una colaboración entre iguales cuando cita a Vidarte, a quien Negrín habría confesado: «¿Es que cree que a mí no me pesa, como al que más, esta odiosa servidumbre?» En efecto, era una servidumbre odiosa. Pero el artífice de ella no había sido Stalin, sino directamente Negrín. El libro de Radosh, etc., *España traicionada* tiene un título equivocado, al menos si se entiende que Stalin traicionó a nuestro país. Si traición hubo, y desde luego la hubo, salvo para quienes tienen la soberanía española por un valor insignificante, ella no vino de Stalin, que se limitó a defender sus intereses, sino de los jefes del Frente Popular, pues ellos, unos por acción, otros por omisión, pusieron en manos del Kremlin los destinos del país. Por lo demás, lo de la «odiosa servidumbre» fue un desahogo ocasional. En general Negrín admiraba profundamente a Stalin, «gran amigo de España, guía de un magnífico pueblo hermano, paladín de una nueva civilización», como cantaría sin presión de nadie. Ese Stalin a quien informaba de las maniobras y sabotajes de sus aliados *reformistas*, advirtiendo: «Hoy no podemos responder aún de forma adecuada.» Aún.

La elección, una vez más, era entre Franco y Stalin. Negrín habría explicado: «Rendición sin condiciones para que fusilen a medio millón de españoles, eso nunca.» Y con la habitual ausencia de sentido crítico, Moradiellos cita el discurso de Negrín, «legítimo jefe del Gobierno», condenando la rebelión de Casado: «Lo que yo he querido siempre es conseguir la paz (...). ¿Resistir para qué? ¿Para entrar triunfalmente en Burgos? Nunca hemos hablado ni pensado en ello, señores. Proclamar una política de resistencia implica confesar que no se cuenta con medios para aplastar al enemigo, pero que causas superiores obligan a luchar hasta lo último.»

Tratar de «jefe de gobierno legítimo» al autor del expolio del oro (y de otros muchos bienes públicos y privados) y de la «odiosa servidumbre» del Frente Popular, indica algo sobre lo que Moradiellos entiende por legitimidad. Por lo demás, Negrín no dice una sola verdad en su discurso. Sí pensó «entrar triunfalmente en Burgos» y por algo su gobierno nació proclamándose «de la victoria». Sólo las derrotas le llevaron, ya avanzado 1938, a una política de resistencia a ultranza, con el fin —que a Moradiellos da la impresión de parecerle bien— de enlazar la guerra española, por si había sido poco sangrienta, con la mundial en ciernes, con la consiguiente multiplicación del número de víctimas, que a Negrín poco le importaban. Como, parece, a Moradiellos.

Las «causas superiores» que obligaban a luchar hasta lo último, ¿cuáles podrían ser? Moradiellos, tan azañista a ratos, podría aquí citar ampliamente el pensamiento de Azaña en torno a esas causas y empeños, sobre los que el presidente de la «república» no ahorra sarcasmos y amargura. La única «causa superior» sólo podía ser el interés soviético en una guerra en el occidente europeo, pero ahí Negrín, a principios de 1939, se equivocaba por completo. Stalin había cambiado de estrategia, dedicando su esfuerzo a pactar con Hitler, y eso ayuda a entender la precaria resistencia de los comunistas al golpe de Casado. De aguantar cinco meses más, Negrín se habría encontrado en la situación surrealista de que Hitler y Stalin se habían amistado. ¡Destino de criados!

Respecto de la otra «causa superior», el aludido medio millón de fusilados por los «fascistas» se quedó en veinte veces menos. Aun así fue una cifra tremenda. Pero, como había anunciado Prieto a raíz del asesinato de Calvo Sotelo, «será una lucha a muerte, porque cada bando sabe que si el otro triunfa, no le dará cuartel». ¿Qué habrían hecho unas izquierdas ganadoras? Podemos hacernos una idea por las brutales represiones y las dos guerras civiles entre ellas mismas. Si así se odiaban y trataban, ¿qué no habrían hecho con las derechas inermes? Y recordemos otro detalle que también suele olvidarse, y en el que suelo insistir por ser muy revelador: los jefes izquierdistas se apresuraron a huir, sin dejar la mínima previsión de ocultamiento o fuga para miles de sus seguidores, muchos de ellos complicados en el terror contra la derecha, y que quedaron cogidos como en un inmenso cepo. Negrín sólo se preocupó de sacar ingentes bienes públicos y privados saqueados, para asegurar la supervivencia de sus adictos en la emigración.

Dejaré de lado, por parecerme suficiente lo anterior, el asunto de los consejeros y la policía soviética. Moradiellos tampoco lo trata, excepto tangencialmente, cuando pretende que el caso del POUM revela la persistencia de una legalidad democrática o algo así, o la no hegemonía comunista. Hablar de legalidad en relación con el POUM es un sarcasmo: el jefe poumista fue torturado y asesinado por los soviéticos en una cárcel particular escondida al gobierno, el partido fue disuelto, cientos de sus militantes detenidos y torturados en cárceles secretas, por no hablar de los anarquistas asesinados por entonces. Si esto lo presenta Moradiellos (y Tusell y otros) como prueba de legalidad, ya sabemos lo que significa legalidad para ellos. Cierto que los comunistas no alcanzaron la guinda de un "proceso de Moscú" en España, pero sólo eso les faltó. A cambio, además de aniquilar al POUM, defenestraron a Largo Caballero y a la CNT. Haciendo balance, no tenían motivo de queja. Siempre debieron hacer algún sacrificio a la necesidad de fingir un Frente Popular democrático.

En suma: la intervención soviética satelizó de modo fundamental al Frente Popular, y fueron los líderes de éste quienes dieron a Stalin un poder decisivo sobre su causa. Moradiellos no ha logrado rebatir un solo punto al respecto, ni siquiera lo ha intentado, pues ha procurado más bien desviar la atención por vías secundarias o detalles de poca relevancia. Y es que las evidencias, aun muy escuetamente resumidas como aquí, resultan abrumadoras.

Lo anterior debe completarse con esta otra conclusión, ya señalada: en la lucha por la ayuda exterior, el bando nacional resultó mucho más eficaz y menos corrupto que su contrario, si consiguió las mismas armas con menos medios financieros; y muchísimo más si, como sostiene Moradiellos, consiguió muchas más armas. Además, las pagó en excelentes condiciones, hipotecando muy poco la economía española, mientras que la política populista malgastó casi todas las reservas del país, jamás recuperadas, en una guerra perdida.

También es verdad que, en la valoración implícita de Moradiellos, como de Tusell, Viñas y tantos otros, la independencia de España no cuenta gran cosa. En apariencia lo que cuenta para ellos es la democracia y la legalidad. A ese respecto nos sirven una historia de las «tres Españas», que abordaré en la próxima entrega, donde quedará en evidencia que su preocupación por la democracia —ya manifiesta aquí en su modo de tratar el caso del POUM o el manejo del oro— no vale mucho más que la que sienten por la independencia.

Decía también que *las posiciones de Moradiellos son «neoestalinistas»*, y él cree salir del paso señalando que Antonio Sánchez Martínez le llama «azañista». En realidad no hay ninguna contradicción. Azaña empezó su carrera creyendo poder dirigir a «los gruesos batallones populares», y terminó, como es sabido, arrastrado por éstos. La versión de Moradiellos sobre la guerra es básicamente la elaborada por la propaganda estaliniana, también utilizada, qué remedio, por Azaña y los demás *reformistas*: al repartir las armas a las masas habían unido su suerte a la de los revolucionarios.

Y el neoestalinismo de Moradiellos sale de nuevo a relucir cuando insiste en que el derecho de réplica no pasa de ser una cuestión de «buen gusto» o un «ideal de pureza democrática», sin apoyo jurídico. Yerra, una vez más. El derecho de réplica es una exigencia mínima y elemental de la libertad de expresión y de la honradez intelectual, y, contra lo que él dice, está tipificado legalmente. Ante *El País* yo apelé primero a la decencia democrática, y luego, visto el fracaso, a la ley. Según ésta, el juez puede ordenar sin más el respeto a ese derecho, o bien puede hacer juicio. Por desgracia, se inclinó por lo último, y yo no estaba dispuesto a perder el tiempo en tales cosas, por lo que *El País* pudo salirse con la suya. Acabo de tener otro encontronazo al respecto, que he expuesto en *Libertaddigital.com* y reproduzco aquí, por lo que tiene de revelador de una lamentable situación periodística y académica:

Una pequeña confesión

Recientemente escribí a *El País* esta carta al director:

> «En el *Babelia* del 24 de mayo Santos Juliá, aparte de simplificar infantilmente las tesis de mis libros, escribe: "Pío Moa (...) comenzó 'fusilando' a mansalva a Arrarás sobre la Segunda República." Comprendo que Juliá esté escocido porque en *Los orígenes de la guerra civil* pongo al descubierto algunas manipulaciones historiográficas suyas, que él no ha podido desmentir. Pero la irritación no le autoriza, o no debiera de autorizarle, a escribir lo dicho. Cualquiera que haya leído el libro sabe muy bien que, lejos de "fusilar" a Arrarás, a quien cito pocas veces, lo que "fusilo", si así quiere llamarlo, es, entre otros, los archivos de la Fundación Pablo Iglesias, en cuyos documentos se basa lo principal de la investigación. Pero sin duda Juliá escribe para personas que aún no han leído mis libros, con la esperanza evidente de disuadirles de su lectura.

»Durante cuatro años Juliá y otros han respondido a mis críticas con el silencio. Ahora lo rompen, y sólo se les ocurre salirse con desvirtuaciones así de pobres. Pero la barrera del silencio ha sido ya rota en pedazos. Debieran darse cuenta de ello y optar, de una vez, por un debate serio y razonable, en lugar de estas explosiones de *mala leche.*»

La carta no fue publicada, pero Lluis Bassets, director de Opinión del periódico, me ha contestado:

«Le agradezco, ante todo, la pormenorizada y continuada atención que presta usted a mi periódico. Quiero subrayarle, en cualquier caso, que nuestros críticos, que nosotros hemos elegido, tienen plena libertad para ejercer su función, como no puede ser de otra manera en un régimen de libertades —de expresión, de crítica y de empresa— el decidir sobre qué libros van a versar las reseñas aparecidas en el periódico y quiénes son los especialistas encargados de hacerlo. También lo es el elegir cuáles son los temas de debate "serio y razonable" a los que debe dedicar su espacio y sus energías el periódico. En este sentido, nuestro criterio sobre sus [las mías] "aportaciones" a la historia de la guerra civil son exactamente los que ha podido ver reflejados en nuestro periódico. Como ha quedado demostrado y usted sabe perfectamente, hay otros medios y otros espacios donde pueden reflejarse y de hecho se reflejan otros puntos de vista más satisfactorios para usted y más acordes con sus ideas.»

Esta mezcla de necedad y arrogancia refleja muy bien un estilo, y equivale a una pequeña confesión. Tiene razón don Lluis:

nuestros criterios difieren. Según el mío, en un régimen de libertades una persona aludida en un periódico debe poder replicar, tanto por su derecho a defenderse como, más aún, por el derecho de los lectores a una información contrastada. En cambio Bassets y compañía creen lícito imponer la censura y la manipulación a sus lectores y la humillación a las personas sobre quienes su periódico informa torcidamente. Si no estuviera tan gastado el término, diría que su criterio es fascista.

Hace unos meses *El País* hizo lo mismo con mi réplica a Tusell, la cual silenció con el mismo talante «democrático» que ahora. Pero no sólo son responsables semejantes «demócratas». En cierto sentido lo son más los Tusell y los Juliá, que, conociendo estos desmanes, en vez de hacer algo por evitarlos, se aprovechan descaradamente de ellos. Y al obrar así nos ofrecen también una muestra concreta y palpable de sus «métodos historiográficos».

Hasta aquí el artículo publicado en *Libertaddigital*. Recordaré que en *Revista de Libros* Moradiellos recurrió al método de Juliá afirmando, en una reseña, que yo me basaba casi exclusivamente en Ricardo de la Cierva y Arrarás. Da la impresión de ser una consigna.

5

¿DEMOCRACIA CONTRA INDEPENDENCIA? ¿TRES O CUATRO ESPAÑAS? *

Como hemos visto, y al igual que Viñas, Tusell y tantos otros, Moradiellos ni siquiera se percata del efecto principal de la intervención exterior en la guerra de España, comparado con el cual el problema de cómo empezó la intervención, o cuántos aviones llegaron, etc., sin dejar de tener interés, pierde consistencia. Tan sorprendente «despiste», decía, sólo puede explicarse por un subconsciente desinterés de dichos autores por la soberanía de España, la cual tienen por un valor negligible, o al menos secundario, según todo indica.

En apariencia, lo que motiva a estos autores, lo que les permite desdeñar la cuestión de la independencia, y constituye la base de sus enfoques de la guerra, son los valores de la democracia y la legalidad, representados, creen ellos, en la república. En una versión popularizada muy ampliamente, «la cosa es muy sencilla: en julio de 1936, una parte del ejército se sublevó contra un gobierno legal y democrático, salido de las urnas y lo aplastó después de tres años de guerra. Todo lo demás son cuentos o justificaciones reaccionarias». Sin embargo el apego de quienes así hablan a los valores que dicen defender resulta un tanto dudoso, por decir-

---

* *El Catoblepas,* n.º 19, septiembre de 2003.

lo suavemente. Basta comprobar cómo pasan alegremente por alto la enorme cantidad de ilegalidades y de ataques a la democracia realizados por las izquierdas desde el principio mismo de la república.

Insistiré una vez más, y aunque resulte pesado, en este asunto, porque en él se halla la clave de los demás sucesos. En 1930, pudiendo acudir a elecciones, los republicanos intentaron alcanzar el poder por un método tan legal, pacífico y democrático como un golpe militar. Fracasado éste, transformaron unas elecciones municipales perdidas por ellos en un seudo plebiscito, y tomaron el poder... que les fue entregado por los propios monárquicos, esto también es cierto. La república se inauguró con una magna y muy característica quema de iglesias, bibliotecas, etc., ante la cual el gobierno, en lugar de hacer cumplir la ley y perseguir a los delincuentes, los amparó al principio, y la izquierda mantuvo que los incendios reflejaban el sentir del «pueblo», igualando a éste con unas turbas de facinerosos... izquierdistas, eso sí. No hace Moradiellos ninguna consideración sobre estos hechos tan reveladores, lástima.

Poco después fue impuesta por rodillo, sin consenso en cuestiones básicas, una Constitución que vulneraba algunas libertades, reducía a los clérigos a ciudadanos de segunda y pisoteaba los sentimientos religiosos mayoritarios en la población. La misma Constitución quedó en gran medida invalidada por la Ley de Defensa de la República, ampliamente aplicada por el gobierno de Azaña, por ejemplo cuando aprovechó la marginal rebelión de Sanjurjo para una persecución generalizada contra la derecha. Tampoco estos datos cruciales merecen la atención de estos historiadores, aparentemente tan identificados con la democracia.

Nuevos y más graves ataques de las izquierdas: en verano de 1933, el PSOE optó por la revolución, rompiendo con la república y propugnando un régimen de tipo soviético. Luego las izquierdas rechazaron la victoria electoral del centro derecha e intentaron dos golpes de estado. En el verano del 34 los nacionalistas catalanes de izquierda y el resto desestabilizaron el régimen con preparativos para una insurrección armada. «Un error», comentan tranquilamente esos historiadores.

Las agresiones a la democracia culminaron en el alzamiento de octubre de 1934, comienzo real de la guerra civil, con intervención de casi toda la izquierda, sea directamente o con apoyo político y moral. Tal hecho definitorio suele ser disimulado por los supuestos adalides de la democracia y la legalidad, o reducido también a un «error». Peor todavía, muchos lo justifican con pretextos propagandísticos, indicativos de la calidad democrática de quienes los emplean.

En febrero de 1936 unas elecciones anómalas y empatadas dieron mayoría de escaños al Frente Popular, formado por una coalición, casualmente de los mismos partidos que habían organizado o apoyado la guerra civil de octubre del 34. A partir de ese momento la democracia marchó al garete, zarandeada por un caos de violencias e ilegalidades.

Fruto de esas políticas, surgió de inmediato un doble poder, el gubernamental y el impuesto por los revolucionarios en la calle, reflejado en un verdadero caos social y en torno a 300 asesinatos en cinco meses, huelgas salvajes y a menudo sangrientas, intensa agitación de milicias, etc. La derecha, angustiada, pidió reiteradamente al gobierno que hiciese cumplir la ley. El gobierno se negó, y las peticiones fueron recibidas en el Parlamento con insultos y amenazas de muerte. Un gobierno así deja de ser legítimo, pero Moradiellos, Juliá y compañía parecen considerar estos hechos tan desdeñables como la independencia de España, y no quieren ver en ellos más que simples alteraciones episódicas. ¿Así entienden la democracia?

Ellos presentan, en cambio, a unas derechas en permanente conspiración contra la república, hasta encontrar la ocasión oportuna en julio del 36. Sin embargo podemos contrastar la actitud de las derechas con la de sus contrarios. Hasta julio de 1936, las derechas mantuvieron una actitud muy mayoritariamente legalista y democrática. Insistamos en los hechos: no replicaron con la violencia a las brutales agresiones e incendios de mayo del 31, ni intentaron derrocar el gobierno azañista, pese al hostil comportamiento de éste hacia ellas. La excepción de Sanjurjo, siempre invocada y enormemente magnificada por algunos historiadores, no fue una rebelión de la derecha, sino de un sector mínimo de ella.

Otro tanto cabe decir del segundo bienio, llamado «negro» por la propaganda izquierdista. Ante el lanzamiento de la guerra civil por el PSOE y la Esquerra catalana, en 1934, la derecha en el gobierno, radicalmente antidemocrática según esos autores, defendió precisamente la democracia y la legalidad republicana. En demostrativo contraste, cuando la derecha se sublevó a su vez, en julio del 36, el gobierno izquierdista no defendió la Constitución, acabó de destruirla. Estos hechos nada cuentan, sin embargo, para quienes dicen analizar la historia desde la democracia. Pero prueban que, en fin, las derechas no se alzaron en julio de 1936 contra un gobierno legítimo, sino contra un gobierno y unas fuerzas que habían asaltado la legalidad republicana en 1934, luego habían vuelto al gobierno mediante las urnas, pero en circunstancias anormales y con un programa destinado a impedir la alternancia en el poder, y a continuación habían sumido al país en el caos y la violencia.

Los autores en la línea de Moradiellos suelen presentar como «errores» —cuando no pueden ocultarlos— los continuos y gravísimos ataques de las izquierdas a las reglas democráticas, incluso las establecidas por ellas mismas, mientras consideran crímenes las transgresiones, incluso insignificantes, si proceden de las derechas. Perversión del concepto y el lenguaje de corte muy estaliniano. Como se recordará, Stalin amaba tanto la democracia que hasta la quería «popular».

Y a esta perversión intelectual llegan Moradiellos y tantos historiadores precisamente porque su concepción de base no es democrática. Con mayor o menor claridad sostienen la vieja cantinela de que las izquierdas representaban automáticamente al «pueblo», o a «la clase obrera», y aspiraban a realizar transformaciones fundamentales a favor de sus representados, mientras que las derechas representarían los intereses del «dinero», el poder de una oligarquía empeñada en mantener sus privilegios a toda costa. Ahí está el denominador común de las versiones de Preston, de Moradiellos, de Jackson, de Tuñón y de tantos más. Y, por supuesto, de la propaganda soviética.

En ese planteamiento la democracia sólo vale cuando efectivamente sirve al «pueblo». Pero, ¿y si sirve a la despiadada «oligarquía»? Pues, asombrosamente, puede ocurrir tal cosa. Así, una buena mayoría votó al centro derecha en 1933. Este hecho inexplicable ocurrió, para más inri, tras la experiencia reformista del primer bienio que, según ellos, debía haber llenado de satisfacción al pueblo. En todo caso, para esos historiadores lo que cuenta es la supuesta evidencia de que unos representan los intereses populares y otros los reaccionarios, pensaran lo que pensaren los votantes reales, y por encima de consideraciones democráticas «formales»: ¿qué importan los «formalismos» si los intereses del «pueblo» resultan dañados? A quien no ha superado ese modo de pensar es inútil confrontarlo con los datos de la realidad: los despreciará olímpicamente.

Entenderemos mejor el alcance de este planteamiento si nos percatamos de que fue, precisamente, el que llevó a la guerra civil, pues así pensaban no sólo Largo Caballero o la Pasionaria, sino también Azaña o Prieto, convencidos los primeros de que la democracia «burguesa» debía desembocar, por las buenas o por las malas, en la «dictadura del proletariado», y los últimos de que la república sólo valía si la gobernaban «los republicanos», es decir, ellos mismos. Si la gente se empeñaba en votar a «los enemigos del pueblo», peor para ella. Ese modo de pensar sustentó las violencias del primer bienio, la rebelión contra el dictamen de las urnas en 1933, la insurrección del 34 o el caos revolucionario de febrero a julio de 1936*.

La pretensión de que algunos partidos son «obreros» queda desmentida por el hecho de que cuando han llegado al poder, han privado de derechos a obreros y a *burgueses*. Ahora mismo, bajo el «reaccionario» y «oligárquico» PP, el desempleo de trabajadores dejado por la administración socialista ha disminuido mucho. En una democracia, los partidos presentan sus programas y soluciones a los problemas sociales, y son sus resultados y no un apriorístico carácter de «clase» el que puede orientarnos sobre su significación.

Esa concepción ha tenido una cierta remodelación teórica desde hace años en la fórmula de las «tres erres» (reformistas, revolucionarios y reaccionarios) o la «tres Españas», que intenta explicar la evolución española en el primer tercio del siglo XX. La idea arranca, en cierto modo, de Madariaga, cuando supuso la historia de la república como el desgarramiento del centro por las extremas derecha e izquierda, concepción desmentida por él mismo en su exposición de hechos, y que luego desa-

* Y son, ahora mismo, los planteamientos que amenazan a nuestra democracia, desde los ataques a la independencia judicial por parte del PSOE hasta el terrorismo etarra, los nacionalismos balcanizantes o las violencias callejeras de las campañas sobre la guerra de Irak o el «chapapote».

rrolló a su modo Jackson, para terminar consolidándose con Preston y otros.

Para Moradiellos, el elemento general que define la evolución española desde 1919 a 1939 (¿por qué no desde el más significativo 1917, con su huelga insurreccional de las izquierdas?) no es «una mera lucha dual o binaria ("una España contra otra") [él me acusa de dualista], sino una pugna triangular que reproducía en pequeña escala la existente en toda Europa (...). Las "tres erres" de esa lucha triangular eran las fuerzas reformistas, reaccionarias y revolucionarias (...). La trascendental peculiaridad del caso español respecto del europeo residiría en que, a diferencia de otros países continentales, en España ninguno de esos proyectos de estabilización en pugna lograría la fuerza suficiente para imponerse a los otros dos de modo definitivo e incontestado». Pero de este guión se ha escamoteado el crucial problema de la democracia, y todo se reduce a una relación de fuerza, al parecer sin reglas. Algo no muy lejano de la lucha de clases a la estaliniana, según la cual la verdadera explicación de una guerra civil, por ejemplo, reside en una cuestión de fuerza, siendo secundarios los problemas «formales» de legalidad. Estas visiones globales suelen tener éxito porque parecen ofrecer una cómoda visión de conjunto, pero esa comodidad intelectual choca enseguida con los incómodos datos de la realidad.

Nos explica Moradiellos: «Durante el quinquenio democrático de la Segunda República (1931-1936) fue alcanzándose un equilibrio inestable, un empate virtual de apoyos y capacidades (y de resistencias e incapacidades), entre las fuerzas dispares de la alternativa reformista (en el poder durante el primer bienio de 1931-1933) y su contrafigura borrosamente reaccionaria (en el poder durante el segundo bienio de 1934-1935). Un empate y equilibrio inestable que hizo así imposible la estabilización del país tanto por la similar potencia respectiva de ambos contrarios (y su compartida incapacidad para reclutar otros apoyos fuera de los propios), como por la presencia de ese tercio excluso revolucionario, enfrentado a los dos por igual y volcado en su propia estrategia insurreccional.»

Pero lo importante es que los partidos «borrosamente reaccionarios» (no todos, pero sí el grueso de ellos) procuraron aplicar su «potencia» dentro de los cauces constitucionales, mientras que «los dispares reformistas», con pocas excepciones, los vulneraron gravísima y reiteradamente: al igual que cuando hablaba de la intervención extranjera, aquí vuelve Moradiellos a «olvidar» el punto esencial. Y sólo puede hacerlo, nuevamente, porque para él y sus afines la democracia no es un valor tan importante como fingen.

El falseamiento de la historia es más burdo cuando identifica a las tres fuerzas, «que se habían ido configurando mucho tiempo antes y que habían llegado a cristalizar en organizaciones y corrientes durante la dictadura militar de Primo de Rivera: un monarquismo católico y cada vez más autoritario y ultranacionalista que sostendría la propia dictadura militar entre 1923 y 1930; una corriente democrática que se articularía durante esa etapa sobre la colaboración entre el republicanismo burgués y el movimiento obrero socialista con el refuerzo de los nacionalismos periféricos (sobre todo el catalanista), y una tendencia revolucionaria y proclamadamente internacionalista que se aglutinaría mucho más en torno al anarcosindicalismo que al minoritario comunismo de inspiración soviética».

Nuevamente los incómodos hechos destrozan la confortable teoría. Bajo la dictadura de Primo de Rivera no se articuló ninguna colaboración democrática entre el republicanismo burgués y el movimiento obrero socialista, pues este último, como casi nadie ignora, colaboró con la dictadura y de hecho fue un puntal de ella, al renunciar en la práctica a su tradicional revolucionarismo, que le había llevado a la huelga insurreccional del 17 o a la explotación demagógica del desastre de Annual. En cuanto al republicanismo burgués, bajo la dictadura fue insignificante a todos los efectos. Esa alianza se compuso, muy improvisadamente, tras la dictadura; e inmediatamente cometió el «error» de organizar un pronunciamiento militar para imponerse.

Algo parecido ocurrió con la derecha. Hay poca relación entre los partidos derechistas formados durante la república (CEDA, Agrarios, Renovación Española y Falange) y las fuerzas que sostuvieron a Primo de Rivera (entre ellas los socialistas, no se olvide). ¿O pretende Moradiellos que toda la derecha en la república se identifica con lo que él denomina «monarquismo autoritario y ultranacionalista»? No habría mejor modo de no entender nada de la derecha durante la república.

Aún peor queda el sector «revolucionario e internacionalista» que, según él, se compondría del movimiento anarcosindicalista y el comunista. En primer lugar, el anarcosindicalismo venía de bastante atrás, había sido una de las causas principales de la ruina de la Restauración, y bajo la dictadura, precisamente, cesó casi por completo en su terrorismo, aunque por entonces naciera la FAI. En segundo lugar, Moradiellos escamotea bonitamente al PSOE entre las fuerzas «revolucionarias e internacionalistas». Dicho partido sólo abandonó su revolucionarismo bajo la dictadura, y después de ella se unió, de mala gana, a los republicanos. Y fue justamente entonces cuando ese partido recuperó sus ímpetus revolucionarios, pues muchos de sus dirigentes concebían la república sólo como un paso intermedio hacia un régimen «socialista». Moradiellos sabe —pero calla— que esa postura iba a predominar bien pronto en el partido, marginando al sector democrático y reformista de Besteiro, para organizar deliberadamente la guerra civil.

Con estos mimbres ya se puede imaginar el cesto, y no continuaré desmintiendo las distorsiones de Moradiellos porque se haría interminable. Señalaré, no obstante, una falacia clave en la teoría de las «tres erres» o «las tres Españas», como dice Preston, y su acusación de que yo sólo estimo un enfrentamiento entre «dos Españas», estando ahí una clave de mi supuesta mala interpretación de la historia.

La teoría en que tanto confía Moradiellos contiene una falsificación de principio, pues si divide a las izquierdas entre reformistas y revolucionarias, debería hacer lo mismo, por coherencia intelectual, con las derechas, en lugar de aplicar a éstas, en bloque, el término por lo demás confuso y peyorativo, de «reaccionarias». ¿O acaso era lo mismo la CEDA que la Falange, o Renovación Española, o los carlistas? Pues ésta es precisamente la impresión que quieren crear. Ahora bien, los tres últimos partidos aspiraban a derrocar el régimen, al menos después de la quema de conventos, bibliotecas y demás, mientras que la CEDA aceptó, aunque sin entusiasmo, la república, y defendió la Constitución en trance tan apurado y decisivo como la insurrección de octubre del 34 (desde ese punto de vista, a la CEDA se le podría asimilar, en algunos aspectos, al Partido Radical de Lerroux, con el cual terminaría por entrar en coalición). La diferencia es crucial, y olvidarla equivale a falsificar de raíz la historia.

Además, ¿qué significa *reaccionario*? Se trata de un término propagandístico denigratorio, cuyo único sentido general es el de «contrario a la revolución». Su manipulación lo ha convertido en un término aplicable a casi cualquier cosa, como ha llegado a serlo el de *fascista*. Un amigo me contaba este chiste referido a las penúltimas elecciones en Vascongadas: «Salga quien salga, ganarán inevitablemente los fascistas. Batasuna, ya se sabe, es fascista, según los socialistas, y el PSOE también lo es, según Batasuna.

¿Y el PP? ¡Por supuesto, también fascista, para todos ellos!, y no menos el PNV según para quién. No hay solución.» Con «reaccionarios» pasa lo mismo, y basta ver cómo grupos revolucionarios rivales se han aplicado el término entre sí.

Por tanto, las derechas en la república deben dividirse, como las izquierdas, en moderadas y radicales, o bien legalistas y golpistas, o algo así. No queda tan ingenioso o publicitario como las «tres erres», pero se ajusta mucho más a la realidad y permite explicarla mejor. Contra la crítica de Moradiellos, yo he distinguido siempre entre las izquierdas revolucionarias y las jacobinas, para él «reformistas». Por consiguiente, y por usar esa terminología, yo distingo no tres, sino cuatro Españas: dos en la izquierda y dos en la derecha.

Establecidos estos elementos, obvios para quien me haya leído, debemos precisar la fuerza relativa de esas tendencias. Y lo que vemos no es una equivalencia aproximada entre ellas. Para empezar, en la izquierda el sector revolucionario superaba por completo, en organización e influencia de masas, al reformista. Al principio no lo parecía, porque el PSOE aceptó coligarse con los republicanos de izquierda bajo la dirección de Azaña; pero, como he indicado, muy pronto adoptó posiciones revolucionarias. Así, al lado de las grandes organizaciones de masas socialistas, anarquistas, y las menores, pero aguerridas, comunistas, los llamados reformistas por Moradiellos, y por mí jacobinos, no pasaban de grupos pequeños, indisciplinados, vocingleros y desunidos. Por consiguiente, en la izquierda pesó mucho más la revolución que la reforma, al menos desde el verano de 1933.

Ocurrió justamente lo contrario en la derecha. El sector moderado, que terminaría organizado en la CEDA, tenía un peso incomparablemente superior al de los sectores radicales o golpistas, y así ocurrió hasta bien entrado 1936. Aunque la CEDA tenía componentes autoritarios, se condujo casi siempre como un partido conservador, mucho más respetuoso con la legalidad, en la práctica, que cualquiera de izquierdas, incluidos los más reformistas.

Este contraste entre los componentes de la derecha y los de la izquierda explica, con coherencia y sin los retorcimientos habituales en la historiografía izquierdista, la evolución del régimen. Azaña llegó al poder con el plan, que se mostraría descabellado, de estimular los movimientos revolucionarios pensando en encauzarlos a favor de sus reformas. Terminó siendo arrastrado por ellos. Algunos lamentan que Azaña no se aliara con Lerroux para formar un centro sólido, pero tal alianza era imposible, como creo haber mostrado en *Los personajes de la república vistos por ellos mismos*. De hecho, la enemistad entre lerrouxistas y azañistas no hizo sino crecer. Por lo demás, Moradiellos olvida que las reformas planteadas por Azaña estaban en su mayoría mal concebidas, fracasaron, y no por culpa de la derecha, y dieron lugar a que su promotor perdiera catastróficamente las elecciones en noviembre de 1933. Luego, tozudo en su estímulo a la revolución con la esperanza de encauzarla, formó en 1936 el que sería llamado Frente Popular, el cual le arrolló y le impidió gobernar. Y fue él, a través de Giral, quien dio el tiro de gracia a la república, con el armamento de los sindicatos.

Esta dinámica terminó por reducir las «cuatro Españas» iniciales a dos: unas izquierdas fundamentalmente revolucionarias y totalitarias (con los reformistas a remolque), y unas derechas antes moderadas y legalistas, pero empujadas por las izquierdas, finalmente, a la rebelión y al autoritarismo. Para julio del 36, la mayor parte de la derecha había dejado de creer en la democracia, o en que ella pudiera funcionar en España. La causa principal fue que quienes más habían invocado tal régimen habían sido quienes más sistemática y brutalmente habían vulnerado sus normas, desacreditándolas radicalmente. Lo mismo llegó a pensar una parte de la población muy mayoritaria, a mi juicio, sin lo cual se hace difícil explicar la larga duración del franquismo.

En suma, la república no pereció porque la extrema derecha y la extrema izquierda (reaccionarios y revolucionarios) actuaran en tenaza contra los moderados o reformistas, como tantas veces se dice, sino porque se produjo desde la izquierda, no sólo la revolucionaria, una constante agresión contra las derechas, una constante y violenta corrosión del acuerdo de legalidad.

6

NEGRÍN NO ACABA DE PASAR A LA HISTORIA

Dentro de la historiografía académica de tendencia *progre* o políticamente correcta, como ahora suele decirse, acaba de salir una biografía de Negrín, del profesor Ricardo Miralles. Prologa el libro P. Preston, para quien las críticas a Negrín procederían sobre todo de Burnett Bolloten, autor del famoso libro titulado, en su versión última, *La guerra civil española. Revolución y contrarrevolución.* Bolloten estaría condicionado por «los renegados ex comunistas que publicaron sus memorias bajo la dirección de Gorkín y financiados por (...) la CIA». ¡No podemos quejarnos de la cantidad de estofa empaquetada en una sola frase! Obviamente, Preston prefiere a los comunistas *no renegados.* Ello apenas extrañará a quien compare sus estudios de historia con la propaganda estaliniana, pues el autor inglés no hace mucho más que reproducir y ampliar esa propaganda, con métodos que ya he expuesto en otras ocasiones. Métodos visibles también en su generosa (y estaliniana) sugerencia de que quien difiera de sus enfoques ha de estar subvencionado por el «imperialismo».

Desde luego, el apasionante libro de Bolloten no se apoya, ante todo, en informes de la CIA o de *renegados*, sino en una ingente labor documental e investigadora, con pocos paralelos en las historias de nuestra guerra, y apuntalada con un cuidadoso razonamiento sobre los distintos puntos de vista y posibles críticas.

A su lado, obras como la de Miralles no pasan de libritos intrascendentes, retrocesos en metodología y veracidad. Despachar con tal desenvoltura un trabajo de la calidad del de Bolloten también arroja luz sobre una historiografía *progresista* que resultaría chistosa si no hubiera tenido durante largos años los medios de marginar las réplicas y de publicitarse a sí misma como única historiografía profesional y científica. Vale la pena observar el libro de Miralles, no tanto por su información sobre Negrín como por sus métodos.

El autor empieza asegurando que sobre Negrín sólo ha habido hasta ahora «juicios y sentencias, opiniones y fallos». Presenta libros como el de Bolloten y otros como una colección de asertos infundados y posiciones viscerales: «Entre sus detractores ha existido una rara unanimidad que podríamos resumir en un *Todos contra Negrín*.» *

¡Deplorable panorama! Pero, por fortuna, Miralles lo cambiará desbaratando «las tres grandes acusaciones hechas a Negrín», según él las entiende: «que entregó la República a los comunistas, que fue el causante de la división interna del PSOE (durante la guerra y en el exilio posterior) y que su obstinación en una política de "resistencia a ultranza" condujo a un final catastrófico de la guerra» **. ¿No olvida la referente al envío del oro a Rusia? Por otra parte, esas tres acusaciones son las hechas a Negrín por sus correligionarios socialistas, pero Miralles debiera sospechar, al menos, la existencia de otras. Como no lo hace, las trataré luego, aunque primero conviene un vistazo a la lógica de su argumentación.

Los presupuestos del autor, que éste ni siquiera cuestiona, son los tradicionales: la II República continuaba en pie, aunque

---

* R. Miralles, *Juan Negrín. La República en guerra*, Madrid, 2003, p. 13.
** *Ib.*, p. 20.

con daños, después de que el gobierno de Azaña-Giral abriese las compuertas a una rugiente revolución. Semanas después, los daños a la democracia serían reparados por el gobierno de Largo Caballero, demócrata reconocido dentro y fuera de España. Y Stalin, por convicción o por interés, se habría erigido en protector de la libertad en España, ante la traición de las democracias. Presentada la cuestión en términos tan convenientes, hasta una persona poco enterada, podrá rebatir «las tres grandes acusaciones», o al menos relativizarlas mucho.

Las críticas a Negrín dentro del PSOE quedan bien expuestas en el intercambio epistolar entre él y Prieto, cuando ambos, ya en el exilio, disputaban a cara de perro por el cargamento del yate *Vita,* una enorme cantidad de valiosos objetos robados al patrimonio histórico español y a propietarios privados. Negrín acusaba a Prieto de haber contribuido a la derrota con su actitud vacilante y derrotista, y éste replicaba: «Después de haber presidido tan colosal desastre, después de haber originado, con el uso de un poder personal, ejercido en beneficio exclusivo de determinada agrupación [se refiere al Partido Comunista], disensiones hondísimas que condujeron a millares de hermanos a despedazarse entre sí, y teniendo todavía ante los ojos el espectáculo de medio millón de españoles debatiéndose en la miseria y sometidos a las más viles humillaciones, de las que una elemental previsión reiteradamente aconsejada les hubiera librado [esto está escrito apenas concluida la guerra. Antes de que terminase aquel año 1939, casi tres cuartas partes de los exiliados habían vuelto a España, dato generalmente olvidado por "historiadores" de esta línea], después de todo eso, ¿se atreve usted a decir que yo incubaba la catástrofe? Jamás conocí un sarcasmo tan terrible como el contraste entre sus inmensas responsabilidades y su jactanciosa actitud que le permite condenar caprichosamente a los demás, y encima exigir, a guisa de premio, el reconocimiento de su jefatura de Gobierno con carácter permanente por indefinido.» Negrín, por su parte, insistía en que «A nuestra causa no la han vencido los facciosos. No. La han vencido las asechanzas de unos cuantos malandrines.» *

¿Quién tenía razón? En apariencia, Prieto. Algo muy llamativo en los líderes republicanos y revolucionarios es su total ausencia, al menos en sus escritos, de sentimiento de responsabilidad o culpa por los desastres ocurridos bajo su mando. Azaña y Alcalá-Zamora, en cuyas presidencias del gobierno y del estado respectivamente rodó el país a la catástrofe, se las arreglan para cargar todas las responsabilidades sobre lo demás, y otro tanto hace Negrín al discutir con Prieto.

Y sin embargo es Negrín quien sin duda acierta… si damos por válidos los presupuestos antedichos sobre la continuación de la república y la democracia, el papel de Stalin, etc. Pues para vencer al *fascismo* no había otro remedio que apoyarse en Stalin y sus agentes, los comunistas españoles, ante el triste hecho de que las democracias no acabaran de reconocer como una de las suyas al régimen edificado sobre el derrumbe revolucionario de julio del 36. Sólo los comunistas rusos y españoles disponían de medios y, más importante que los medios, de una auténtica estrategia y una acerada disciplina. Esto fingen no entenderlo Prieto y los críticos socialistas de Negrín, pero es la evidencia misma. ¿Podría haberse organizado alguna lucha seria sobre el conglomerado de anarquistas, azañistas, socialistas de Prieto o de Largo Caballero, y nacionalistas catalanes y vascos, siempre a la greña entre ellos, siempre indisciplinados y dispuestos a la zancadilla mutua y a la maniobra a espaldas de sus aliados? En verdad, la guerra sólo podía afrontarse en los términos en que Stalin y Negrín lo hacían, aun

* *Epistolario Prieto-Negrín*, Fundación I. Prieto-Planeta, Barcelona, 1990, p. 24 ss.

si ello causaba serios perjuicios a sus veleidosos aliados. No dejaba de tener motivo Negrín para maldecir a los «malandrines» perturbadores de sus esfuerzos (y a quienes se había propuesto ajustar cuentas cuando hubiera oportunidad, como informaba a Stalin).

Y tampoco podía hablarse de una paz negociada, porque Franco no estaba dispuesto a ella (tampoco Negrín, claro, pero esa es otra historia). Cuando, al final de la guerra, anarquistas, republicanos y socialistas se levanten contra Negrín, invocarán una posible negociación, pero sólo como un pretexto en que ellos mismos no podían creer, pues Franco no les alentaba lo más mínimo a ello. La causa efectiva de su alzamiento fue que preferían rendirse a seguir bajo el poder comunista, como expuso Besteiro en sus muy reproducidas palabras: «Estamos derrotados nacionalmente por habernos dejado arrastrar a la línea bolchevique, que es la aberración política más grande que han conocido quizá los siglos.» No estaban derrotados por eso, pero se habían dejado arrastrar a aquella *aberración*. Posiblemente no tuvieran otra salida, vistos los antecedentes desde la insurrección de octubre del 34. Otra razón consistía, claro, en acabar con los sufrimientos de la población. Pero quienes mantengan la teoría de una lucha entre la democracia y el fascismo podrán ver esas razones como una traición a la democracia y una entrega del «pueblo» al fascismo.

No, las críticas de Prieto, Largo, Araquistáin, Azaña y tantos otros a Negrín sólo cobran sentido si renuncian a ese falso presupuesto. Y como no renuncian a él, su argumentación resulta inconsecuente, cuando no sospechosa. La justificación de Negrín por Preston, Miralles, Viñas, etc., se vuelve fácil, desde ese punto de vista.

Negrín y la Hacienda española

Para salir del embrollo adonde nos lleva como quien no quiere la cosa este tipo de historiografía, debemos aproximarnos a

Negrín considerando, no los costes que impuso su política al PSOE, Azaña, etc., *sino los que impuso al país como tal.* Y podemos empezar por el capítulo donde Miralles explica «cómo se financió aquella guerra», en especial la financiación a través de la URSS, previo envío allí del grueso de las reservas de oro españolas.

Contra la opinión de Largo Caballero, Prieto, Araquistáin y muchos otros, Miralles no ve en la operación nada objetable, como aclara mediante una comparación concluyente: «El 14 de junio de 1940, cuando los alemanes ocupaban París (...) 2.398 toneladas de oro salían apresuradamente hacia Casablanca, en Marruecos, y hacia Halifax, en América (...). El 24 de junio de 1940 el crucero de guerra *Emerald* salía del puerto escocés de Greenock, escoltado por varios destructores, con dos mil grandes cajas de oro en barras y otras quinientas con títulos, con destino a Canadá.» Y luego hubo otros envíos semejantes, decididos por los gobiernos francés e inglés *.

Por tanto, viene a indicar Miralles, ¿a qué tanta algarabía por una decisión de Negrín perfectamente normal y lógica, adoptada también por otros gobiernos democráticos? No tan normal, sin embargo, incluso si nos empeñamos en creer democrático al Frente Popular. Pues hay una diferencia abismal entre depositar las reservas en una democracia de funcionamiento financiero claro y reglado internacionalmente, y depositarlas en un régimen totalitario, de finanzas completamente opacas, burocracia cerrada y difícil comunicación, como recuerda Martín Aceña en su estudio *El oro de Moscú y el oro de Berlín.* La primera y más grave consecuencia de tal decisión fue, no que el estado español se pusiese a merced de una estafa sin apenas trabas —y realizada, según tantos historiadores, aunque dudo que en tan gran escala como dicen, pues la ganancia para Stalin no era tanto el dinero como

* *Ib.*, p. 179.

el poder—, sino que el Kremlin tomó el control, de hecho, del tesoro español e, indirectamente, del propio Frente Popular, al cual podía presionar, y presionó, para imponerle su política.

¿No perciben Miralles o Preston la diferencia? Pero está ahí, y es determinante. Y hay muchas más diferencias. Por ejemplo, la decisión fue tomada de manera a su vez opaca, por tres ministros socialistas (Largo Caballero, Prieto y, sobre todo, el propio Negrín, entonces ministro de Hacienda), contraviniendo diversas leyes y al margen del resto del gobierno y del mismísimo presidente de la «república», Azaña, según explica el mismo Largo y corrobora Prieto, los dos enfrentados a su vez entre sí. Tan poco confiaban unos en otros. ¿Obró Churchill de modo semejante?

Para apreciar la situación en su conjunto debe recordarse que Negrín, ya antes de heredar el puesto de Largo *, desempeñaba su cometido en Hacienda con autonomía inusual en gobiernos normales. Coinciden en señalarlo Zugazagoitia, de tendencia negrinista; el anarquista Abad de Santillán, para quien el ministro «ha hecho, con la tapadera de la guerra, lo que ningún gobernante, ni siquiera la monarquía absoluta, había podido hacer en España», o Largo Caballero, en unas patéticas quejas: «El señor Negrín, sistemáticamente, se ha negado siempre a dar cuenta de su gestión»; «De hecho, el Estado se ha convertido en monedero falso [alude a que las reservas debían respaldar el valor internacional de la peseta, el cual se desplomaría si trascendiese la noticia de su envío a Moscú]. ¿Será por esto y por otras cosas por lo que Negrín se niega a enterar a nadie de la situación económica? (...) ¡Desgraciado país, que se ve gobernado por quienes carecen de toda

* Negrín fue ministro de Hacienda con Largo, hasta mayo de 1937, cuando Largo fue expulsado del poder y Negrín le sustituyó como jefe de gobierno, donde seguiría hasta el final de la guerra, permaneciendo simultáneamente como ministro de Hacienda, hasta abril de 1938.

clase de escrúpulos!» * Desde luego, conductas tan fuera de lo común no se daban en el bando franquista ni, seguramente, en el británico o el francés.

Otra manifestación de tan extraño funcionamiento, todavía como ministro de Hacienda con Largo Caballero, la describe así el propio Miralles: «Negrín creó unidades de elite (...) mandadas por hombres de su confianza (...) perfectamente equipadas, con intendencia especial, equipamiento sanitario de primer orden (...) muy disciplinadas (...), los *Cien mil hijos de Negrín*, como se les conocía popularmente». Que un ministro de Hacienda utilice los recursos del estado para organizar algo así como un ejército particular, difícilmente puede considerarse de otro modo que como un inmenso fraude, y no falta base a la indignación de Abad de Santillán: «Tenía la llave de la caja y lo primero que se le ocurrió (...) fue crearse una guardia de corps de cien mil carabineros (...). Los que consintieron ese desfalco al tesoro público (...) de un advenedizo sin moral ni escrúpulos, también deben ser responsabilizados por su negligencia o su cobardía.» Sin embargo a Miralles tal arbitrariedad, por llamarla de algún modo, le parece ¡toda una «realización»! del ministro **.

Ante las concepciones que permiten a Miralles, a Viñas y otros, presentar como normal y hasta meritorio este conjunto de actuaciones, un ciudadano común sólo podrá desear fervientemente que tales historiadores no lleguen a estar nunca al cargo de las finanzas españolas.

Deseo más acentuado si cabe cuando leemos las frases de Miralles en torno a otras «realizaciones» de Negrín, en particular la utilización de «otras dos fuentes de recursos financieros puestos en

* D. Abad de Santillán, *Por qué perdimos la guerra,* Barcelona, 1977, p. 331; Fundación Pablo Iglesias, AFLC XXIII, pp. 467 y 477.

** P. Moa, *El derrumbe de la II República...*, p. 446; Miralles, *op. cit.*, p. 162.

marcha a partir del verano de 1938, coincidiendo con el agotamiento del oro. Me refiero a los activos financieros captados de particulares y/o incautados a aquellas personas e instituciones incursas en colaboración con la rebelión militar (...). Desde muy pronto, ya en su etapa de ministro de Hacienda del gobierno de Largo Caballero, Negrín había puesto en marcha las medidas legislativas necesarias para la captación de activos metálicos en manos del público» *. Notable la elegancia del autor al definir como «captación» lo que comentaristas menos aficionados al eufemismo describirían probablemente como saqueo generalizado de bienes de particulares y del patrimonio artístico e histórico español. El mismo Azaña cuando, en vísperas de su dimisión, rechazó firmar un decreto para enajenar a una sociedad anónima creada por Negrín todos los bienes muebles e inmuebles del estado español en el extranjero, alegó su repugnancia a «aparecer a última hora como un salteador» de los bienes de la nación, según señala Cipriano Rivas Cherif. No tendrían escrúpulo semejante muchos otros intelectuales, según vamos viendo **.

El proceso de lo que tan finamente llama Miralles «captación» resultó muy sencillo: por decreto, el primero de fecha tan temprana como el 3 de octubre de 1936, los particulares eran constreñidos, bajo muy severas amenazas, a entregar al Banco de España todos los metales preciosos y divisas que poseyeran. El gobierno afirmaba su compromiso de «salvaguardar los intereses» de los propietarios y «garantizar su integridad». Al cabo de un mes, las cajas de seguridad de los bancos fueron descerrajadas y el gobierno se apoderó de toda la propiedad allí depositada, haciendo lo mismo incluso con la de la gente humilde guardada en los montes de pie-

---

* Miralles, *op. cit.,* pp. 173-174.

** C. Rivas Cherif, *Retrato de un desconocido. Vida de Manuel Azaña,* Barcelona, 1981, p. 432.

dad. Esto, *cuando el Frente Popular aún disponía íntegramente de los enormes recursos en oro y plata del Banco de España.*

En realidad, todos los bienes particulares a que tuvieron acceso las autoridades «republicanas» fueron pura y simplemente saqueados, como asimismo una infinidad de edificios religiosos, domicilios privados, palacios, museos e instituciones diversas. Esas labores produjeron un inmenso botín en joyas, obras de arte, colecciones numismáticas y hasta filatélicas, libros antiguos, relojes valiosos, ropajes, utensilios de culto, etc. Los mismos cuadros del Museo del Prado sufrieron incautación y exposición a muy graves peligros, y traslado a Francia, aunque a última hora serían recuperados por España. El desvalijamiento se organizó a veces con el pretexto de cargar los daños de la guerra sobre «los que han tenido participación directa o indirecta en el movimiento rebelde» (lo de «indirecta» abría un campo amplísimo), a cuyo efecto se constituyó una llamada Caja de Reparaciones. Los pillajes tuvieron lugar a menudo con tal desorden que, como señalaba un informe comunista, muchos bienes desaparecían en los bolsillos de los ejecutores y de «los numerosos García Atadell que operaban por su cuenta» *.

¿Qué valor alcanzaron esos tesoros? Es imposible saberlo, siquiera por aproximación. Miralles da una cifra máxima de 29 millones de dólares para los objetos vendidos en Francia y Usa, pero sólo el tesoro del yate *Vita* está valorado por el mismo Negrín en 40 millones de dólares de la época. Se ha perdido la pista a innumerables objetos, como colecciones de monedas antiguas de oro robadas por el Frente Popular en el Museo de Arqueología, o incunables y libros valiosos saqueados en bibliotecas particulares o eclesiásticas (otros miles de ellos quedaron reducidos a cenizas), alhajas fundidas, relojes, etc. La cifra pudo muy bien superar los 100 millones de dólares.

---

* Miralles, *op. cit.*, p. 175. En P. Moa, *Los mitos…*, pp. 456 ss.

A Miralles todo esto, en cuyos detalles evita entrar, le parece tan normal como el manejo del oro y la hacienda por las izquierdas. Total, una «captación de recursos» para la guerra. Sin embargo, el bando franquista, infinitamente más falto de medios, no hizo nada semejante. Además, el botín no servía sólo para subvenir a las necesidades bélicas, pues, como explica el mismo Negrín en su polémica con Prieto, también debía sufragar las necesidades de los exiliados en caso de perder la contienda: «Gracias a nuestra previsión y diligencia han podido salvarse elementos tales que en su cuantía no lo hubieran soñado quienes hace dos años aseguraban que la guerra estaba a punto de terminar por agotamiento de nuestros recursos», y, fruto de esa previsión, «Nunca se ha visto que un Gobierno o su residuo, después de una derrota, facilite a sus partidarios, como lo hacemos, medios y ayuda que ningún Estado otorga a sus ciudadanos después de una victoria» *. No mentía, si bien eran los líderes y afines los más beneficiados por la ejemplar diligencia de «hombres no impulsivos, precavidos, además, contra la improvisación incompetente y amantes de la cavilación, del estudio y del asesoramiento técnico». Los favoritismos y rivalidades causaron pugnas no muy edificantes entre grupos políticos de exiliados.

Estos enormes daños infligidos al conjunto de los españoles, ricos y pobres, al patrimonio artístico e histórico de la nación y no sólo a un partido, deben parecer menudencias a Miralles, pues apenas los alude. Al contrario, tras referirse en términos neutros al *affaire* del *Vita*, cuyo tesoro birló Prieto a Negrín en sus narices, como queda documentado, entre otros, en la correspondencia entre ambos líderes, afirma: «Mientras una documentación pertinente no lo aclare, es ocioso hablar de Negrín como *el gran estafador.*» ** Esto vale si hablamos del PSOE, pues es difícil decir

* *Mitos...*, p. 462 ss.

** Miralles, *op. cit.*, p. 178.

si fue estafado por Negrín o por Prieto, pero no si hablamos del patrimonio español, o del de tantísimos ciudadanos de toda condición social despojados de sus bienes. Lo único no documentado todavía —y algo indica el hecho— es la gestión de ese botín, pues muchos de los responsables, lógicamente, han tenido interés en borrar las pistas. Aun así, la clave del asunto no reside en cómo se manejaron los tesoros, sino en cómo fueron allegados.

Negrín y los comunistas

Volviendo al oro de Moscú, Miralles, como tantos otros, acepta las justificaciones del Frente Popular: no hubo otro remedio que dejar las reservas bajo el control de Stalin, para salvarse. Si admitimos el argumento, debemos admitir también que *esa salvación implicaba una condenación para el país,*puesto a los pies de una de las peores tiranías de la historia.

Pero la tesis del «no había más remedio» tampoco se sostiene, como no se sostienen tantas otras tesis servidas como la última palabra de la historiografía *profesional.* Salta a la vista que Largo, Negrín y demás exageran mucho, para justificarse, los problemas encontrados por sus gobiernos en la banca y los países occidentales, los cuales, en todo caso, reconocieron al gobierno izquierdista hasta casi el fin de la contienda. Problemas en cualquier caso inferiores a los derivados de un sistema financiero cerrado y sin garantías como el soviético. Martín Aceña aclara bastante la realidad al respecto, y éste constituye el principal valor, pocas veces resaltado, de su libro. El Frente Popular pudo negociar con una gran cantidad de oro (unas 200 toneladas) depositada en Francia, en condiciones favorables y de simpatía oficial por parte de las autoridades galas. Y «los bancos franceses, a través de los cuales los agentes republicanos efectuaron los pagos relacionados con la compra de armas, nunca recibieron instrucciones para que obstaculizasen las transferencias o bloqueasen las cuentas. Tampoco al Ministerio de Finanzas o al Banco de Francia se les ocurrió entorpecer las operaciones del banco soviético en París (...) a través del cual operó Negrín cuando el oro ya estaba en Moscú».

En cuanto a Inglaterra, «como el Banco de España no se acercó a Londres a vender oro, ni tampoco Enrique Ramos o Juan Negrín buscaron créditos en la City, los británicos no se vieron obligados a adoptar una postura a favor o en contra de las operaciones financieras de los republicanos. Lo que sí sabemos es que durante los tres años que duró la guerra, ni el Tesoro británico ni el Banco de Inglaterra ejercieron presiones que pudieran dificultar las finanzas de la República en Londres (...). Que algunos bancos británicos (...) ayudaran abiertamente a Franco (...) o que otros (...) obstruyeran algunas operaciones de la República, no quiere decir que la City en su conjunto fuese hostil al gobierno de Madrid».

Y en Usa, «Fernando de los Ríos logró, con pasmosa facilidad, convencer a Henry Morgenthau, secretario del Tesoro, para que éste comprara varios miles de toneladas de plata de las reservas españolas». Ante ciertas presiones en sentido contrario, un alto funcionario del Tesoro aclaró que estaba obligado a adquirir la plata que se ofreciese en el mercado: «La plata es la plata.» Esta actitud, puramente pragmática, era seguramente la más común en la banca y los gobiernos occidentales *.

Así pues, la elección a favor de Moscú no fue una decisión a la desesperada, causada por una especie de boicot de las democracias, sino motivada ante todo por un sentimiento de afinidad con el sistema soviético. Sorprendentemente, casi todos los his-

* P. Martín Aceña, *El oro de Moscú y el oro de Berlín*, Madrid, 2001, pp. 45-46 y 150-151.

toriadores olvidan que, desde al menos el verano de 1933, la URSS gozaba de muy amplia admiración en el PSOE, cuya prensa difundía entre ditirambos los estupendos logros del régimen soviético, propuesto generalmente como modelo. La revolución de octubre de 1934, dirigida por Largo Caballero y Prieto, con participación menor, pero indudable, de Negrín, buscaba imponer en España la «dictadura del proletariado». El entusiasmo hacia la URSS caracterizaba al sector hegemónico del partido, el de Largo, y en menor medida al de Prieto. Sólo el grupo de Besteiro denunciaba aquella *manía* totalitaria.

La identificación con la URSS no hizo sino crecer desde que, a raíz de la revolución de julio del 36, los gobiernos democráticos mostraron una frialdad creciente hacia la «república» española, mientras, por contraste, Stalin otorgaba a ésta un cálido apoyo, moral al principio —pues esperaba y deseaba la implicación de las democracias en la contienda—, y práctico ocho semanas después. Cuando se tomó la decisión sobre el oro, Largo, Prieto y Negrín sentían una fuerte inclinación por Stalin. ¿Qué clase de historiografía puede hacerse olvidando tales cosas? Nada, pues, de «no había otro remedio»: era precisamente lo que querían. Las justificaciones y lamentos de Largo vinieron después, cuando fue presionado y finalmente defenestrado por los comunistas, y las de Prieto cuando le tocó el turno de pasar por lo mismo.

Negrín fue el principal artífice del embarque del oro para Odesa, en su condición de ministro de Hacienda y amigo personal de Stashefski, asesor comercial y agente del espionaje soviético. Este hecho le ataba a la política del Kremlin tan irreversiblemente como irreversible era el viaje del metal, y explica mejor que mil lucubraciones y citas parciales por qué se convirtió en el hombre de Moscú en España. Fue quien mejor comprendió que no había vuelta atrás.

No lo entendió tan bien Largo Caballero, igualmente comprometido por la misma operación, y que llegado un momento se rebeló, o, mejor, se debatió vanamente contra la tutela soviética. Largo fue al principio, el mayor partidario de la URSS. Stalin, en cambio, desconfiaba de su radicalismo, pues deseaba un régimen menos ostensiblemente revolucionario, capaz de atraer a las democracias a la hoguera española. No obstante, el auge del Partido Comunista después de la insurrección de octubre del 34 se debió en buena medida a su alianza con el *Lenin español,* y durante un tiempo la relación entre ambos partidos marchó como una luna de miel. Pero conforme la guerra avanzaba, Largo iba percatándose de que esa alianza socavaba su poder. Palpaba la creciente influencia comunista en la UGT, y le desazonaba la fusión de ambos partidos en Cataluña, en beneficio también de los comunistas. Pero sobre todo le encolerizaba la unificación de las juventudes socialistas —antes uno de los más robustos y firmes puntales del poder de Largo en el PSOE—, con unas juventudes comunistas muy inferiores en número pero que, de modo increíble, se habían apoderado de la organización única resultante. Con estos precedentes se entiende su disgusto ante las presiones del PCE y del Kremlin en pro de la unificación del PSOE y el PCE. Miralles difumina los hechos e, interpretando documentos sueltos, pretende hacer creer que la unificación, perseguida con tenacidad por el PCE desde octubre del 34, tenía importancia menor. La insistente denuncia de Largo al respecto vendría a ser una especie de paranoia…

También estaba el gobernante español muy angustiado ante la creciente influencia comunista en el ejército, desarrollada por medio de los comisarios políticos, los mandos y un incansable proselitismo. Esta era una estrategia absolutamente esencial para el Kremlin, muy consciente de que quien dominase el ejército dominaría el día de la victoria. Los comunistas podían aceptar dilaciones en la unificación con el PSOE, viendo verdes las uvas, pero en el ejército no estaban dispuestos a ceder un milímetro, y cuando Largo empezó a tomar medidas contra ellos, el encontronazo se hizo inevitable. Miralles señala que no fue Negrín, sino Largo, quien amparó la infiltración comunista, lo cual es cierto, pero también lo es que quiso rebelarse contra la «odiosa servidumbre». Rebelión patética y vana por cuanto era víctima de una situación creada por el mismo Largo. En apariencia, él representaba la fuerza más poderosa y organizada del Frente Popular, era el jefe legítimo de éste, y pensó además en resistir aliándose a la CNT, otra organización muy potente, mientras que el PCE era aún un partido secundario. Pura apariencia todo. El PSOE y la CNT juntos no podían afrontar una guerra cuya áurea llave estaba muy lejos de España, y los comunistas sabrían aprovechar a otros descontentos con el ex *Lenin español,* en particular Azaña. En abril de 1937 las tensiones habían llegado al borde de la ruptura, y aprovechando las secuelas de la sangrienta lucha de Barcelona entre las izquierdas a principios de mayo, fraguó una alianza entre el PCE, los socialistas de Prieto y los republicanos azañistas. Mediante una magistral intriga Largo salió despedido del poder, y Negrín le sucedió.

Como sabemos, Prieto y Azaña se percatarían pronto de su impotencia ante Negrín y el PCE, y harían amagos de rebelarse, más patéticos todavía que los del mismo Largo a quien habían ayudado a expulsar. Miralles descarta las denuncias, argumentos y documentos de uno y otros, y suscribe las tesis soviéticas. Con la misma delicadeza empleada hacia la «captación de recursos», describe así la infiltración del PCE, en referencia a los intentos de frenarla por parte de Prieto: «Para los comunistas todo esto significaba una despolitización del ejército, que consideraban perjudicial.» ¡Y tan perjudicial... para el dominio comunista de la institución decisiva del poder! El fracaso de Prieto y su expulsión del gobierno, como antes había ocurrido con Largo, dan buena prueba de quiénes tenían el poder auténtico.

Para Miralles, como para la propaganda del PCE, las alegaciones de los descontentos carecen de valor. El único problema real estribaba en la conducción de la guerra. Los métodos de Largo y luego los de Prieto, arguyen, llevaban a la derrota y facilitaban los manejos de los traidores. ¡Cómo iban a ganar así la «República» y la «democracia», en cuyo triunfo tan interesados estaban todos! El PCE, tan escandalizado por la línea militar de Largo, desató en su momento una dura campaña de descrédito contra él, criticando las derrotas; y sobre todo aprovechó la caída de Málaga para acusar de traición al principal consejero militar del líder socialista, el general Asensio, inmune a las zalemas comunistas, provocando su destitución y proceso. ¿Qué había de verdad en esas críticas? El general fue absuelto, lo cual ya no tuvo trascendencia política alguna, una vez eliminado del mando.

En cambio bajo Negrín, que nunca planteó problemas a la línea comunista, aquellas feroces campañas denunciando las derrotas y exigiendo responsabilidades cesaron por completo. Como señalaba el despechado Largo, ello no podía deberse a las victorias, pues no hubo una sola, salvo la efímera conquista de Teruel, mientras que él podía jactarse, al menos, de que bajo su dirección habían sido vencidos los italianos en Guadalajara y contenido Franco en sus sucesivas embestidas contra Madrid. Después, Franco ya no sería contenido nunca más. No quiero decir con esto que realmente habría ocurrido algo distinto si Largo Caballero hubiera continuado en el poder, ni negar la evidencia de que el nervio del ejército fueron los comunistas. Lo que sí resulta indudable es que las campañas contra Largo y más tarde Prieto, y la eliminación política de ambos, no se debieron a la conducción militar, sino a los obstáculos que ellos ponían a la hegemonía comunista en el ejército. Miralles, una vez más, no percibe la diferencia.

Hay, además de lo visto, un error elemental de perspectiva en Miralles, cuando pretende mostrar una relación por así decir de iguales entre Negrín y los comunistas, o incluso de superioridad del primero. Negrín dependía, como todo el Frente Popular, del «oro de Moscú». Subió al poder mediante una intriga que unía a republicanos, socialistas de Prieto y comunistas, pero ese triple apoyo no deja de ser un espejismo. Los republicanos no pintaban más de lo que los revolucionarios quisieran concederles, y basta la lectura de los diarios de Azaña para comprender hasta qué punto era así. Y los socialistas de Prieto tenían muy poca fuerza real. El PCE recurrió a ellos por conveniencias tácticas, ya que una de sus obsesiones durante toda la guerra fue enmascarar su poder bajo capa de una coalición «democrática»...

Así, no tardaron mucho Azaña y Prieto en entender dónde estaban, y en intentar maniobras de más o menos envergadura contra Negrín. Pero Azaña fue intimidado, y Prieto despedido, sin poder intentar siquiera las resistencias que Largo había llevado a cabo tras su eliminación del poder (y que fueron drásticamente reprimidas). Los verdaderos apoyos de Negrín, sin los cuales él se habría hundido de inmediato pese a la energía y carácter que le distinguían, eran los comunistas. Ellos eran la auténtica fuerza, la columna vertebral del Frente Popular, el partido agente de Stalin sin el cual la guerra habría terminado mucho antes.

En resumen, la situación puede entenderse así: Largo, Prieto y Negrín crearon la «odiosa servidumbre» de cuyos lazos quisieron desprenderse tardía y vanamente los primeros, mientras Negrín, más realista, los aceptó con todas sus consecuencias.

Negrín y las víctimas de la guerra

Con lo visto, queda poco por añadir. Los historiógrafos de la línea de Miralles suelen afirmar con indignación que Franco alargó deliberadamente la guerra. Sin embargo eso es muy poco probable.

Los hechos observables indican que Franco intentó resolver la guerra mediante la toma de Madrid, y estuvo a punto de lograrlo en sólo cuatro meses, viéndose frustrado a causa de la intervención soviética. Luego debió admitir que la victoria sería ardua y no llegaría de la noche a la mañana. Además, tenía necesidad de crear un verdadero ejército y un nuevo estado. Los italianos y los alemanes le hicieron a veces críticas por su aparente lentitud, pero fueron ellos quienes erraron con más frecuencia en sus estimaciones sobre el conflicto español.

A Franco le convenía, visiblemente, terminar lo antes posible. Tenía posibilidades de ganar si el conflicto español quedaba aislado, pero muchísimas menos, casi ninguna, si Francia invadía el país en el contexto de una guerra general. Y ésta se acercaba con rapidez. Él era muy consciente de ese riesgo, contra el que muy poco podía hacer, salvo acelerar su propia contienda, y es muy probable que decisiones como la de librar la batalla del Ebro lejos de la frontera francesa, en lugar de contraatacar por Cataluña, respondieran a esa prevención.

A quien convenía alargar la lucha era precisamente a Negrín, y por las mismas razones que a Franco le perjudicaba. Son bien conocidas y no hará falta reproducirlas aquí, sus apelaciones a una resistencia empecinada con vistas a soldar la guerra civil con la mundial. Llegado un momento, ese fue el eje de toda su política, y con motivo de la ofensiva de los nacionales hacia el Mediterráneo, en marzo-abril de 1938, solicitó la intervención de cinco divisiones francesas. Una vez más, si admitimos la versión propagandística de un conflicto entre fascismo y democracia, Negrín tenía razón frente a sus críticos izquierdistas, empezando por Azaña: la única esperanza de salvación de la «república» residía en enlazar con la guerra mundial. Claro que esa salvación, como en el caso del envío del oro a Rusia, suponía una perdición para el conjunto de los españoles *.

Según la historiografía tipo Miralles, la imaginaria prolongación de la guerra por Franco obedecía al designio de aumentar el terror y el número de víctimas, a fin de poder luego imponerse y gobernar sin oposición. Esos historiadores exhiben una plausible sensibilidad y preocupación por las víctimas, pero tenemos derecho a dudar de tan profundos sentimientos cuando ellos se desvanecen ante las víctimas de una eventual entrada de España en la guerra mundial, que habría multiplicado fácilmente por dos o tres el coste en sangre, o ante las causadas efectivamente por una resistencia finalmente sin salida. ¿Cuántos muertos se deben a esa política? ¿Cuántos a la prolongación de la lucha después de la batalla de Madrid? Estos terribles costes no impresionan lo más mínimo a Preston o a Miralles, que, en función del objetivo de vencer al franquismo pasan por alto —como Negrín— cualquier sacrificio... ajeno, naturalmente.

¿Y cuántas víctimas más habría causado la política comunista-negrinista después de la campaña de Cataluña, en febrero de 1939? Entonces quedó todavía a las izquierdas la zona centrolevantina, muy extensa y con más de medio millón de hombres en armas y considerables recursos económicos. No podía descartarse una resistencia de cierta duración. Desde luego, Franco disfrutaba de una superioridad militar abrumadora, y podría haber-

* Y salvo por el detalle, que ninguno de ellos podía imaginar siquiera, de que Stalin buscaba ávidamente el entendimiento con Hitler. Si la resistencia hubiera llegado hasta septiembre de 1939, Negrín se habría encontrado, probablemente, en el campo enemigo de las democracias (el Partido Comunista francés jugó un papel pronazi durante la invasión alemana), mientras el previsor Franco ya había anunciado en otoño de 1938 su neutralidad en caso de guerra europea. Por todo ello, las esperanzas puestas en la guerra mundial por Negrín no pasaban probablemente de ser un espejismo.

la aprovechado para una campaña de exterminio. Así lo habría hecho si respondieran a la verdad los retratos que de él trazan Preston y otros, como hombre sediento de sangre. ¿Cuánta gente habría caído en una campaña así, sin escapatoria posible para los izquierdistas, salvo la muy precaria del mar? Nunca antes se había presentado a los vencedores una situación mejor para una matanza de ingentes proporciones.

Sin embargo, la realidad histórica es que Franco prefirió esperar, mientras la retaguardia enemiga se descomponía. Los aliados de Negrín decidían por fin sublevarse contra una política que consideraban una locura beneficiosa sólo para los comunistas. Estalló entonces una segunda guerra civil dentro del Frente Popular, y hubo cientos o miles de muertos, pero incomparablemente menos que en una resistencia a ultranza como la preconizada por Negrín. Tiene algo de simbólico el hecho de que las últimas víctimas procedan del enfrentamiento entre las propias izquierdas.

7

LOS CRÍMENES DE LA GUERRA CIVIL *

Como en otros aspectos, el de los crímenes de la guerra española hay que inscribirlo en la corriente general del siglo XX. Suelen considerarse crímenes de guerra los ataques deliberados a la población civil, los asesinatos de retaguardia, el exterminio de prisioneros, el uso de armas de acción indiscriminada y especialmente destructiva, etc. Este siglo ha alcanzado probablemente las cotas más altas de la historia en criminalidad de guerra, y ya se estrenó con la invención de los campos de concentración, organizados por los británicos durante la guerra de los bóers. En ellos se encerró a miles de mujeres y niños, tras ser despojadas sus familias de sus bienes y a menudo incendiadas sus casas. La mortandad por maltrato y agotamiento fue elevada y alzó una ola de indignación en Europa, indignación que no iba a impedir un próspero y tétrico futuro para tales campos. Muy grosso modo, la proporción de bajas civiles respecto de las militares ofrece un buen indicio de la magnitud de esos crímenes —aun si no todas las bajas civiles son efecto de crímenes y sí lo son muchas militares—. Así, suele estimarse que de la Primera a la Segunda Guerra Mundial

---

* Análisis del libro *Víctimas de la guerra civil,* coordinado por Santos Juliá (Madrid, 1999). Publicado (el análisis) como apéndice de *El derrumbe de la república y la guerra civil.*

el porcentaje de víctimas civiles creció de acaso un 20 por ciento a un 50 por ciento o más, y ha seguido aumentando en las guerras subsiguientes, como las de Argelia, Vietnam, etc.

Los sucesos de la guerra española deben contemplarse en este marco histórico, si bien con rasgos especiales. Aquí hubo pocas víctimas civiles de bombardeos, o prisioneros exterminados por hambre y brutalidades. En cambio fue muy alto el número de asesinatos por motivos ideológicos.

Los bombardeos terroristas sobre la población civil repugnan especialmente, por implicar poco riesgo y aniquilar sobre todo a niños, mujeres, ancianos y varones no movilizados. Un tópico archirrepetido presenta la contienda española como el ensayo sistemático de este tipo de crimen, pero las cifras no autorizan tal presunción: unos 15.000 civiles muertos en casi tres años y en centenares de acciones, tanto por accidentes como por ataques deliberados. El máximo de víctimas en un solo ataque (unas 800) correspondió a Barcelona, al caer una bomba sobre un camión de municiones, que magnificó la explosión *.

Contra lo que suele decirse, fue el Frente Popular el iniciador de estos bombardeos, de los cuales se jactó en numerosos partes de guerra, siendo Oviedo y Huesca las ciudades más masacradas. El mando franquista los prohibió, aunque no siempre. Pese a ello, los populistas denunciaron a todos los vientos los bombardeos nacionales, con el eco de escritores tan influyentes como Hemingway, sobre todo durante la batalla de Madrid, exagerando de manera escandalosa sus efectos **.

---

* R. Salas Larrazábal, *Los datos exactos de la guerra civil*, Madrid, 1980, p. 310.

** Durante la batalla de Madrid, en noviembre de 1936, «Franco ordenó un ensayo de actuación desmoralizadora de la población mediante bombardeos aéreos», desistiendo a los diez días, según el jefe de la aviación nacional, Kindelán. En todo noviembre los bombardeos causaron en Madrid 312

Guernica marcó otro hito, más que por los muertos —unos 120, como prueba la investigación, no superada, de Jesús Salas Larrazábal—, por su efecto internacional. Habitualmente se citan para Guernica trece y hasta treinta veces más víctimas de las reales, siguiendo a la prensa conservadora inglesa, que buscaba, probablemente, impresionar a la opinión pública británica, influida por el pacifismo laborista, para que aceptase la necesidad del rearme frente a Alemania *. No obstante, algunos historiadores pasan arbitrariamente por alto la investigación de Salas, y ofrecen datos sin base alguna, como el de 1.600 muertos que da Avilés Farré, todavía en 1996. No hubo, como afirmó la propaganda, el propósito de destruir los edificios simbólicos de la tradición vasca, que ni fueron atacados ni sufrieron daños, pese a haber situado el PNV, imprudentemente, cuarteles en sus cercanías.

---

muertos. Ejemplos de partes populistas: «La aviación y el intenso fuego de artillería sobre la ciudad de Oviedo aumenta por horas la desmoralización de los sitiados y de la población civil» (5-9-1936). «En las primeras horas de la mañana se ha iniciado un terrible fuego sobre Oviedo (...) cuyos efectos pueden apreciarse a simple vista» (8-9-1936). «La aviación republicana ha bombardeado Córdoba y Granada» (12-9-1936). Y así otros muchos, incluyendo Teruel, Huesca, etc. Constan, por el bando contrario, una instrucción de 6-1-1937: «Cuando se bombardeen objetivos militares en las poblaciones o próximos a ellas, se cuidará de la precisión del tiro, con objeto de evitar víctimas en la población no combatiente.» De 10-5-1937 es este telegrama: «Por indicación del Generalísimo (...) no deberá ser bombardeada ninguna población abierta y sin tropas o industrias militares, sin orden expresa del Generalísimo o del General Jefe del Aire.» Otra instrucción del 28-3-1938: «En lo sucesivo (...) no se efectuarán bombardeos del casco urbano de poblaciones sin una orden expresa de la Jefatura del Aire.» La reiteración de la orden obedece a los bombardeos de Guernica, en abril de 1937, y de Barcelona, en marzo del 38, realizados por alemanes e italianos al margen de las instrucciones del mando franquista, que corrigió tales hechos.

* J. Salas Larrazábal, *Guernica*, Madrid, 1987, pp. 163 ss., 263 ss.

Al principio, la prensa vizcaína se abstuvo de reproducir las exageraciones difundidas en Inglaterra y Usa, hasta que el gobierno de Aguirre comprendió su utilidad propagandística. La estudiosa P. Aguilar recoge, sin crítica y olvidando a Salas, la versión de que el bombardeo trataba de destruir los símbolos de las libertades vascas y tuvo que ver con la crueldad de Franco. ¿En qué grado de crueldad clasificaría, para ser coherente, a Churchill, Roosevelt o Truman? Los franquistas achacaron el incendio de Guernica a sus enemigos, falsedad que apenas fue creída, aunque se apoyaba en los precedentes de Irún y Éibar, donde los populistas en retirada incendiaron buena parte de las localidades. A. Viñas ha hecho consideraciones muy elaboradas sobre la responsabilidad que pudo caber a las autoridades franquistas —que no habían autorizado el bombardeo—, pero olvida mencionar la cifra de víctimas, aunque conoce el estudio de Salas, que cita secundariamente. Lamentablemente Viñas no extiende su indignación a las responsabilidades por los bombardeos de Oviedo o Huesca.

Estos hechos no admiten comparación con los bombardeos terroristas de la Segunda Guerra Mundial, en los que destacaron norteamericanos e ingleses, mitificadores, por paradoja, de Guernica. Ambos multiplicaron casi por mil la mortandad de Guernica en sus gigantescas incursiones aéreas sobre Tokio, Dresde o Hamburgo, y lanzaron decenas de otras acciones de exterminio contra poblaciones, aparte de las dos bombas atómicas sobre Japón. Si bien el método lo iniciaron los nazis, es cierto que éstos encontraron discípulos muy aventajados, y que los useños no pueden alegar el argumento inglés sobre quién empezó.

Otro crimen típico fue el asesinato de presos y prisioneros. El más masivo se realizó en Paracuellos del Jarama, durante la batalla de Madrid, y también fue muy sangrienta la represión en Badajoz, aunque hay pocas dudas de la falsedad de la leyenda de la matanza en la plaza de toros, con banda de música y toreo de prisioneros. La versión más difundida fue la del periodista useño Jay Allen, un incondicional del Frente Popular y verdadero agente de su propaganda, ausente de la ciudad por aquellos días y que inventó numerosos detalles escabrosos. La sensibilidad de Allen por la matanza que no presenció, desaparecía ante las que sí pudo comprobar en el bando de sus preferencias. Ricardo de la Cierva sugiere, razonablemente, que el reportaje de Allen fue elaborado para contrarrestar la impresión mundial causada por la matanza de presos en la cárcel Modelo madrileña.

En los campos de concentración de ambos bandos durante el conflicto, y en la inmediata posguerra, menudearon los malos tratos y la escasa alimentación, ocasionando un número de muertos difícil de evaluar, quizá entre diez y veinte mil. Estas atrocidades tampoco llegan a ser un verdadero precedente de lo ocurrido durante la guerra mundial, cuando masas de prisioneros fueron eliminadas por hambre, tratos brutales y trabajo agotador. Suele calcularse que los alemanes acabaron así con entre dos y cuatro millones de prisioneros soviéticos, y los soviéticos con dos millones de alemanes. Tema apenas tratado ha sido el del exterminio de prisioneros en los campos franceses y useños, cuidadosamente ocultado durante años y desvelado por el historiador canadiense James Bacque, con documentación convincente, en su libro *Other losses.* La cifra de prisioneros así aniquilados, en terribles condiciones, podría pasar del millón, muchos más que todos los muertos por todas las causas en la guerra de España *.

---

* En un almuerzo durante la Conferencia de Teherán, en 1943, Stalin anunció su intención de fusilar a 50.000 oficiales alemanes (de hecho, ya había hecho tal cosa con los polacos después de repartirse su país con Hitler, al comienzo de la guerra mundial). Churchill replicó: «Preferiría que me sacaran ahora mismo al jardín y me fusilasen antes que manchar mi honor y el

Tampoco tiene parangón en España el asesinato de entre cuatro y seis millones de judíos, además de gitanos y otros, en los campos de concentración de Hitler. Crimen que en rigor no fue de guerra, pues ni los judíos ni las otras minorías habían declarado la guerra a Alemania. Se trató de uno de los genocidios más espeluznantes de la historia, hijo de la razón ideológica.

---

de mi país con semejante infamia.» Roosevelt, en plan complaciente, sugirió dejarlo en 49.000, y el hijo de Roosevelt brindó por la muerte «no sólo de esos 50.000 nazis, sino de cientos de miles más». Stalin, encantado, le abrazó. Churchill, fuera de sí, abandonó la sala. Stalin fue a buscarle y, conciliador, le dijo que se trataba de una broma. El inglés estaba seguro de que hablaba en serio.

La realidad fue peor. Eisenhower, jefe supremo aliado en Alemania y futuro presidente de Usa, condenó deliberadamente a muerte a cientos de miles de prisioneros, incluyendo a bastantes civiles, ancianos, mujeres y niños, hacinándolos entre alambradas, sin cobertizos ni apenas agua, alimentos o ropas de abrigo. El espectáculo, según diversos testimonios, recordaba el de los campos nazis de Belsen o Dachau. El general Patton dijo que su jefe usaba «prácticamente los métodos de la GESTAPO.» La periodista D. Thompson acusó: «Al adoptar los principios y métodos de Hitler, Hitler ha terminado por ganar, aunque hayamos vencido a Alemania.» Muchos campos franceses presentaban el mismo aspecto y mortandad. Por contraste, el trato de los británicos fue, salvo excepciones, acorde con la convención de Ginebra (J. Bacque, *Morts pour raisons diverses*, Mesuil-sur-L'Ystrée, Sand, 1990, pp. 27-28, 183 y 189). Es difícil atribuir estos hechos a indignación o venganza por el trato alemán, mucho mejor a los prisioneros aliados, y tampoco por el genocidio judío, que los aliados contribuyeron muy poco a impedir. *The Economist* del 17 de julio de 1999 reseñaba otro libro, *An intimate history of killing*, por Joanna Bourke, que menciona «orgías de violaciones y asesinatos» practicadas por las tropas useñas en Alemania. Como es sabido, la propaganda soviética llegó a incitar a sus soldados a matar alemanes y violar a sus mujeres (se ha dicho que los rusos las violaban y los norteamericanos las prostituían). La actitud rusa, con todo, resulta en cierto modo más explicable, dados los extraordinarios sufrimientos ocasionados en Rusia por los nazis.

El crimen practicado con preferencia en España fue el asesinato de enemigos políticos en la retaguardia, una «limpia», como se la llamó, hecha con saña por uno y otro bando. El tema, especialmente siniestro, conserva en parte, aún hoy, el carácter polémico y confuso que le prestó la propaganda. Ese terror dio a los contendientes una poderosa argucia para descalificar al adversario como esencialmente criminal, y para aplicarle la misma represalia. Y volvió más tenaz la lucha, por la seguridad de que quien venciese ejecutaría una cumplida venganza. Prieto lo anunció tres días antes de la sublevación: «Será una batalla a muerte, porque cada uno de los bandos sabe que el adversario, si triunfa, no le dará cuartel.» * Es evidente que se trató de una explosión de odio ideológico, acumulado desde muy pronto en la república, y especialmente desde el año 1934, cuando se sublevaron el PSOE y los nacionalistas catalanes de izquierda, y más todavía en los meses siguientes a las elecciones del 36, como hemos visto.

En ese ambiente, cada parte exageró sin tasa la barbarie del contrario. Al final de la guerra, Franco creía que sus enemigos habían sacrificado a 400.000 personas. La investigación posterior, la «Causa general», bajó el número a 86.000, para decepción de quienes deseaban mayor excusa para su ansia vengativa. Y aún había de bajar más, pues muchos nombres aparecían repetidos en varios registros. Pero en cuanto a exagerar, los *republicanos* superaron a sus contrarios. Todavía en un libro publicado en 1977, el socialista Vidarte, uno de los organizadores de la sublevación de 1934 contra el gobierno democrático, considera «quizá» exagerada la cifra dada por el novelista R. Sender de 750.000 ejecuciones de izquierdistas hasta mediados del 38, y atribuye 150.000 a Queipo de Llano en parte de Andalucía sólo hasta principios de dicho año, o suma 7.000 en Vitoria (ciudad de 43.000 habi-

---

* *El Liberal,* Bilbao, 14-6-1936.

tantes). Si fuera cierto, los nacionales habrían matado a no menos de un millón de izquierdistas, incluyendo 200.000 en la posguerra, cuentas que darían visos de realidad a la propaganda del Frente Popular, según la cual Franco planeaba exterminar literalmente a los trabajadores. En 1965 Jackson no dudaba en cargar 400.000 muertes a la represión franquista, aunque posteriormente las redujo a la mitad. Tamames hablaba, en 1977, de 208.000. Preston, en su biografía de Franco, de 1993, repetía el bulo de las 200.000 ejecuciones sólo en la inmediata posguerra. Estas desmesuras, típica arma de propaganda bélica, pierden toda justificación en la paz, salvo que se pretenda alimentar un espíritu de guerra civil *.

En ese maremágnum empezó a poner orden, en 1977, Ramón Salas Larrazábal, el primero en abordar de forma seria el asunto, apartándolo de la propaganda e introduciéndolo en la historiografía. En su concienzudo estudio *Pérdidas de la guerra,* Salas empieza metódicamente por demostrar la inconsistencia de los cálculos vistos, y de otros aportados por historiadores franceses. Calcula luego la magnitud global de la mortandad en la guerra, mediante un detenido análisis de las estadísticas demográficas y teniendo en cuenta las deficiencias del censo de 1940. Esta aproximación global tiene el mayor interés, pues marca ciertos límites máximos y descarta numerosas fantasías. De otro modo sólo sería posible acumular testimonios documentales, orales, rumores, etc., con obvia imposibilidad de comprobarlos fehacientemente **.

---

* R. Salas, *Los fusilados en Navarra en la guerra civil*, Madrid, 1983, p. 13; J. S. Vidarte, *Todos fuimos culpables*, Barcelona, 1978, p. 418; G. Jackson, en R. Salas, *Pérdidas de la guerra*, Barcelona, 1977, p. 116; R. Tamames, *La República. La era de Franco*, Madrid, 1977, p. 323.

** El historiador Pierre Vilar desconfía de los testimonios orales: «Tres aragoneses me brindaron respectivamente, como balance de las ejecuciones en Zaragoza, tres fusilados, 10.000 víctimas, ¡por lo menos 30.000!» (P. Vilar, *La guerra civil española*, Barcelona, 1986, p. 151). No obstante, este pésimo método

Según las diferencias de población, las víctimas de la guerra debían ascender a unas 625.000, incluyendo las causadas por combates, represión, enfermedad, ejecuciones de posguerra, *maquis* y participación en la Segunda Guerra Mundial. Si excluimos las de posguerra (159.000 por enfermedad, 23.000 por ejecuciones y 10.000 por el *maquis* y la guerra mundial), la cuenta se reduce a 433.000. De éstas, 165.000 se deben a enfermedades, con lo que las muertes violentas sumarían unas 268.000. Computados con bastante seguridad los caídos en combate (cerca de 160.000), quedan las víctimas de la represión, que rondarían las 108.000. Cifras aproximadas, pero orientadas correctamente, incomparablemente más correctas que las hasta entonces manejadas. Salas, pues, introdujo la cuestión en el ámbito del debate racional.

En 1964, Jesús Salas, hermano del anterior, hizo una investigación de la sobremortalidad masculina, mediante análisis comparativos de los decenios 1930-40 y 1940-50. Puesto que las víctimas femeninas directas de la guerra fueron escasas, debía obtenerse así una buena aproximación al total de muertos. El resultado coincide *grosso modo* con los datos más precisos de su hermano Ramón: un cuarto de millón de víctimas varones. De ellas, J. Salas estima en 165.000 los caídos en combate y 85.000 los represaliados. La semejanza de cifras logradas con métodos distintos es un indicio a favor de la corrección de ambos *.

---

es aplicado con frecuencia. Tengo experiencia sobre el influjo de la propaganda en la memoria de muchos testigos. En una conferencia que di en el Ateneo madrileño acerca de la batalla de Madrid, al citar la presencia de tanques y aviones rusos, dos de los presentes se levantaron airados, asegurando que no había habido tal cosa, pues los *republicanos* apenas disponían de unos pocos fusiles. ¡Ellos habían vivido aquellas jornadas y podían dar fe! También han sido típicas de años recientes las personas que, sin haber movido un dedo contra el franquismo, «recordaban» de pronto hazañas que habrían protagonizado en manifestaciones estudiantiles, etc. La memoria engaña a menudo, incluso sin intención.

* R. Salas, *Pérdidas…*, pp. 139-140.

En cuanto a la distribución de las ejecuciones y asesinatos, Salas estima en 72.500 los realizados por el Frente Popular, y 58.000 por los franquistas (incluyendo los 23.000 de la represión de posguerra). Otro dato es que el 95 por ciento de los muertos serían varones, salvo en la Barcelona izquierdista, donde la proporción femenina más que dobló la normal en el resto de la zona populista: 13,05 por ciento frente a un 6,32 en Valencia. La proporción sería menor aún en la zona nacional.

Salas funda estos datos en los del Movimiento Natural de la Población y en un muestreo de los registros municipales. Para ello supuso que todas las víctimas habían sido registradas (muchas de ellas con bastantes años de posterioridad al conflicto), y que las inscripciones en los registros habían sido hechas de manera correcta. Estos supuestos han sido severamente criticados por varios autores, pero no parece fácil que las críticas alteren el valor fundamental de *Pérdidas de la guerra* *.

---

* Se ha aducido que muchas víctimas de la represión franquista están registradas con causas de muerte ficticias, como en el caso de García Lorca, cuya defunción atribuye el registro a «hecho de guerra». También se cita el caso de 150 ejecutados por los populistas y fallecidos oficialmente por «anemia aguda». Según Salas, esta crítica nace de un desconocimiento de las reglas registrales, que suelen exponer las causas clínicas de la muerte, y no las circunstancias de ella, por ley de 1870, cuyo objeto es salvaguardar la intimidad y el honor de los individuos. Esta regla obliga a un esfuerzo de interpretación de los registros, que Salas considera casi siempre factible. También se ha dicho que la mayoría de las víctimas del franquismo no se habrían inscrito nunca, por temer represalias sus familiares. Salas descarta esa crítica, señalando las facilidades registrales ofrecidas años después de la contienda, cuando ya no eran de temer represalias, y que fueron aprovechadas por numerosas personas. Además, el historiador hizo un estudio especial sobre Navarra, donde según él los nacionales habían fusilado a algo menos de un millar de personas, que multiplicaban por quince los historiadores nacionalistas próximos a ETA, y por ocho o nueve los del PNV, cifra esta última acogida sin crítica por autores más serios. Otros se han visto

Aun si las cifras de Salas hubieran de ser corregidas con cierta amplitud, no hay duda de que su investigación introducía por primera vez, como hemos dicho, el rigor científico en cuestión tan vidriosa. Ahora bien, este decisivo mérito, a cuyo reconocimiento obliga la honradez intelectual, ha sido despreciado en bastantes medios, proclives, en cambio, a creer fantasías que apoyen sus ideas previas. De lo vivas que en esos medios continúan las pasiones da idea la acogida a *Pérdidas de la guerra,* obra silenciada en lo posible o atacada con lenguaje reminiscente de las viejas contiendas, impidiéndose al autor la réplica en ciertas publicaciones *. Parece que la guerra no acaba de entrar en el campo del estudio desprejuiciado y sereno.

Así las cosas, en 1999, veintidós años después del libro de Salas, ha salido otro, intensamente promocionado, de los estudiosos Julián Casanova, Josep María Solé, Joan Villarroya y Francisco Moreno, coordinados por Santos Juliá y titulado *Víctimas de la guerra civil* (aunque trata sólo las de la represión). Vale la pena compararlo con el anterior para constatar cómo no siempre el paso del tiempo mejora la historiografía.

---

obligados a multiplicarla «sólo» por tres. La investigación de Salas ratificó sus cifras originales, con ligeras correcciones. Sin embargo algo de razón hay en esta crítica, pues tras la muerte de Franco se produjeron nuevas inscripciones, aunque ni de lejos la riada de ellas que suponían los adversarios de Salas.

* Por ejemplo, la revista barcelonesa *Destino*, que pasaba por imparcial y seria, le impidió contestar en igualdad de condiciones al escritor Carlos Rojas, que en un artículo le atacaba desvirtuando sus argumentos. «Resultaba descorazonador que quienes acogían con fe de carbonero las cifras aireadas por el rumor, el rencor o el revanchismo, fueran tan puntillosos a la hora de enjuiciar un trabajo con firme apoyatura documental y rigor científico», lamenta Salas (en *Los fusilados...*, pp. 19-20). Este historiador, indudablemente uno de los mejores entre quienes han tratado la guerra, simplemente «no existe» en muchos ámbitos universitarios.

Las tesis básicas de *Víctimas...* son:

a) El terror desplegado por el Frente Popular fue una respuesta al de los sublevados.
b) Fue un terror popular y en gran medida espontáneo.
c) Su responsabilidad última y definitiva recae sobre los franquistas, que lo provocaron al alzarse contra la legalidad republicana y democrática.
d) Las víctimas del franquismo fueron muchas más (en torno al triple) que las causadas por la *república*.

Estos asertos, nada nuevos, son, precisamente, los de Vidarte, elaborados por la propaganda *republicana* ya durante la guerra. De ser veraces, la represión populista tendría toda clase de atenuantes —en rigor, no podría hablarse de crímenes, sino de excesos—, mientras que la represión contraria cargaría con todos los agravantes posibles. Sin embargo, el examen de los hechos muestra una realidad algo diferente.

¿Fue el *republicano* un terror de respuesta, como asegura *Víctimas...*? J. Casanova lo expone así: «Para respuesta brutal la que se dio contra los militares sublevados que fracasaron en su intento, y a quienes se consideraba responsables de la violencia y la sangre que estaba esparciéndose por ciudades y campos de la geografía española.» * La tesis tiene suma importancia, pues claro está que a quien se ve agredido y con su vida en inminente peligro, no puede exigírsele un ánimo tranquilo y ponderado, sino admitir que reaccione con lógica y justificable furia. Pero, como creo haber dejado claro en este libro (*El derrumbe de la II República y la guerra civil)*, el terror frentepopulista tenía unas raíces propias y nada debía a las violencias franquistas. Fue practicado ya desde

* S. Juliá y otros, *Víctimas...*, p. 68.

1933, y sobre todo en 1934 y después de las elecciones de 1936, y nacía de una propaganda que cultivaba abiertamente el odio como una imprescindible virtud revolucionaria. Ya hemos visto el papel crucial que desempeñó la campaña sobre la represión en Asturias, eje de la política de las izquierdas hasta las elecciones de 1936 y aun después. Si el terror populista respondió a algo, fue precisamente a esa propaganda martilleante, y Besteiro sabía de qué hablaba al prevenir contra aquellas prédicas que, a su entender, «envenenaban» a los trabajadores y preludiaban la matanza. Un estudio que olvide estas cosas queda privado de cualquier rigor o de simple seriedad.

De hecho, las izquierdas comenzaron textualmente la guerra civil en octubre de 1934 y con todas sus consecuencias, aunque fracasaran entonces (al precio de 1.400 muertos). El odio volvió a manifestarse en la primera mitad de 1936 en forma de constantes asesinatos, en su mayoría cometidos por los populistas, y en la destrucción de iglesias, obras de arte, asaltos a locales y prensa conservadora, etc., no correspondidos por las derechas. Al estallar la guerra y derrumbarse los restos de legalidad republicana debido al reparto de armas a los sindicatos, ese ambiente se transformó en terror masivo, y la ola de incendios y asesinatos por parte de las izquierdas comenzó el mismo 19 de julio, sin aguardar noticias de la represión en el campo contrario. Los dos bandos actuaban, ante todo, porque consideraban llegada la hora de una «limpieza» definitiva. El terror ha sido un rasgo acentuadísimo en todos los países y momentos en que se han desatado revoluciones obreristas o jacobinas, y España no fue excepción.

En cuanto a la derecha, el examen de su prensa y documentación a lo largo de la república, no muestra, ni en intensidad ni en sistematicidad, una comparable incitación al odio. Parece más veraz, entonces, sostener que si hubo terror «de respuesta» fue más bien por parte de las derechas, que durante cinco años habían soportado infinidad de agresiones y asesinatos sin apenas respuesta (los atentados de la Falange, muy pocos relativamente, lo fueron también en respuesta a los que dicha organización sufrió previamente del bando contrario).

También alentó estas conductas la creencia —que ahuyentaba los escrúpulos— en una pronta derrota de los nacionales. Como por entonces escribía Araquistáin a su hija, «la victoria es indudable, aunque todavía pasará algún tiempo en barrer del país a todos los sediciosos. La limpia va a ser tremenda. Lo está siendo ya. No va a quedar un fascista ni para un remedio» *. Idea sin duda muy generalizada. La euforia, o al menos despreocupación por estas cosas estaba muy extendida entre los dirigentes. Cuenta Vidarte: «Cuando le dije [a Companys] que hacía el viaje acompañado de un fraile, soltó la carcajada: "De esos ejemplares, aquí no quedan."»

El carácter «popular» de la represión *republicana* tiene similar valor propagandístico, y nulo historiográfico: el lector tiende a alinearse instintivamente con «el pueblo», aunque sea un «pueblo en armas», como reza un epígrafe de Casanova. Así, los crímenes izquierdistas constituirían una especie de «justicia popular», justicia histórica, acaso irregular y brutal, pero explicable y en definitiva justificable, máxime si replicaba a fechorías contrarias. Esta idea, que empapa el libro citado, la exponen francamente en otro lugar dos de los autores, J. Villarroya y J. M. Solé: «La represión ejercida por los jornaleros y campesinos, por trabajadores y obreros, y también por la aplicación de la ley entonces vigente, era para defender los avances sociales y políticos de uno de los países con más injusticia social de Europa. Los muchos errores que indudablemente se cometían, pretendían defender una nueva

* L. Araquistáin, *Sobre la guerra civil y la emigración*, Madrid, 1983, p. 22.

sociedad. Más libre y más justa. La represión de los sublevados y de sus seguidores era para defender una sociedad de privilegios.» * Estas frases renuevan el tono bélico, aunque mencionen «errores», muy comprensibles dadas las circunstancias. De ahí a gritar: «¡Bien por el terror contra los opresores!» no media ni un paso, pues la conclusión está implícita.

Estos enfoques demuestran mucho sobre la honradez intelectual que quienes los emplean. Los revolucionarios no defendían avances sociales y políticos, o una sociedad «más libre y más justa». En los países donde triunfaron los correligionarios de los frentepopulistas españoles, la población perdió cualquier libertad y derecho, sometida al poder omnímodo de una casta burocrática dueña de un estado policial. Que España fuera «uno de los países con más injusticia social de Europa», es afirmación muy discutible, pero de lo que no hay duda es de que el remedio propuesto por los revolucionarios era mucho peor que la enfermedad, si de libertad, justicia y riqueza hablamos. Solé y Villarroya tienen derecho a preferir remedios tales, pero no tanto a invocar en su beneficio la libertad y la justicia.

Y no menos siniestra es la identificación que hacen ambos autores entre el pueblo y las minorías de sádicos y ladrones (los crímenes solían acompañarse de robo) que al hundirse la ley obraron a su antojo. Esta no es precisamente una falsificación menor. Ejercieron el terror supuestamente popular los partidos y sindicatos, y dentro de ellos sujetos politizados y fanáticos, y también delincuentes comunes liberados por aquellos. No el pueblo, ciertamente. En las elecciones del 16 de febrero, los votantes se dividieron mitad por mitad, aparte un tercio de abstenciones. Sólo apoyaba al Frente Popular, pues, una fracción del pueblo, alrede-

---

* A. D. Martín Rubio, *Paz, piedad, perdón... y verdad*, Madrid, 1997, p. 71.

dor de un tercio, y es probable que esa proporción disminuyese en los meses siguientes a las elecciones. Desde luego, ni siquiera ese tercio fue el que tomó las armas, sino, básicamente, los miembros de las organizaciones obreristas, de los cuales sólo una minoría, a su vez, cometió atrocidades: los que permanecieron en retaguardia, más bien que los que marcharon a los frentes. Ese es el «pueblo» de Solé y Villarroya.

Lo mismo vale el tópico de la espontaneidad. Nada de espontáneo tuvo el largo e intenso cultivo de una propaganda irreconciliable, llegada al paroxismo ante la sublevación del 36, como refleja la prensa *republicana* de entonces. La rabia, apenas contenida durante meses, se desató por fin gracias al reparto de armas por el gobierno, acuerdo político de consecuencias sobradamente previsibles. No sin razones de peso rechazó el reparto, mientras tuvo fuerzas, el último jefe de gobierno de la República, o de lo poco que de ella quedaba, Casares Quiroga. La decisión de armar a los sindicatos hace al gobierno de Giral y a Azaña plenamente responsables de sus efectos, tanto si éstos se tienen por buenos (así lo pensaron y piensan muchos políticos e historiadores) como si se los juzga nefastos. Pero, además, ocurre que el terror fue organizado por los organismo oficiales del gobierno de Giral, en competición con los partidos y sindicatos izquierdistas. Así aparece con claridad en la lista de «checas» ofrecida por Javier Cervera en su libro *Madrid en guerra. La ciudad clandestina, 1926-1939*: la checa de Fomento, «la más importante de Madrid y sólo su mención producía escalofríos a los madrileños», fue montada por el director general de Seguridad de Giral *. La disolvió Santiago Carrillo en noviembre, y no precisamente para disminuir el terror. La checa de Marqués de Riscal funcionaba bajo los auspicios de

---

* Nuevos e interesantes datos sobre el carácter del terror izquierdista en César Vidal, *Las checas de Madrid*, Madrid, 2003.

la Primera Compañía de enlace del Ministerio de Gobernación. Otras checas tenían carácter ácrata, comunista o socialista, y a menudo se interrelacionaban entre sí *.

La tesis de que la responsabilidad de las atrocidades, incluso las realizadas por los *republicanos*, recae sobre los rebeldes, por haberse éstos alzado sin la menor justificación moral o política contra una legalidad democrática y normal, es otra forma de decir lo anterior. En referencia tanto al golpe de Primo de Rivera en 1923 como al de julio del 36, S. Juliá dice: «La historia comienza realmente cuando los militares vuelven a intervenir en el normal desarrollo de la política con el propósito de imponer por las armas un cambio de Gobierno.» ** Definir como «normal desarrollo» la política española después de las elecciones de 1933, cuando las izquierdas rechazaron el triunfo electoral del centro derecha e impulsaron inmediatamente golpes de estado y campañas desestabilizadoras culminantes en octubre del 34; y sobre todo después de febrero del 36, con su oleada de atentados y crímenes, debe de ser una humorada. Hay que esperar que el propio Juliá no desee una vuelta de España a tales normalidades.

Vale la pena observar que casi todos los historiadores y políticos que defienden con puntillosidad extrema la legalidad republicana de 1936, muestran total desprecio por esa misma legalidad cuando se trata de la revolución de octubre del 34, muy justificada, a su entender. Pero desde esta última, el régimen no volvió a ser normal: quedó tambaleante, y los hechos siguientes lo llevaron al derrumbe. Madariaga ha escrito que con la insurrección de Asturias las izquierdas habían perdido cualquier derecho moral a condenar el alzamiento derechista de 1936; pero debe

* J. Cervera, *Madrid en guerra. La ciudad clandestina*, Madrid, 1998, pp. 62 ss.

** S. Juliá, *Víctimas...*, p. 14.

añadirse que no sólo porque fueran las izquierdas las que empezaron a dinamitar la legalidad, sino, sobre todo, porque no cejaron en su actitud. ¿Puede escribirse la historia olvidando esos *desarrollos*?

Los autores de *Víctimas...* van más allá. Admiten que en julio del 36 se produjo una revolución en la zona populista, pero no ven en ella nada irreparable. La República del 14 de abril se habría rehecho a los pocos meses, cuando Largo Caballero sustituyó a Giral: «El golpe no derribó al Estado republicano, pero (...) destruyó su cohesión y le hizo tambalearse», opina J. Casanova, y detalla Juliá: «No es que la República quedase liquidada, sino que su Gobierno carecía de los recursos necesarios para imponer su poder, que se dispersó (*sic*) entre las manos de los comités sindicales (...). Sólo lentamente, y tras levantar de la nada un ejército en toda regla, pudo el estado republicano recomponerse.» *

Ese ejército, el verdadero órgano de poder y única institución que, junto con la policía, funcionó con eficacia en el Frente Popular, era abiertamente político, y sin nada o casi nada en común con el que había diseñado Azaña. Hay algo de extravagancia y de insulto a la inteligencia en la pretensión de que el régimen del 14 de abril fue recompuesto en septiembre o noviembre del 36 gracias a los esfuerzos conjugados de los anarquistas (inconciliables con la república, a la que asestaron gravísimos golpes desde su implantación), los socialistas (que hicieron otro tanto a partir de 1934) o los comunistas, simples peones de Stalin, como ha quedado demostrado desde la derecha y desde la izquierda; sin olvidar a la Esquerra catalana, coautora del golpe revolucionario de 1934. Juliá y sus compañeros no vacilan en presentar a esos partidos como ardientes paladines de la democracia, quizá porque sea ése el tipo de democracia con que simpatizan. Pero los tozudos

---

* S. Juliá, *Víctimas...*, pp. 21 y 60-61.

hechos demuestran que la revolución de julio del 36 destruyó la república en tal medida que el gobierno Giral quedó como un simple adorno, y cuando en septiembre surgió un gobierno real, sus fuerzas determinantes eran precisamente las que con mayor insistencia y dureza habían vapuleado a la república los años anteriores.

El gobierno de Largo, sucesor del de Giral, significaba el intento de asentar un nuevo régimen, no la república del 14 de abril. Necesitado de imponer su autoridad y consciente del enorme perjuicio moral que fuera de España le estaba causando la oleada de terror, procuró racionalizar éste y someterlo a trámites jurídicos. El fenómeno ocurrió en los dos campos después de la feroz siega de verano y otoño del 36, cuando cayeron la mayoría de las víctimas de uno y otro color. Ello no impidió que hasta el final mismo de la contienda siguiesen siendo frecuentes los asesinatos, y muy discutible la legalidad de muchas ejecuciones, también en los dos bandos.

¿Cómo se distribuyeron las ejecuciones y asesinatos entre las partes? El estudio de Salas, pese a la hostilidad con que fue acogido por historiadores apasionados y de dudosa solvencia —aunque a menudo influyentes—, ha pesado por fuerza en los investigadores posteriores, destruyendo las exageraciones tradicionales. Aun así, a partir de él se desató en diversos sectores una carrera por recontar las víctimas y probar que en realidad los nacionales habían matado en retaguardia más que los populistas. *Víctimas...*, en concreto, reduce las causadas por los populistas a 50.000 (72.000 en Salas), y aumenta las de los nacionales a unas 150.000 (58.000 en Salas), lo que hace sumando resultados obtenidos a menudo con métodos dudosos (informes orales, rumores, etc.) y acumulando los obtenidos en diversas provincias, cuando es frecuente la doble contabilidad, al estar registrada una misma persona en la localidad de ejecución y en la de nacimiento. El investigador A. D. Martín Rubio ha echado por tierra esas cifras, y, más comedido, calcula en 60.000 las víctimas del terror populista y en 80.000 las de sus contrarios (incluyendo unos 23.000 en la posguerra). Considera, no obstante, más alta la tasa de la represión populista, al haberse ejercido sobre una población muy inferior, algo más de la mitad del país que estuvo bajo su control, comparada con el total del país, sobre el que pudo ejercerse la represión nacional *.

El historiador Francisco Torres hace esta interesante observación: «Al finalizar la guerra (...) se diligenció la denominada *Causa General*, que no debe confundirse con el libro-resumen editado. Las fichas personales abiertas, con los posibles errores que pudieran contener, colocaban la cifra de asesinados, con nombres y apellidos, en zona roja, en algo más de 85.000 personas. Los historiadores que revisan los registros locales los reducen a cifras que van de las 37.000 a las 60.000. ¿Puede haber errores en 30.000 o 40.000 nombres? En los cincuenta se realizó una relación nominal, provincia a provincia, de los caídos, que (...) fue depositada en el Santuario de la Gran Promesa, en Valladolid. Es cierto que las listas contienen algunos errores (...) pero en varias comparaciones puntuales efectuadas la exactitud es casi rigurosa. Esa relación nominal ascendía a 119.960 asesinados (...). Esto significaría que si aplicásemos el método, aunque sea de una forma un tanto aleatoria, seguido por esos autores, podríamos afirmar que los asesinados o ejecutados por los nacionales difícilmente sobrepasarían las treinta mil personas. ¿Por qué no se han revisado las listas y los expedientes denunciando con pruebas su hipotética falsedad?» **

---

* S. Juliá, *Víctimas...*, p. 410; R. Salas, *Pérdidas...*, pp. 331 y 362; A. D. Martín Rubio, *Paz...*, pp. 371-375.

** F. Torres, *Franco o la venganza de la historia*, Madrid, 2000, p. 225.

No obstante, Martín Rubio me ha llamado la atención sobre el hecho de que los nombres del Santuario incluyen tanto a los asesinados y fusilados en la retaguardia izquierdista como a los caídos en combate por el bando nacional, y sabiendo que estos últimos ascendieron a cerca de 60.000, quedan otros tantos para las víctimas del terror, lo que corrobora sus estimaciones.

Existe gran dificultad para establecer los datos precisos, pues las estadísticas demográficas dejan un cierto margen de error, y el recuento caso por caso se funda a menudo en rumores o testimonios dudosos. Además, las comparaciones deben tener en cuenta que, como ha señalado Martín Rubio, la represión frentepopulista sólo pudo afectar a algo más de la mitad del país, en disminución según avanzaba la guerra, mientras que la contraria llegó a extenderse por el país entero. También resulta incomparable la represión de posguerra, al verse los populistas imposibilitados de ejercerla. Cabría presumir que tampoco la hubieran ejercido de haber sido ellos los vencedores, pero la presunción resulta más que aventurada, habida cuenta de los precedentes, de las ideas de «limpieza» con que se planteó ya la insurrección del 34 y de la llamada permanente al odio, mucho más masiva y tenaz que las ocasionales y tardías apelaciones de Azaña y otros a la piedad y el perdón. Aparte, debería investigarse el terror ejercido entre los propios izquierdistas, cuyos datos conocidos permiten hacerse una idea de lo que habría ocurrido al enemigo común, de haberle vencido.

Al establecer las cifras se detecta otro fallo importante en *Víctimas...*, que pinta un cuadro perfectamente irreal, de básica armonía entre quienes llama republicanos, y dedica muy escasa atención al terror desatado entre ellos mismos. Ese terror dejó, sin embargo, una trágica huella de torturas y muertes, con frecuencia encubiertas como bajas en el frente o en intentos de deserción. El SIM destacó como una maquinaria especialmente cruel y mortífera, según testimonios de socialistas y anarquistas. Véase, por contraste, cómo lo enfocan Solé y Villarroya: el SIM «ha sido juzgado de forma crítica incluso desde el propio sector republicano, pero lo cierto es que logró desenmascarar y desarticular casi todas las redes quintacolumnistas, o las dejó semiparalizadas. Sus éxitos se deben a la incorporación de técnicas rusas de contraespionaje, a la utilización de elementos tecnológicos innovadores en su tiempo, a la adecuada selección de personal policial y, quizá lo más importante, al uso del terror. En conclusión, técnica y terror al servicio judicial» *. Descripción eufemística y burocrática donde las haya, en la línea, muy estalinista, de recalcar la eficacia. Pero si diversos *republicanos* juzgaron al SIM «de forma crítica», como dice cortésmente, no se debió a sus éxitos contra la quinta columna, cosa que les parecía bien a todos, por muy salvajes que fueran los métodos empleados, sino al uso de una extraordinaria ferocidad y provocación contra otros frentepopulistas, de la que aquí hemos reseñado algunos casos significativos **.

En fin, me inclino a creer correctos en lo esencial los datos de Salas, aun si más inseguros de lo que él los consideró. Pero sean cuales fueren los datos precisos, sabemos con certeza que en una y otra zona el terror fue masivo. Si resultase que uno de los dos bandos hubiera asesinado poco y el otro mucho, ello sería un poderoso argumento histórico, moral y político, a favor del menos sanguinario, pero tal cosa no ocurrió. De ahí que sea escaso el valor historiográfico de esta carrera por demostrar quién derramó más sangre, y desproporcionada la energía que le han consagrado tantos estudiosos. Lo cual sugiere que en esa pugna ha influi-

---

* S. Juliá, *Víctimas...*, p. 244.

** En *El derrumbe de la II República y la guerra,* IV parte, capítulos VI a VIII, y en *Los mitos de la guerra civil,* pp. 441 ss.

do menos el deseo de clarificar la historia que una motivación de otra índole, política y propagandística.

En contraste con los autores de *Víctimas...*, Salas, bien consciente de una realidad lo bastante horrible, imposible de justificar con argumentos morales o políticos, no utiliza sus cálculos para disimular o justificar la represión nacional. Si alguna lección extrae es una llamada a la reconciliación: «Todos tenemos mucho de qué avergonzarnos y muy poco que reprocharnos» *, es su conclusión, con la que nadie medianamente objetivo puede estar en desacuerdo. Actitud muy distinta, como digo, de la de Juliá y sus compañeros, que justifican la represión izquierdista hasta el extremo de cargar su responsabilidad sobre el bando contrario, en una retórica destinada a mantener la llaga en carne viva.

Sean cuales fueren sus inexactitudes y errores, *Pérdidas de la guerra* fue un trabajo científico y pionero, mientras que *Víctimas...* tiene un carácter diferente. Ello se percibe desde el mismo lenguaje: sobrio, ponderado, cuidadoso de los posibles fallos u objeciones a su método, en el primer libro; apasionado en extremo, a menudo panfletario, en el segundo. Y no es que un historiador deba ocultar su indignación ante sucesos crueles o injustos, pero cabe dudar de la sinceridad del sentimiento cuando el mismo se esfuma ante hechos semejantes si los comete el bando de sus simpatías. Aparte de la evidente injusticia de meter en el mismo saco, bajo el rótulo de «víctimas», al inocente asesinado y al criminal sádico ejecutado, sea del campo que fuere.

Ya la portada de *Víctimas...* busca un impacto político: un grupo de prisioneros atados y humillados entre soldados franquistas que les apuntan con fusiles. Ya la frase con que empieza el libro: «¿Cómo fue posible tanta crueldad, tanta muerte?», suena falsa en un historiador, que por su oficio sabe que la crueldad y la muer-

* R. Salas, *Pérdidas...*, p. 442.

te están demasiado presentes en la historia de todos los países como para afectar tan especial aflicción en este caso. Aunque el libro admite —no podía dejar de hacerlo sin desacreditarse por completo— la ola de sangre causada por los *republicanos,* el relato de la crueldad y la muerte se centra con total preferencia en los franquistas, y lo hace con métodos típicos de la propaganda: sus crímenes son expuestos con constantes detalles personales y macabros, a fin de impresionar al lector incauto. Método admisible si lo aplicaran también a los crímenes contrarios, pero de éstos se habla con un estilo impersonal y general, y en un marco de esencial excusa.

El sectarismo llega al extremo de que las víctimas *republicanas* reciben constante encomio, mientras las otras llegan a ser tratadas con escarnio e insolencia. Así, Maeztu es «el intelectual de mayor prestigio que pudieron pasear como mártir los franquistas». Cabe destacar que las derechas en España han condenado el asesinato de García Lorca y se han sumado a las conmemoraciones del autor, mientras que nada semejante han hecho las izquierdas con Maeztu, Muñoz Seca o cualquiera de los numerosos intelectuales sacrificados por las izquierdas. Todo lo contrario, como aquí se ve. De Ledesma Ramos dice el libro: «El magro pensamiento fascista español [el autor parece creer que el pensamiento socialista o republicano era muy fértil] andaba necesitado de mitos, de jóvenes fogosos caídos por la Patria en la flor de sus vidas.» Como si su asesinato hubiera respondido a tal supuesta necesidad. José Antonio resulta «el más insigne de los asesinados por los rojos, el mártir de la Cruzada, el *ausente* en cuyo honor se levantaron edificios, a la vez que se designaban con su nombre cientos de calles, plazas y escuelas». Y lo caracteriza como jefe del «partido que mejor incorporó la violencia a su retórica y más la practicó en la calle». «En el mes que siguió a las elecciones [de febrero del 36] él y su partido calentaron el ambiente inyectándole buenas dosis de violencia política.» La conclusión lógica de un lector que sólo tenga informes como los de este libro, será: ¿por qué no había entonces de ser ejecutado José Antonio, y más en situación de guerra? Claro está que los autores ocultan al lector dos datos esenciales para que éste se forme su juicio: que los atentados falangistas, en 1934 y en 1936, no fueron de iniciativa suya, sino de respuesta a los sufridos por la Falange a manos de socialistas y comunistas; y que, lejos de ser el partido más violento antes de la guerra, fue superado en mucho tanto por el PSOE como por la CNT. Estos hechos indudables no puede pasarlos por alto un historiador, si pretende serlo en serio. Y parece claro que los autores se suman disimuladamente a la «espectacular (...) mofa carnavalesca de la parafernalia eclesiástica». Aparte de lo extremadamente ofensivas que resultaban para los creyentes esas mofas, los cultos historiadores desdeñan la enorme destrucción de libros y obras de arte durante los «espectáculos» de la «parafernalia». Aunque atenuados, en esas frases se perciben los ecos de la propaganda que creó el ambiente político de 1934 a 1936 *.

En la misma línea, las frases feroces de personajes franquistas reciben constante atención, olvidando las correspondientes del Frente Popular, que podrían llenar muchas páginas. Frases, por lo demás, corrientes en todas las guerras. En cambio se destacan las llamadas humanitarias de algunos populistas: «Hubo abundantes voces que se alzaron desde el principio contra la masacre, algo muy raro entre los cruzados del otro bando.» De hecho fueron muy poco abundantes, insignificantes en comparación con las prédicas del terror. Y, como recoge el citado Martín Rubio, tampoco faltaron apelaciones humanitarias entre los nacionales. Lo cierto es que para 1936 las pasiones habían llegado a tal extremo que las exhortaciones humanitarias fueron muy poco atendidas

* S. Juliá, *Víctimas...*, pp. 133, 142-143 y 154.

en los dos campos. A este respecto conviene poner en su contexto el siempre citado discurso de Azaña pidiendo paz, piedad y perdón. Fue sin duda un noble ruego, que reverdeció su popularidad entre la gente harta de la sangre y los sacrificios impuestos por la lucha, pero también llegaba tarde. Tendría todo su valor de haber sido pronunciado en julio de 1936, cuando la victoria parecía segura para el Frente Popular, pero lo fueron el 18 de julio de 1938, cuando los suyos encaraban la derrota. Los que iban ganando la guerra sólo podían considerar aquellas palabras como un intento de distracción, y quienes la iban perdiendo, pero querían resistir para enlazar la guerra civil con la guerra mundial, tenían que verlas poco menos que como una traición: «A los ocho días de hablar de piedad y perdón me refriegan 58 muertos» *, clama aquél en sus diarios, refiriéndose a unos fusilamientos ordenados por el gobierno de Negrín **.

Abundan en el libro errores y omisiones como los citados sobre José Antonio. Así, «el intenso anticlericalismo del primer bienio republicano y de la primavera nunca se había acompaña-

* S. Juliá, *Víctimas*..., p. 121; A. D. Martín Rubio, *Paz*..., pp. 449 ss.; M. Azaña, *Memorias de guerra*, Madrid, 1978, p. 400.

** Según la propaganda, los gobiernos izquierdistas trataron de evitar los crímenes de los *incontrolados*, en otros momentos identificados con *el pueblo*. Así lo decía Vidarte a un periodista francés, a quien informaba del siguiente modo, en el capítulo «Desvaneciendo falsedades»: «En un solo año del Tribunal de la Inquisición de Toledo pronunció más de 3.000 condenas, la mayoría a muerte», a lo que comentó el francés: «¿Y todavía les preocupa a ustedes que se destruya una iglesia de más o de menos?» «Nos preocupa la protección de nuestro tesoro artístico. Las iglesias pertenecen a la nación y es deber nuestro conservarlas.» El virtuoso Vidarte hablaba en agosto de 1936, es decir, cuando desde mucho antes de julio se venía destrozando «nuestro tesoro artístico» entre la indiferencia o la complicidad de los gobiernos del Frente Popular. No vale más el dato sobre las muertes de la Inquisición, que a lo largo de tres siglos ocasionó alrededor de un millar de ellas.

do de actos de violencia». ¿Cómo llamar entonces a la quema de templos, bibliotecas, escuelas y laboratorios, obras de arte, etc., a las decenas de clérigos asesinados en octubre del 34 y todo tipo de agresiones constantes, o episodios como el de los «caramelos envenenados»? El golpe de Primo de Rivera en 1923, aparece como «la primera lección que los españoles del siglo XX recibían acerca de la legitimidad del recurso a la violencia y a las armas para derribar un Gobierno y alcanzar el poder y cambiar de hecho un régimen político». ¿Debemos creer que la huelga revolucionaria de 1917, cinco años antes, no tenía esos objetivos ni recurrió a la violencia y a las armas? ¿O que el constante terrorismo anarquista no pretendía acabar con el gobierno? «El exilio de 400.000 personas, la mayoría catalanas (...) marcaría generaciones», provocando un «vacío cultural y social». Pero los estudios de Javier Rubio muestran que el grueso de esos exiliados (más de dos tercios) regresó a España antes de un año, y otros siguieron luego en un goteo permanente. Contradiciéndose, el mismo *Víctimas...* suma, entre Francia y América, unos 160.000 exiliados para 1949. La vasta mayoría de los catalanes huidos volvieron enseguida, no siendo su presencia en el exilio más significativa que la de otros españoles; y el «vacío social y cultural» fue mucho menor de lo sugerido por el libro. Como «vacío», simplemente no existió.

También, a juicio de Solé y Villarroya, el SIM era cosa de «Madrid», aunque fue montado desde Valencia y Barcelona, bajo inspiración soviética: «Policía novel, conversa de nuevo cuño al comunismo estaliniano, fuera de Madrid no entendía la compleja vida sociopolítica de la sociedad catalana.» Esa «incomprensión», como la llaman eufemísticamente, se manifestó de forma general, y no sólo en la «compleja» sociedad catalana, tan incomprensible, según la ingenua vanidad nacionalista de Solé y Villarroya, para el «madrileño» SIM.

Según dichos autores, los franquistas practicaron una «represión general sobre Cataluña, considerada el *baluarte de la República*»... aunque lo cierto es que la represión afectó a Cataluña menos que a Madrid. Choca además, en unos historiadores, el anacronismo del «baluarte de la República», consigna en desuso desde octubre del 34. Audaz resulta, a la vista de lo ocurrido, su presunción de que la sociedad catalana «era la más entregada al espíritu republicano, por su talante liberal». Los nacionalistas catalanes de izquierda, la Esquerra, fue probablemente el más exaltado de los partidos republicanos, y ya en 1934 organizó la insurrección y la guerra civil con propósitos nada liberales, y en concomitancia con el PSOE, que buscaba un régimen soviético. Con la misma desenvoltura, los autores atribuyen a Franco «una voluntad de desindustrializar Cataluña, para empobrecerla», cuando la indiscutible realidad, al margen de cualquier propaganda, es que la industria catalana fue muy protegida bajo el franquismo y prosperó como nunca antes. F. Moreno, hablando de 1939, pasa buenamente por alto los sucesos de España desde 1934 y los de julio del 36: «Han caído ya, con la victoria militar, las instituciones democráticas.» Habían caído mucho antes. O descubre que «la violencia fue un elemento estructural del franquismo»: lo es de todos los regímenes políticos, ¿o hay alguno que no cuente con policías y leyes que castiguen con violencia a los transgresores? Etcétera *.

Estos errores no son, obviamente, involuntarios, y van más allá de los inevitables yerros de detalle que se cuelan en cualquier libro de historia. Su sentido coincide con el de otras apreciaciones repetidas machaconamente: el terror «fue una parte integral del *glorioso Movimiento Nacional*, de su asalto a la Repú-

---

* S. Juliá, *Víctimas...*, pp. 14, 156, 226, 238, 256 y 277; en R. Salas, *Pérdidas...*, pp. 82 ss.

blica y de la conquista gradual del poder, palmo a palmo, masacre tras masacre, batalla tras batalla». «La represión y el terror (...) no eran algo episódico, sino el pilar central del nuevo Estado, una especie de principio fundamental del Movimiento.» «A las personas de izquierda, a los vencidos, que anhelaban reconstruir sus vidas, se les negó por completo tal derecho, se les condenó a la humillación y a la marginación (social, económica, laboral). El franquismo les negó la consideración de personas.» «Se puede afirmar que Franco convirtió a Madrid en un gran presidio.» «El fenómeno de la tortura fue masivo y generalizado.» Etcétera.

Estas frases pertenecen a Moreno, cuyo lenguaje, panfletario sin disimulo, sigue la tónica de sus estudios sobre la represión en Córdoba, según los cuales la política franquista fue de «exterminio», de «exterminio de clase», con una represión, además, «muy diferente de la represión republicana», en el sentido que ya vimos en Solé y Villarroya, que identifica a los asesinos con «el pueblo», nada menos. «Las declaraciones de Franco y de sus generales no disimularon nunca su propósito de exterminio», mientras que, asegura osadamente, entre los dirigentes *republicanos* «jamás se escucharon las rotundas llamadas a la violencia que realizaron, en cambio, los principales militares del franquismo». «Cárceles, torturas y muerte, lejos de disminuir al término de la guerra, se incrementaron al máximo.» «Por todas partes se humilla a la gente sencilla», y especialmente, dice él, a las mujeres. Juliá tampoco se queda corto: durante años «el fusilamiento de los derrotados continuó siendo un fin en sí mismo (...). Los enemigos sólo gozaban de un destino seguro: el exilio o la muerte» *.

---

* S. Juliá, *Víctimas...*, pp. 27, 156, 227-228, 290 y 303; F. Moreno, *Córdoba en la posguerra. La represión y el maquis*, Madrid, 1987, pp. 18 y 53.

Esta retórica recuerda a la de la campaña de 1935 sobre la represión en Asturias, falsa en un porcentaje elevadísimo, como hemos visto *, pero que forjó el espíritu de odio y terror de 1936. Y, desde luego, desafía a la experiencia, la lógica y la estadística. Aunque hubo una durísima represión en los primeros años de posguerra, en la que debieron de caer responsables de crímenes junto con inocentes, ni de lejos existió tal exterminio de clase o no de clase. La inmensa mayoría de quienes lucharon a favor del Frente Popular (más de 1.500.000 hombres), de quienes lo votaron en las elecciones (4.600.000) o vivieron en su zona (unos 14 millones) ni fueron fusilados ni se exiliaron: se reintegraron pronto a la sociedad y rehicieron sus vidas, dentro de las penurias de aquellos años, comunes a casi todos los españoles. Esto es tan obvio que resulta increíble leer a estas alturas semejantes diatribas energuménicas, quizá pensadas para «envenenar», en expresión de Besteiro, a jóvenes que no vivieron la guerra ni el franquismo.

Ello no impide a los autores proclamar nobles y enjundiosos objetivos: que «el dolor de tantas y tantas víctimas anónimas del odio más irracional no sea inútil y, establecida la verdad tras el necesario debate, la guerra se incorpore definitivamente a nuestra historia». No es nada seguro que la apasionada retórica, las constantes distorsiones y omisiones del libro, cumplan tan loable propósito; ni cabe tomar muy en serio su propósito de «establecer la verdad», y mucho menos la reconciliación, a la que también dicen aspirar. Más bien sirven, precisamente, al objetivo contrario. Queda la impresión de que esta obra, al revés que la de Salas, entra en la categoría de propaganda con un punto de vista político muy definido, y no en la de la investigación histórica.

Para establecer la verdad en lo posible, unas conclusiones como las del historiador José María García Escudero resultan más a pro-

---

* En *El derrumbe*...I parte, caps. III y IV.

pósito: ambas zonas sufrieron represión oficial e incontrolada, en las dos se alzaron peticiones de humanidad y clemencia, y las dos llegaron a superar las manifestaciones más brutales del terror, sin acabar del todo con él. «No sólo hubo odio, miedo y desesperación, sino también heroísmo, perdón, serenidad ante la muerte.» La pesadumbre producida por este fenómeno en la conciencia española sólo puede quedar mitigada por el testimonio de la dignidad y el valor que tantas víctimas demostraron, y no por un grotesco pugilato en torno a cuál de los bandos vertió más sangre *.

Siendo la causa del terror la tensión y odio ideológicos típicos de la época, España no podía ser un caso aislado. Francia e Italia, por ejemplo, sufrieron en 1943-1945 una especie de contienda civil dentro de la guerra mundial. R. Salas calcula, analizando las estadísticas oficiales de mortalidad, que en esos años la represión y los ajustes de cuentas se llevaron por delante a 87.000 franceses y a 67.000 italianos. S. Payne y J. Tusell indican que, en comparación con el número de habitantes, esa proporción es muy inferior a la española, pero la base de la comparación no parece bien elegida, y debe establecerse más bien entre la intensidad de las respectivas guerras civiles. Al experimentar Francia e Italia una contienda mucho menos intensa y prolongada que la española, la proporción de víctimas resulta, por el contrario, mucho más alta en aquéllas que en ésta.

El periodista useño H. Lottman, estudiando, un tanto exculpatoriamente, la depuración realizada en Francia en los últimos tiempos de la guerra mundial, estima en 10.000 el número de los homicidios y ejecuciones cometidos por los franceses antina-

* J. M. García Escudero, *Historia política de las dos Españas*, Madrid, 1976, pp. 1.463 ss.

zis. Sumados a los 60.000 en que De Gaulle cifraba los cometidos por los alemanes y colaboracionistas, da un total cercano al de Salas, aunque suena muy improbable que la proporción fuera realmente de 6 a 1, y las cifras de Lottman son con toda probabilidad muy inferiores a las reales. Otro aspecto de la depuración fue la humillación de miles de mujeres acusadas de «colaboración horizontal» con los alemanes *.

Una vez más comprobamos que los sucesos de España, con todas sus peculiaridades, no se entienden si no son enmarcados en los característicos de la época en todo el mundo, y especialmente en Europa.

Se ha extendido una tendencia a despreciar a las generaciones que hicieron la guerra, por fanáticas, sectarias u obcecadas. Dudo de que podamos juzgarlas quienes no soportamos las tensiones psicológicas, ideológicas y económicas de entonces. La tranquilidad y bienestar material de hoy son bienes recibidos sin especial mérito nuestro. A nuestros predecesores se debe el esfuerzo y el sacrificio, mejor o peor orientados, de que nos beneficiamos, y cuyos frutos tan fácilmente podemos echar a perder con nuestra arrogancia. No repetir la historia exige, entre otras cosas, apoyarse en ella, buscando acercarnos lo más posible a su verdad y comprensión, sin usar el pasado como arma arrojadiza o para envenenar la aceptable convivencia cívica actual.

Addenda: Desde hace unos años los estudios sobre la guerra civil parecen irse centrándose en su parte más siniestra y sórdida,

---

* R. Salas, *Pérdidas...*, pp. 433 ss. S. Payne y J. Tusell, *Guerra civil. Una nueva visión del conflicto que dividió a España*, Madrid, 1996, p. 634; H. Lottman, *La depuración*, Barcelona, 1998, pp. 446 ss. Véase la opinión sarcástica de Federica Montseny, exiliada por entonces en París: «Los invasores fraternizaban con la población, sobre todo con las mujeres», pues «las francesas han sido generosas con todo el mundo». (*Mis primeros cuarenta años*, Barcelona, 1987.)

los asesinatos de retaguardia o la represión practicados por los franquistas. Uno tras otro salen libros, a menudo subvencionados por autoridades locales sobre dicha represión provincia a provincia y aun localidad a localidad, sobre las penalidades de los campos de prisioneros... franquistas, olvidando los contrarios, y con títulos truculentos como *Los esclavos de Franco*, *La columna de la muerte*, *Las fosas de Franco*, etc. Se ha constituido una sociedad, llamada «Recuperación de la Memoria Histórica», dedicada a desenterrar cadáveres de las fosas comunes de la guerra, con la pretensión implícita de que en esas fosas yace la memoria o lo esencial de ella... siempre que los cadáveres sean víctimas del bando nacional, pues las del otro son desdeñados, pese a existir gran número de derechistas cuyos cuerpos nunca se han encontrado. Igualmente se pasa por alto la represión, a menudo feroz, entre los propios izquierdistas. Rasgo común a todos esos estudios es un tono de indignación y un lenguaje muy a menudo de libelo.

Se trata de campañas recurrentes, y que ya hace muchos años tuvo ocasión de denunciar Ramón Salas Larrazábal, en vano. Como si no hubiera pasado un cuarto de siglo de democracia, en el cual las víctimas izquierdistas han recibido una atención más que preferente, los promotores de esas campañas hablan de «recobrar la dignidad de las víctimas», se refieren constantemente a «los cuarenta años en que sólo tenían voz los vencedores» (¡como que habían vencido!), etc. La propia derecha, hija de los vencedores —como, por lo demás, buena parte de la izquierda— ha aceptado, o incluso colaborado, en esa campaña, con la idea de ofrecer una imagen más «moderna» o «democrática».

La utilidad actual de esas campañas es obvia: la derecha queda identificada como producto de una antigua derecha pintada como extraordinariamente criminal y puede ser sometida a un continuo chantaje moral y político.

Cinco artículos sobre el terror y el odio*

Causas de la represión de posguerra

La mayor tacha del franquismo fue sin duda la represión de posguerra. El terror contra las izquierdas durante el conflicto, sobre todo en los primeros meses, se explica, por una parte, como una explosión de odio frente al odio sembrado sistemáticamente por las propias izquierdas desde el principio mismo de la república, y por otra por la necesidad de asegurar la retaguardia en un período en que casi todas las bazas de la victoria estaban en manos del Frente Popular. A su vez, el terror de un bando se alimentaba con la constatación del terror contrario. Estoy hablando de causas, no de justificaciones.

Pero la sangrienta represión de la posguerra, cuando el Frente Popular estaba ya vencido, y sin embargo fueron ejecutadas o directamente asesinadas unas 25.000 personas, ¿a qué obedeció?

Si hemos de creer a las izquierdas, la causa se encontraría en la crueldad de Franco. Pero esa explicación no es convincente porque, en general, Franco no se mostró especialmente cruel. Por ejemplo, no ordenó bombardear objetivos civiles, salvo por un breve período en Madrid, y prohibió hacerlo explícitamente a italianos y alemanes (no existen órdenes semejantes en los dirigentes del Frente Popular, que fueron quienes comenzaron ese tipo de bombardeos). En dos ocasiones fue desobedecido, en la campaña de Vizcaya —en especial en Guernica— y en Valencia y Cataluña, aunque finalmente impidió su continuidad. Cabe señalar al respecto que ocasionaron muchas más víctimas los bombardeos italianos que los alemanes, contra lo que suele creerse.

---

* Resumidos de *Libertaddigital.com* y *La Razón*.

O, si se prefiere decirlo de otro modo, no fue Franco más cruel que sus contrarios. Negrín, por ejemplo, no dudó en prolongar una guerra perdida, multiplicando las víctimas, y con la intención, además, de arrastrar a España a la guerra mundial, lo que habría seguramente duplicado o triplicado el número de muertos. Por no hablar de sus campos de concentración, espeluznantes incluso para otros izquierdistas descontentos con la hegemonía comunista. Sin embargo nadie le acusa de cruelad por todo ello, y muchos lo loan como un ejemplo de heroísmo.

También cabe objetar a la acusación de crueldad a Franco el hecho de que la represión de posguerra se ejerciera mayoritariamente a través de tribunales, y no de manera oscura e incontrolada, como hicieron los vencedores en Francia e Italia al terminar la guerra mundial. Qué duda cabe de que las garantías de aquellos tribunales eran precarias, y que bastantes jueces militares, que no habían combatido en la guerra, aprovecharon para causar las mayores bajas posibles al enemigo en la paz. Pero, con todo, el método era muy superior desde todos los puntos de vista a la pura matanza vengativa, y suponía un considerable coste material y político para el naciente régimen.

Creo que el origen intelectual de esta represión y del modo de aplicarla se encuentra en la rebelión izquierdista de octubre de 1934. Como se recordará, entonces los socialistas, los nacionalistas catalanes y los comunistas, más un sector anarquista, se rebelaron contra el gobierno democrático de centro derecha, con la intención de imponerse, textualmente, mediante una guerra civil. Afortunadamente la población no siguió las consignas bélicas de aquellos partidos, excepto en la cuenca minera asturiana, donde sí cuajó durante dos semanas una dura guerra civil que requirió una dificil intervención del ejército. Hubo, con todo, casi 1.400 muertos en 26 provincias.

Al terminar, la sensación de horror en las derechas era extrema, y en el Parlamento siguió una polémica de lo más esclarecedora. Tanto los sublevados izquierdistas como las derechas relacionaron la intentona revolucionaria con la Comuna de París, y un político republicano y moderado como Melquíades Álvarez señaló: «Thiers, cuando presenció los horrores de la *Commune*, fusiló y fusiló produciendo millares de víctimas. Con aquellos fusilamientos salvó la República, salvó las instituciones y mantuvo el orden.» Lo mismo vino a decir Calvo Sotelo, para horror de Maeztu, que gritó: «¡Cuarenta mil fusilamientos!» Cambó a su vez señaló que España era el país de las amnistías, y que los revoltosos se sentían animados a reincidir en sus violencias. Sabían, en efecto, que si fracasaban estarían en libertad al poco tiempo, y convertidos en héroes.

No debe subestimarse el papel de las violencias políticas en la historia española del siglo XX. Los dirigentes más destacados de la Restauración, Cánovas, Canalejas y Dato, fueron asesinados por las izquierdas, salvándose por los pelos Maura y el propio Alfonso XIII. De aquella época quedaba el recuerdo de la Semana Trágica barcelonesa y de la huelga revolucionaria de 1917. La república se había intentado imponer mediante un golpe militar, y poco después había seguido la quema de bibliotecas, conventos y escuelas. El bienio azañista había dejado cerca de 300 muertos por violencias políticas, la mayor parte de ellos entre las propias izquierdas. Luego, en una pendiente que no parecía haber modo de frenar, había venido la revolución de octubre. Y con el triunfo del Frente Popular la situación iba a empeorar todavía.

No cabe duda de que Franco llegó a pensar como Melquíades Álvarez, Calvo Sotelo y Cambó, adoptando el método Thiers. A diferencia de éste, fusiló siguiendo más o menos un procedimiento judicial, pero indudablemente con la intención de dar un escarmiento que asegurase la paz social, como en Francia, durante mucho tiempo.

Creo que, contra lo pretendido por una corriente explicativa desde el estalinista Tuñón de Lara, es en ese precedente, y no en una especial crueldad de Franco, donde se halla la causa intelectual de la represión de posguerra. Insisto en que aclarar las causas no es lo mismo que justificarlas. Después de todo, Franco tenía también el modelo de la dictadura de Primo de Rivera, que se mantuvo sin necesidad de fusilar a nadie, bien es verdad que sólo menos de siete años.

La columna del enredo

La izquierda viene jaleando mucho el libro de Francisco Espinosa *La columna de la muerte*, prologado muy elogiosamente por Josep Fontana, a cuyo juicio «no sólo enriquece, sino que renueva en más de un sentido la historia de la guerra civil». Santos Juliá, en *Babelia,* lo ensalzaba bajo el título «Nueva luz sobre el pasado», contrastando esa luz con la oscuridad por él atribuida a *Los mitos de la guerra civil.*

La obra de Espinosa rezuma rencor desde la primera a la última página. Esto podría parecer siniestro y miserable si tenemos en cuenta que matanzas de todo tipo tuvieron lugar en los dos bandos (y, en el bando izquierdista, también entre sus propios partidos y sindicatos). Como admite Fontana: «Hay una literatura sobre la represión que ha caído con demasiada frecuencia en la trampa de dejarse llevar a considerar ante todo el número de las víctimas de la violencia de uno y otro bando.» Pero, afortunadamente, Espinosa no cae del todo en esa trampa: el rencor del libro se justifica en el supuesto de que la represión ejercida por las derechas tuvo un carácter muy diferente, infinitamente peor, que la practicada por las izquierdas.

¿De dónde viene esa especial vileza de la represión derechista? Durante bastantes años se insistió en que fue deliberada y dirigida desde arriba, mientras que la izquierdista fue espontánea, «popular», e impedida o limitada por las autoridades en cuanto a éstas les fue posible. Hoy nadie podría mantener honradamente esa leyenda. Los asesinatos del Frente Popular no fueron realizados por «el pueblo», en quien los ideólogos izquierdistas suelen descargar todos los crímenes, justificándolos (el «pueblo» siempre tiene razón). Fueron perpetrados por minorías muy politizadas, y dirigidos, impulsados y propagados desde arriba.

La exculpación de los crímenes izquierdistas y la condena sin atenuantes de los derechistas sigue en Espinosa otra línea, en realidad más antigua y primaria, que Fontana resume como si fuese nueva: «Las clases dirigentes españolas (...) estaban decididas a exterminar a los elementos articuladores de la sociedad republicana —políticos, sindicalistas, profesionales, maestros...— para impedir que volviera a repetirse un programa de transformación social como el que intentó la República. En el verano de 1936 las derechas españolas no trataban de enfrentarse a una amenaza revolucionaria inexistente, sino de liquidar un proyecto reformista que no aceptaban.» Así resume Fontana, muy adecuadamente, la tesis cimentadora del libro de Espinosa.

Fontana, Espinosa y tantos otros partícipes de estas versiones cometen errores demasiado de bulto para considerarlos inconscientes. Pero como insisten en ellos una y otra vez, habrá que replicarles también una y otra vez, a ver si pierden la esperanza de hacerlos «colar».

Para empezar, el «proyecto reformista» de la república fracasó, como ninguno de ellos puede ignorar, en el primer bienio, y no por la oposición o el sabotaje de la derecha. Ésta estuvo esos dos años mal organizada, el fascismo prácticamente no existía, y las conspiraciones militares monárquicas valían tanto como las anteriores republicanas, es decir, muy poco. El golpe de Sanjurjo, aislado de casi toda la derecha, fue la manifestación de su impotencia, y de él se felicitó Azaña. El «proyecto reformista» fracasó ante todo por la ineptitud, la demagogia y el sectarismo que lo envolvió, denunciados inmejorablemente por el propio Azaña; y por el clima de desorden y violencia creado... por las propias izquierdas.

Y como tampoco puede ignorar Espinosa, y mucho menos Juliá o Fontana, el grueso de la derecha acató la legalidad republicana, aunque a disgusto, defendiéndola incluso contra las propias izquierdas en 1934. Más tarde, el Frente Popular triunfante en las elecciones de febrero del 36 se compuso precisamente de los revolucionarios y «reformistas» sublevados en octubre del 34. Las «reformas» del Frente Popular empezaban por tratar de impedir en lo sucesivo la alternancia en el poder, mientras otros querían aplastar a las derechas directamente. Tenían, pues, bastante razón los derechistas para sentirse preocupados, por no decir horrorizados. Las «reformas» se tradujeron entonces en una marejada de asesinatos, incendios, asaltos y huelgas violentas que finalmente obligaron a las derechas a sublevarse. Claro que quizá nuestros autores consideran tales actos como prácticas democráticas y reformistas... Tal vez resida ahí todo el equívoco de esta «columna del enredo» en que forman ellos y tantos otros historiadores y políticos. En todo caso, y contra las pretensiones de Fontana, Juliá, Espinosa y otros, la amenaza revolucionaria cobró forma evidentísima y brutal en octubre del 34 y en los meses siguientes a febrero del 36.

La siembra de odios en los años treinta

Desde el primer momento de la lucha, los dos bandos recurrieron al terror contra sus enemigos. Como reconoce Juliá, la represión «en Sevilla y en Madrid, en Badajoz como en Barcelona, buscaba positivamente la liquidación del otro». Tal era el odio que se había apoderado de la sociedad española. Pero ese odio ¿quién lo había cultivado? Lo había cultivado, y practicado en sus agresiones, la izquierda revolucionaria, y en gran parte la llamada reformista, y desde el primer momento.

La incitación a la violencia alcanzó un ápice en las elecciones de noviembre de 1933. Largo Caballero llamaba a otros izquierdistas: «Cuando se habla de la implantación de un régimen como el que hay en Rusia, yo pregunto: pero eso lo vamos a hacer unidos, ¿no?» Nadie se llamaba a engaño sobre la significación terrorista de un régimen al estilo soviético, pero, por si cabía duda, Largo advertía a las derechas que si antes los suyos habían «respetado vidas y haciendas», nadie debía esperar «esa generosidad en nuestro próximo triunfo. La generosidad no es arma buena. La consolidación de un régimen exige hechos que repugnan, pero que luego justifica la Historia». Y así sucesivamente. Tras perder las elecciones, en la prensa socialista se multiplicaron las excitaciones a marchar a la guerra civil «con ánimo firme», al «odio imposible de borrar sin una violencia ejemplar y decidida, sin una operación quirúrgica», y expresiones semejantes. Las izquierdas radicales, empezando por el PSOE (con la excepción del grupo marginal de Besteiro), estaban convencidas de que la guerra civil les abriría el camino al triunfo definitivo, y a ese respecto preconizaban el odio de masas como virtud revolucionaria.

Recordemos asimismo que la afición de buena parte de la izquierda por la guerra civil se siguió manifestando después de la derrota, con la organización del *maquis.* Uno se pregunta qué sentido tendrá hoy día la proliferación de libros exaltando aquel nuevo intento de contienda fratricida.

Determinados historiadores velan estas realidades, y en cambio acusan de tales actitudes a la derecha durante la república. Es falso. Una cosa es que, ante la violencia ambiente, determinados políticos o militares derechistas hicieran previsiones o hablaran de ajustar cuentas a quienes seguían aquellas doctrinas, y otra muy distinta la siembra abierta del encono, cosa que rara vez hicieron. Espinosa, en *La columna de la muerte*, confunde deliberadamente ambas cosas. Pueden compararse las palabras de Largo con el último discurso electoral de Gil-Robles, principal representante de la derecha, en 1933: «Estamos como un ejército en pie de guerra, y sin embargo yo quisiera que el choque no llegara. Paz y cordialidad a quienes nos voten y a quienes no nos voten.» Su conducta se ajustó a esas palabras e, insistamos, porque es un dato definitivo, cuando las izquierdas lanzaron su primer asalto, en octubre del 34, la CEDA defendió una legalidad republicana poco gustosa para ella, en lugar de dar un contragolpe que, al revés que la rebelión de 1936, tenía las mayores probabilidades de triunfar.

Y después de octubre del 34, el cultivo del odio prosiguió sin tregua por parte de la izquierda, tomando un carácter brutal y jactancioso con el Frente Popular. Véase un ejemplo en el comunista Mije, dos meses antes del alzamiento derechista del 36: «El corazón de la burguesía de Badajoz no palpitará normalmente desde esta mañana al ver cómo desfilan por las calles con el puño en alto las milicias uniformadas (...) millares y millares de jóvenes (...) que son los hombres del futuro ejército rojo. Este acto es una demostración de fuerza (...) de las masas (...) que se preparan para muy pronto terminar con esa gente.» Tan seguros estaban de su cercana victoria.

Y así, los dos bandos llegaron a la conclusión de que era imprescindible hacer una «limpia» ejemplar de enemigos. Pero, aunque la exasperación y el aborrecimiento se apoderaron por igual de izquierdas y derechas, en éstas se trató de una reacción, una respuesta, y así lo fue también el terror practicado por ellas, en contra de lo que quiere hacer creer Espinosa. La distinción tiene importancia, porque no tiene el mismo carácter la violencia, aun brutal, de quien siente su vida en inminente peligro, que la de quien agrede con la convicción de aplastar fácilmente al adversario.

La consecuencia de este estado de ánimo fueron hechos como las matanzas de Badajoz, de Madrid, de Barcelona o de Sevilla, y tantas otras más. Pero Espinosa no sólo pretende invertir el origen del odio, sino que se empeña en disimular los planes revolucionarios, y pretende que las derechas se alzaron contra unas reformas razonables, simplemente porque ponían en peligro sus «injustos privilegios». Las reformas, como ya quedó indicado, fracasaron en el primer bienio, y no por culpa de la derecha.

Para Espinosa la guerra consistió en un enfrentamiento «de clase» del fascismo contra «el pueblo», de una «oligarquía» de propietarios, militares y curas, contra «los trabajadores». En ese contexto, ¿qué importancia tiene si fueron las izquierdas las que empezaron a amenazar, agredir y aborrecer incondicionalmente? En definitiva, tenían todas las razones para estar descontentos y emplear la violencia. Volvemos a las justificaciones típicas sobre «la represión ejercida por jornaleros y campesinos para defender sus avances sociales». Simplemente no había nada de eso.

Estas interpretaciones están en la línea marxista tradicional, la línea inspiradora del Gulag o de los crímenes presentes, que no pasados, de tiranos como Fidel Castro, y, precisamente, son el manantial del odio propagado por la izquierda española en los años treinta. No por casualidad libros como *La columna de la muerte* consiguen, aún hoy, despertar rencores en lugar de contribuir a una visión serena y objetiva del pasado.

La matanza de Badajoz

Como hemos visto en anteriores artículos, matanzas como la de Badajoz entran en un contexto muy distinto del que Espinosa pretende en su enredoso libro, y se explican muy de otro modo que el por él ofrecido. Ahora bien, aunque el contexto explicativo sea falso, y falseadas las raíces de la violencia, podría ser fiable la investigación concreta. Esto no parece fácil, pues Espinosa y compañía trabajan con el fin de demostrar la maldad incomparable de los «fascistas». Y, en efecto, es fácil percibir varios puntos débiles en su estudio *La columna de la muerte.*

La matanza de Badajoz por excelencia, la que dio la vuelta al mundo, fue la supuestamente ocurrida en la plaza de toros el día 15 de agosto, descrita en el diario madrileño *La Voz:* «Cuando Yagüe se apoderó de Badajoz (...) hizo concentrar en la Plaza de Toros a todos los prisioneros y a quienes, sin haber empuñado las armas, pasaban por gente de izquierda. Y organizó una *fiesta.* Y convidó a esa fiesta a los cavernícolas de la ciudad, cuyas vidas habían sido respetadas por el pueblo y la autoridad legítima. Ocuparon los tendidos caballeros respetables, piadosas damas, lindas señoritas, jovencitos de San Luis y San Estanislao de Kostka, afiliados a Falange y Renovación, venerables eclesiásticos, virtuosos frailes y monjas de albas tocas y miradas humildes. Y ante tan brillante concurrencia fueron montadas algunas ametralladoras...», con las que habrían masacrado a entre 1.500 y 4.000 prisioneros, según versiones, entre aplausos y griterío de los espectadores. En algunas variantes, muchos presos habrían sido toreados, etc.

Espinosa admira lo «muy bien escrito» que está el artículo de *La Voz,* una pieza brillante en la siembra de enconos con que a cada paso topamos. Pero él mismo reconoce su falsedad. No existió tal fiesta. Sin embargo la falsedad no deja de tener un alto valor para el columnista del enredo: gracias a ella, «la [matanza] de Badajoz había trascendido y se había convertido en paradigma de lo que el fascismo representaba». Fue una mentira muy útil, porque: «la *fiesta,* como toda reducción (!) colmó el imaginario colectivo por contener todos los ingredientes necesarios. Al fin y al cabo ¿qué si no una gran orgía de sangre fue lo que los grupos sociales y económicos amenazados por las reformas republicanas (...) hicieron con esa izquierda extremeña eliminada en masa?» En fin, asegura, la inventada *fiesta* fue, de todos modos, poca cosa al lado de lo realmente ocurrido, y los militares, aunque no presidieran el supuesto jolgorio, eran «capaces de presidir cosas mucho peores que aquella corrida, y sin duda hubieran ocupado un lugar preferente en un posible Nuremberg español. De ahí quizá el arraigo de una historia como la *fiesta*» *.

El arraigo no viene de ahí, desde luego, sino de una masiva e inescrupulosa propaganda del odio que ahora continúa Espinosa, cuya calidad moral e historiográfica brilla en estos párrafos. Y sigue brillando cuando pretende justificar como respuesta a las matanzas de Badajoz las perpetradas por las izquierdas en la Cárcel Modelo y las de Paracuellos, en Madrid, «momentos cruciales de violencia revolucionaria», asegura. Y comenta de ellas: «Por más que lo negaran, esa cadena de violencia favorecía los intereses de los golpistas, que así podían justificar su plan de exterminio y al mismo tiempo mostrar al mundo las pruebas del *terror rojo*.» Sólo le falta decir que fueron los golpistas los autores del terror en el bando contrario. Y vuelve a mentir Espinosa. El terror izquierdista tenía ya una sangrienta trayectoria antes de julio del 36, como hemos visto; y a partir de esa fecha, sin esperar a ninguna violencia derechista, se ejerció de forma masiva, con la convicción de que, ganada la contienda, la historia lo justificaría, como predicaba Largo. Decir que aquellos asesinatos revolucionarios «favorecían los intereses de los golpistas» es bellaquería muy propia, la hemos oído al PNV en relación con el terrorismo etarra y el PP.

Pero, aunque no fiesta, Espinosa sostiene que hubo matanza en la plaza de toros, y por ello se indigna ante su demolición, pues

* *Ib.*, pp. 211-212.

debiera haberse conservado como eterno recordatorio del crimen. Se apoya para sostenerlo en Southworth, un propagandista similar al mismo Espinosa, aunque, lamenta éste, no dedicara a Badajoz «la extensión y profundidad que dedicó a Guernica». La comparación tiene interés, manifiesto en esta observación de Jesús Salas Larrazábal: «Quien tenga probada paciencia puede estudiar los orígenes del mito de Guernica en las 109 páginas del capítulo primero de *La destrucción de Guernica*, en las que [Southworth] va exponiendo, una tras otra, las noticias que publicó la prensa mundial en base a los cables enviados desde Bilbao por los cinco corresponsales extranjeros allí destacados. Los que afronten esta lectura podrán conocer insignificantes pormenores pero (...) no serán capaces de hallar rastros de lo más esencial: los relatos de la prensa de Bilbao, numerosa entonces y, hay que suponerlo, mejor informada. Nadie considere esto como un incomprensible olvido de cronista tan minucioso, pues existe una explicación mucho más lógica: los periodistas de Bilbao no comulgaron con las extravagantes tesis de los contados corresponsales extranjeros que fabricaron la leyenda, y no quisieron ver publicados datos que podían ser refutados fácilmente por los evacuados de Guernica.» El examen de esa prensa, y la intensa investigación documental y sobre el terreno, han permitido a Salas rebajar a 120 la cifra de víctimas real del bombardeo. Son muchos muertos, pero los creadores del mito necesitaron multiplicarlos por 13, hasta 1.600, e incluso hasta 3.000.

El método de Southworth le parece muy bien a Espinosa: si una patraña o una exageración se repite cientos de veces, un seudo historiador puede recopilar esas repeticiones, y dar al lector desapercibido la impresión de estar leyendo un trabajo concienzudo. Pues bien, Espinosa se basa también en los despachos de los corresponsales Mario Neves, Marcel Dany, Jacques Berthet o Jay Allen. Se trata de testimonios bastante diferentes entre sí, cosa en principio comprensible... excepto en un punto, que expongo así en *Los mitos de la guerra civil*: «Sin embargo en la plaza de toros no hubo tales matanzas, al menos el día 15 de agosto, como asevera el mito, ni el siguiente. Podemos tener razonable seguridad de ello, por el testimonio del izquierdista portugués Mario Neves. El 15 [tras haber oído rumores de matanzas en aquel lugar] escribe: *Nos dirigimos enseguida a la plaza de toros, donde se concentran los camiones de las milicias populares. Muchos de ellos están destruidos. Al lado se ve un carro blindado con la inscripción "Frente Popular". Este lugar ha sido bombardeado varias veces. Sobre la arena aún se ven algunos cadáveres. Todavía hay, aquí y allá, algunas bombas que no han explotado, lo que hace difícil y peligroso una visita más pormenorizada.*» Al día siguiente, movido por los insistentes rumores, vuelve al lugar y encuentra el mismo panorama. Nada de *fiesta*, desde luego, pero también parece difícil fusilar en masa en un lugar con bombas sin estallar.

Esto, naturalmente, no lo cita Espinosa, que en cambio finge dar crédito a Neves cuando, muchos años después, pretenderá respaldar a los otros corresponsales «agraviados por la visión atroz de los cuerpos extendidos en la plaza de toros», o por «la presencia de los desgraciados que aguardaban en los chiqueros» (lugares estrechos donde cabe poca gente). ¿Cómo es que él no vio en 1936 los cientos o miles de cuerpos en el coso? No lo explica, sino que intenta desviar la cuestión afirmando que le impresionaron más los cadáveres «dispersos por la ciudad». Cosa increíble, desde luego. Mal que le pese a Espinosa, el testimonio fiable es el de Neves en 1936, y no el de los años ochenta, cuando el mito había crecido hasta convertirse en dogma de fe, y él intentaba respaldarlo «para descargo —decía— de mi conciencia».

Lo anterior hace difícil creer, por decirlo suavemente, la matanza en la plaza de toros. Pero ¿significa eso que no hubo matanza? En modo alguno. La hubo, o, mejor dicho, hubo varias aunque de forma más dispersa y, por así decir, vulgar. ¿Cuántas fueron las víctimas? Según los datos de A. D. Martín Rubio y F. Sánchez Marroyo, a partir de los registros civiles y del cementerio, pueden estimarse, hasta fin de año, entre 500 y 1.500, una represión sin duda larga y despiadada. Pero Espinosa eleva la cifra a unas 7.000, integrando, desde luego, a los caídos en combate y a otras víctimas en diferentes años. No está en mis posibilidades contrastar esos datos ni los métodos empleados, pero advertiré que, vistas las desvirtuaciones tan frecuentes en el autor, y su evidente deseo de revolver bilis, sus datos ofrecen el mayor margen a la desconfianza. Otros podrán hacer sobre el terreno las comprobaciones pertinentes.

Cosa no fácil. Un joven historiador andaluz, que me ha rogado el anonimato, me ha escrito: «En la provincia de Córdoba por los años 80 escribió un historiador dos libros sobre la represión. Se llama Francisco Moreno Gómez y sigue la línea de Tuñón de Lara. Pues de esta semilla, han brotado varios neorrepublicanos en Andalucía que nos la están minando de odio pueblo a pueblo, con una cantidad de publicaciones subvencionadas por los ayuntamientos, diputaciones o junta.» Mi comunicante empezó a indagar sobre las huellas de uno de esos investigadores, y pudo asombrarse de la cantidad de falseamientos que encontró. Pero, advierte, es difícil contrarrestar el ambiente creado, pues quien lo intenta recibe de inmediato los títulos de «facha», «reaccionario», «beato», etc.

Juliá dice en su artículo de elogio a Espinosa en *Babelia*: «Los cerca de 7.000 asesinados por la "columna de la muerte" quedan reducidos [en *Los mitos de la guerra civil*] a unos cuantos centenares, nada de lo que admirarse, como aconseja el autor, horrorizado, esta vez sí, por la matanza en la cárcel modelo de Madrid.» Juliá falsea las cosas una vez más, siguiendo su mal método. Los cientos de muertos en Badajoz, como en tantos otros lugares, me parecen una atrocidad, pero no pierdo el tiempo en poner poses de indignación ni en aconsejar admirarse ni horrorizarse para despertar la «mala leche». Mi posición ha sido en todos los casos buscar los hechos y las raíces de ellos. Y la raíz fundamental, insisto, todos sabemos dónde está. Ojalá todos aprendiésemos del pasado, pero son demasiados los que persisten, aún hoy, en el rencor.

Los muertos matan a los vivos

Aquellos viejos aborrecimientos y sus trágicas consecuencias fueron poco a poco olvidándose en la posguerra, y en los años sesenta todo ello era visto generalmente como cosa de un pasado que casi nadie añoraba. El ambiente cívico español se había vuelto insólitamente moderado. A menudo se destaca la prosperidad de aquellos años como la clave de una exitosa transición democrática, pero tuvo aún mayor relevancia la moderación predominante en el espíritu de la gente. Los rencores estaban superados, y sólo en las Vascongadas pudieron volver, hasta cierto punto, los antiguos fantasmas (con intensa colaboración de buena parte del clero, todo sea dicho).

Pues bien, ese ambiente parece haber disgustado a algunos. Desde hace años soportamos la constante reivindicación del *maquis*, el desentierro de cadáveres y búsqueda de fosas comunes, acompañados de una sombría propaganda y el recuerdo machacón de las atrocidades más susceptibles de despertar entre los jóvenes y la gente poco informada un rencor retrospectivo... perfectamente proyectable al presente. Por supuesto, se trata siempre de crueldades derechistas.

El libro de Espinosa, *La columna de la muerte*, es un ejemplo más. El autor sigue la concepción marxista tradicional, la concepción inspiradora del Gulag o de las acciones de tiranos actuales como Fidel Castro. Para Espinosa y compañía, la guerra fue un enfrentamiento «de clase»: el fascismo contra «el pueblo», una «oligarquía» de propietarios, militares y curas, contra «los trabajadores». Tal es el pensamiento, si vale aquí la palabra, que empapa su trabajo, el mismo pensamiento que animaba las consignas de Largo Caballero, de las Juventudes Socialistas y de tantos otros en los años treinta. Pensamiento muy del gusto, al parecer, de Santos Juliá, ensalzador acrítico de Espinosa.

Pero, aunque habla del pasado, esta campaña apunta al presente. Apunta, por un lado, a la transición democrática y sus efectos, cuestionados ahora porque, afirman los desenterradores, se hizo a costa del olvido de la historia, y están lastrados por una falsa reconciliación. La actual democracia habría sido en buena medida una continuación del franquismo, y por esa razón exigiría cambios sustanciales. En el mismo sentido ha caminado estos años la reivindicación de la catastrófica II República, fantásticamente idealizada como un régimen paradisíaco a recuperar de algún modo; o ahora mismo las audacias balcanizantes de los nacionalistas vascos y catalanes, y de varios líderes socialistas: los estatutos de autonomía están «superados», y la Constitución ya no vale, debe ser transformada profundamente según los deseos de los «superadores». En un plano más inmediato, se trata de etiquetar a la derecha como heredera de aquellos asesinos que «aplastaron al pueblo», y por tanto descalificarla moralmente, debilitarla y restarle los votos de quienes se dejen impresionar por tal demagogia. Lo hemos visto con motivo de la guerra de Irak, cuando toda esa gente volvió a la violencia y la prédica del odio con los tonos archisabidos. Por suerte la jugada no les ha salido bien del todo, y ¡hay que ver su amargura tras las últimas elecciones!

Sin embargo sería una necedad creer pasado el peligro. «Los muertos matan a los vivos», hacía decir Esquilo a un personaje en *Las coéforas*, cuando Orestes vengaba a su padre asesinado. La frase, trágicamente descriptiva, gustaba mucho a Ortega. La transición democrática no se hizo sobre el olvido, como pretenden algunos, y si así fue, el compromiso nunca lo cumplió buena parte de la izquierda y los nacionalismos, que no han cesado en estos años en sus memorias envenenadas. El compromiso real fue más bien el del perdón, el de no permitir que los muertos matasen a los vivos, no permitir que las esperanzas y posibilidades de convivencia en España volvieran a malograrse por la siembra de los viejos fanatismos.

Si queremos impedir la deriva a que algunos quieren empujarnos, debemos denunciar enérgicamente la desvergüenza de la «historiografía» al uso, del «arte» cinematográfico y de mucha literatura en relación a la guerra civil y el franquismo. Ya que tantos izquierdistas se empecinan en su fúnebre labor, será preciso recordarles (como acaba de hacer César Vidal en *Las checas de Madrid*) los ríos de sangre derramados a su vez por sus antecesores, e invitarles a reflexionar sobre si les conviene insistir en una línea que en el pasado dio frutos tan amargos para todos.

8

LA OPOSICIÓN ANTIFRANQUISTA EN LA HISTORIA *

Tengo la impresión de que una de las causas del fracaso de la oposición antifranquista durante casi cuarenta años, fue su anclaje en los mitos y concepciones de la guerra civil. Y, en más de un sentido, la izquierda actual y los nacionalistas siguen anclados en el pasado, intentando por todos los medios derrotar a Franco. Tampoco me parece casual que el eje de la oposición al franquismo fuesen los comunistas, en especial el PCE —pues hubo otras corrientes, como la maoísta—, es decir, el partido que durante la guerra llegó a hacerse hegemónico en el Frente Popular.

En cuanto al libro *De un tiempo y de un país* creo que, aparte su carácter testimonial, refleja también la militancia antifranquista de los años sesenta y setenta. He expuesto, por ejemplo, cómo agitaba, cómo se organizaba, sus contradicciones y dudas ideológicas y políticas, ciertas actitudes corrientes en ella, etc. De modo que empezaré aquí examinando el contexto histórico de aquellos movimientos.

Por entonces, España era uno de los países de mayor crecimiento del mundo, hasta el punto de que muchos especialistas

---

* Presentación del libro *De un tiempo y de un país,* memorias de mis años en el PCE y el PCE(r)-GRAPO (Madrid, 2002).

calculaban que en los años ochenta dejaría atrás a Italia y Gran Bretaña. Rápidamente iban siendo superados los fenómenos de miseria y desigualdad tan extendidos desde el siglo XIX, y que habían contribuido, como sustrato explotado demagógicamente, a la guerra civil. España había llegado a ser el tercer país del mundo en expectativa de vida, detrás de Suecia y Japón, y por encima de Usa, Alemania o Francia, cuando en los años treinta era uno de los europeos más atrasados al respecto. El hambre, tradicional plaga, había sido erradicada ya en los años cincuenta, el analfabetismo se había reducido a porcentajes marginales, y la enseñanza superior se iba masificando, en buen y mal sentido. En muchos aspectos era un país envidiable, donde la creciente riqueza apenas iba enturbiada por fenómenos como la droga y el alcoholismo juvenil, en que la familia parecía una institución sólida, y los índices de delincuencia estaban entre los más bajos del mundo, con la población reclusa proporcionalmente menor de Europa, ausencia de policías privadas, etc.

Conviene recordar estos hechos, que debieran ser una obviedad de conocimiento general, porque han sido oscurecidos o tergiversados de tal manera en estos años, que un joven actual no tiene la menor idea de ellos, o tiene una imagen de aquel tiempo contraria a la realidad.

Pues bien, paradójicamente fue en aquellos tiempos cuando el movimiento antifranquista cobró mayor amplitud y violencia, si exceptuamos los años del *maquis*. Naturalmente, esto podría explicarse por la falta de libertades políticas, pero me temo que no era esa la causa. Aunque la oposición activa no dejaba caer de la boca las palabras libertad y democracia, era un lugar común en ella el desprecio por las llamadas «libertades formales», que, en opinión de la mayoría antifranquista, carecían de sustancia y sólo servían para encubrir la dominación *burguesa*. En una opinión muy extendida —incluso hoy día—, lo que contaba era la miseria o la riqueza de las masas, el materialista bienestar, por así decir. Desde ese punto de vista, los logros económicos del franquismo deberían haber sido mirados con el máximo aprecio por aquella oposición, pero ocurría lo contrario. Dichos logros se negaban, contra toda evidencia, como ahora siguen negándose, o más bien silenciándose. Los modelos admirados por la oposición eran dictaduras como la de Castro, la de Mao o la de Bréshnief, incomparablemente más férreas que la franquista. El partido más fuerte y activo de la oposición era sin duda el Partido Comunista, cuyos dirigentes se llevaban especialmente bien con regímenes de tanta libertad como el rumano, el de Corea del Norte o el de Alemania oriental... apellidada «democrática» para mayor sarcasmo.

En los últimos años ha habido intentos de difuminar el protagonismo del PCE en la oposición antifranquista, resaltando en cambio el de los socialistas u otros, como los democristianos, monárquicos, etc. Sin embargo, quien no haya perdido totalmente la memoria recordará que el PCE fue el único partido que combatió al régimen de Franco desde el principio al final, y que en los años sesenta dominó asociaciones tan importantes como Comisiones Obreras, la Asamblea de Cataluña, los clubes de amigos de la UNESCO, el Sindicato Democrático de Estudiantes, numerosas asociaciones profesionales y círculos de barrio, etc. Además, en los años sesenta y setenta surgen nuevas formaciones, menores pero muy activas y violentas, como los partidos maoístas o algunos grupos trotskistas, todos ellos variantes del comunismo. La misma ETA y diversos grupos nacionalistas gallegos y catalanes lo eran también en gran medida.

Sin duda alguna, la oposición activa a Franco tuvo carácter comunista en una proporción muy elevada. Otros sectores, como los nacionalistas catalanes o el PNV, anarquistas, republicanos, democristianos, socialistas, monárquicos, etc., no pasaban de círculos restringidos y poco activos, que, salvo los anarquistas, autores de golpes esporádicos, se limitaban a esperar la muerte de Franco para ver si se les presentaba una oportunidad. Entre tanto, algunos de ellos colaboraban en las organizaciones amplias fundadas por los comunistas, como la Asamblea de Cataluña, o en los grupos de profesionales, o en el llamado Pacto para la libertad.

Los comunistas constituyeron, por tanto, la parte esencial y el eje de la oposición. Tradicionalmente empleaban poco la consigna de comunismo, y muchísimo la de democracia y antifascismo o antifranquismo, a fin de arrastrar al mayor número posible de personas y crear una dinámica que impulsara a todo el movimiento hacia la llamada dictadura del proletariado, o socialismo. Pero nadie podrá cuestionar seriamente que se trataba de un partido fundamentalmente antidemocrático. Identificar antifranquismo y democratismo es una clara falsificación propagandística, inadmisible en una visión objetiva de nuestro pasado. Los demócratas pesaban muy poco en aquella oposición.

Las ideas y concepciones comunistas tuvieron un influjo extraordinario, siguen teniéndolo en muchos ámbitos, y se extendieron a las mismas derechas, como quedó de relieve en un episodio sumamente revelador: la visita de Solyenitsin a España, a poco de la muerte de Franco y cuando aún subsistía su régimen prácticamente intacto.

Solyenitsin, premio Nobel de literatura y uno de los grandes testigos y denunciadores del totalitarismo en el siglo XX, describió el panorama que había encontrado en España, incomparablemente más libre que el de la URSS, dando al respecto una buena cantidad de ejemplos. Los antifranquistas reaccionaron con auténtica furia. Y lo más significativo es que la reacción no provino sólo, ni mucho menos, de los comunistas, claramente presentes en revistas como *Triunfo,* de gran tirada e influencia por entonces. Fue una reacción casi general, con alguna excepción como la de J. P. Quiñonero. Intelectuales prestigiosos y no comunistas, como Benet, defendieron abiertamente el Gulag para gente como Solyenitsin. Incluso Cela o Jiménez de Parga añadieron su voz al coro que fustigaba al gran escritor ruso, por haber tenido la audacia de comparar a la URSS con España. Insultos como «payaso», «paranoico clínicamente puro», «embustero», «turista privilegiado», «chorizo», «espantajo», «mendigo desvergonzado», «hipócrita», «bandido», «mercenario», «viejo patriarca zarista», etc., menudearon en los comentarios de la oposición *.

Aquella reacción contra Solyenitsin no debe considerarse una simple salida de tono, sino una plena revelación, el autorretrato al desnudo de un antifranquismo que generalmente disimulaba con más cuidado su verdadera ideología, pero que en esa ocasión perdió los nervios. Pues la defensa, o al menos la simpatía y el respeto por la tiranía soviética, y la ocultación de su realidad, formaban parte muy importante de la conducta de aquella oposición antifranquista, y por ello le hirieron tan en lo vivo las palabras de Solyenitsin, realzadas por su prestigio internacional y su obra literaria. La identificación de antifranquismo y democracia, insisto, es básicamente falsa.

Cabría pensar, por tanto, que la oposición activa al franquismo atacaba a éste, no por ser una dictadura, sino por serlo demasiado poco, por no alcanzar ni de lejos la dureza de las dictaduras de tipo marxista. Decir esto puede sonar a sarcasmo, pero creo que describe bien los hechos. Lo que queríamos la mayoría de quienes militábamos en la oposición activa era una dictadura mucho más completa y estricta que la de Franco, totalitaria y no meramente autoritaria, y enfocábamos nuestro uso y abuso de

* Tratado más por extenso en Ricardo Paseyro, *España en la cuerda floja*, Barcelona, 1977, pp. 25 y 55, recogido en *Los mitos de la guerra civil*, pp. 531 ss.

las consignas de libertad y democracia como una artimaña o táctica indirecta para alcanzar el objetivo anhelado.

Vista así la cuestión, puede parecer que cuantos militábamos en el comunismo y similares éramos unos malvados y embusteros de raíz, pero aquí no trataré esa cuestión, sino que intentaré hacer ver cómo siguieron ese camino bastantes personas intelectualmente inquietas y despiertas, a veces muy capaces, y moralmente dispuestas a arrostrar grandes sacrificios por defender su causa. Dicho de otro modo, trataré de exponer en qué consistía el atractivo de la doctrina marxista.

Creo que hay tres causas fundamentales de la fascinación ejercida por el marxismo, al margen de la avidez de poder y rencor social por él fomentados.

Para empezar, dicha doctrina ofrecía una aparente explicación de carácter científico para todos los problemas humanos. No se presentaba como una teoría utópica más, basada en fáciles buenos deseos, sino como la aclaración del sentido de la historia a través de la lucha de clases entre explotadores y explotados. El capitalismo vendría a ser la culminación de las sociedades de clases, un sistema promotor de un inmenso desarrollo de las fuerzas productivas, pero incapaz de distribuir los frutos de su producción. El marxismo examinaba el sistema burgués y predecía su evolución necesaria: el capital, explotador de la gran mayoría, creaba sus propios sepultureros, pues las masas proletarizadas, sometidas a condiciones de vida cada vez peores, terminarían rebelándose. El proletariado, guiado por la teoría científica, se emanciparía y emanciparía a la humanidad entera de siglos de opresión, abriendo paso a una etapa superior de la historia humana.

La potencia explicativa de la teoría de la lucha de clases atrajo a miles de intelectuales, y conquistó en buena medida las ciencias sociales en las universidades de Occidente. Su influencia persiste hoy, pues aquellos profesores, aunque sorprendidos y deprimidos por la caída del muro de Berlín, no acaban de entender lo ocurrido, y siguen inmersos en las mismas formas de pensamiento y análisis, e influyendo en la juventud.

Sin embargo, la pretensión científica del marxismo había sido concienzudamente refutada ya a finales del siglo XIX por economistas como Böhm-Bawerk, que demostraron el absurdo de la teoría de la explotación de Marx, apoyada en una idea falsa del valor de las mercancías, fundamento del no menos falso concepto de plusvalía. Pese a lo cual, el marxismo prosiguió su carrera triunfal en el siglo XX, en el cual dejó una profunda marca de sangre y fuego.

Por consiguiente, el atractivo de tal doctrina no se explica sólo por la ilusión de su carácter científico, sino, ante todo, por otra ilusión complementaria: la de una nueva sociedad, igualitaria y repleta de bienes, donde el ser humano alcanzaría el pleno desarrollo de sus capacidades, superando los factores que le «alienaban». Este era el impulso y la ilusión fundamentales. No se creía en esa sociedad maravillosa porque la ciencia marxista demostrara la posibilidad y necesidad de ella, sino al revés: se creía en la supuesta ciencia porque prometía la utópica sociedad anhelada.

La Gran Promesa tenía otro aspecto fascinante: su carácter épico. Proponía un combate gigantesco contra las fuerzas acusadas de encadenar al ser humano, una reedición de la lucha de los titanes contra los dioses, el asalto a los cielos, como expresaba agudamente Marx valiéndose de la mitología griega. En la mitología vencían los dioses, pero ahora triunfarían el titán Prometeo y los suyos. Este ímpetu intensamente bélico se manifiesta en la extrema violencia con que siempre se impuso el marxismo. No debe despistar al respecto su constante empleo de las consignas de paz y de «lucha por la paz», pues se trataba sólo de una táctica para desarmar a la *burguesía*, al «imperialismo», etc., pintados como los únicos interesados en la guerra. De igual modo, la consigna de «libertad y democracia» nunca persiguió otro objetivo que socavar las libertades «formales» y las democracias «burguesas».

En la propuesta titánica contra los «dioses» radica, a mi juicio, lo esencial de poder de atracción del marxismo. Los dioses aluden a la insuficiencia y culpabilidad del ser humano. En la religión, y de modo muy explícito en la cristiana, el bien y el mal se encuentran en el individuo, aunque sus raíces sean misteriosas. De ahí nace el insoportable sentimiento de culpa por el mal, pero también la responsabilidad y la libertad. Las ideologías, en cambio, postulan la bondad esencial del ser humano, atribuyendo el mal, que aliena o deforma al hombre, a factores de alguna manera exógenos o circunstanciales, desde el trabajo asalariado a la religión, o, más vagamente, a la «sociedad». Este modo de entender la vida parece una liberación: la culpa personal se desvanece, es proyectada íntegramente sobre el llamado sistema burgués y, naturalmente, sobre cuantos lo defienden. Los llamados burgueses cargan con toda la culpa existente, y merecen, por tanto, ser aplastados sin escrúpulo o remordimiento, en bien de la emancipación humana.

No por casualidad este ideal exaltado ha generado un prodigioso empuje de agresión, así como una capacidad asombrosa para mentir, calumniar, desfigurar la realidad, tácticas siempre justificadas en pro del fin grandioso, aunque bien podrían verse, a la inversa, como indicios o pruebas del carácter fraudulento de ese fin. Tampoco es casual que, al proyectar la culpa de ese modo, cayera por tierra la libertad en los regímenes socialistas. Sólo podía admitirse el pensamiento y la acción marxistas, cualesquiera otros debían ser eliminados como un mal absoluto. En definitiva, cuanto contribuyera a acabar con los explotadores era bueno. Y eran malas cualesquiera actitudes que pudieran ayudar al enemigo designado, así se presentaran como respeto a la verdad o a la vida humana: prejuicios burgueses, en definitiva.

Y sin embargo, después de haber derrocado a los culpables *burgueses*, ¡el mal y la culpa resurgían misteriosamente en el seno del mismo partido, vanguardia ilustrada de la nueva sociedad! Las diversas facciones comunistas se acusaban, en su sangrienta lucha por el poder, de «burguesas», «fascistas», «agentes del imperialismo», o, de modo más colorista, de «perros rabiosos», «víboras lúbricas», etc. Los culpables y la culpa reaparecían sin cesar en el corazón del movimiento marxista, y la lucha contra el mal nunca concluía. Peor, si cabe: tras las purgas estalinistas, que habían mantenido la unidad del movimiento comunista mundial, esa unidad se rompía a principios de los años sesenta, apareciendo un sector pro soviético y otro pro chino, que se atacaban con ferocidad.

Un tercer elemento de fascinación en el marxismo, parejo al de la serpiente sobre su presa, fue su enorme éxito práctico. Hoy, caído el muro de Berlín, el comunismo parece haberse esfumado como un fantasma, pero durante setenta años fue un poder de un impulso expansivo sin paralelo en la historia. En tan pocos decenios extendió su poder sobre más de un tercio de la humanidad y organizó en todas partes movimientos de masas y partidos muy activos y disciplinados, fuerzas de choque fanatizadas y auténticamente temibles, hasta el punto de derrotar, en Vietnam, a la mayor superpotencia del mundo. Junto a ello, la URSS alcanzó logros técnicos y científicos tan notables como colocar el primer satélite artificial o el primer hombre en el espacio, o un gran poderío atómico. Según se decía, en esas sociedades no había desempleo ni hambre, y se había abolido la explotación del hombre por el hombre.

Todo ello creaba al comunismo una aureola triunfal, que señalaba el camino a la humanidad entera. Muchos se sumaban al movimiento, sea por oportunismo de apuntarse al probable ganador, sea porque tales logros parecían probar la corrección de la doctrina, por encima de defectos o errores que debían considerarse parciales y pasajeros. Sin esa impresión triunfal, para unos exaltante, para otros intimidatoria, no podrían explicarse actitudes como la de vastos sectores de la Iglesia católica. La Iglesia había sido una de las barreras más eficaces contra el comunismo, pero, en los años sesenta, parte de ella se convirtió en vía de infiltración y penetración de aquél. Baste pensar en la teología de la liberación, o, volviendo al caso de Solyenitsin en España, la actitud de *Cuadernos para el diálogo,* revista católica donde Benet justificaba los campos de concentración. Carrillo y los soviéticos idearon una estrategia para alcanzar el socialismo «con la hoz y el martillo en una mano, y la cruz en la otra».

Este éxito resultaba paradójico, pues tenía carácter político y militar, a veces científico, pero nunca cumplía sus promesas de mejorar la vida de las masas. Lo más que lograba era instaurar una pasable economía carcelaria, como indicaba Solyenitsin, y ello sólo después de haber causado inmensas hambrunas y privado de todo derecho a los *proletarios* bajo la imaginaria dictadura de éstos. Ni siquiera cabía el consuelo de una sociedad pobre, pero igualitaria: la oligarquía del partido no sólo gozaba de privilegios inexistentes en los países occidentales, como tiendas exclusivas para ella, sino que de hecho poseía el país entero, disponiendo sin el menor control sobre la vida de sus habitantes. ¿Cabe mayor desigualdad?

La experiencia ha resultado terrible, pero sería iluso pensar que no renacerá algo semejante. La fascinación de las utopías pervive como parte de la condición humana, y ahora mismo constatamos el influjo de formas degradadas del marxismo en multitud de movimientos de tipo tercermundista, ecologista, feminista y similares.

En mi caso personal, pues de ello trata el libro, lo que más me influyó para abandonar el marxismo fue constatar la falsedad de sus pretensiones científicas. Concretamente, el estudio de una teoría fundamental en Marx, la de la tendencia a la caída de la tasa de ganancia, me convenció de que esta teoría y su fundamento en la teoría del valor y la plusvalía, son contradictorias en sus propios términos. Ello me aclaró las cosas, pues mientras uno cree en el carácter científico del marxismo, siempre puede justificar sus crímenes considerándolos errores corregibles, lógicos en una tarea tan gigantesca e históricamente nueva como poner en pie la sociedad paradisíaca. Pero cuando se constata que la supuesta ciencia constituye un fraude, ya no cabe excusar nada: los crímenes y los errores son inevitables, pues surgen forzosamente de una teoría falsa en su raíz.

Mi caso, sin ser único ni mucho menos, tampoco es típico en España. Buena parte de quienes militaron en aquellas organizaciones lo hacían por razones confusas, y la caída de la URSS les sorprendió de muy mala manera. Fueron abandonando en silencio sus militancias y hasta cierto punto sus creencias, aunque éstas subsisten en muchos de ellos de manera vaga, al no haber sido examinadas críticamente ni sustituidas por ninguna otra idea. En bastantes casos, su marxismo sólo respondía a deseos y esperanzas de conseguir un poco o un mucho de poder, y por ello cambiaron con toda naturalidad la militancia en partidos marxistas leninistas por las de otros partidos, en especial el PSOE, que les ofrecían mejores perspectivas prácticas. Pero esas carreras poco brillantes no obstan para que, en conjunto, el significado del movimiento comunista, y las causas principales de su atracción o más bien fascinación sobre tanta gente, fueran las antes señaladas.

Pues bien, si, como decía, la oposición activa al franquismo fue muy mayoritariamente comunista o giró en torno a grupos comunistas, está claro que no puede haber sido la autora de la democracia actual —aunque en algo hubiera contribuido—, en contra de una opinión muy extendida. Y no lo ha sido. Como todo el mundo puede recordar, si quiere, fue el grueso de la clase política franquista, empezando por un rey designado por Franco, por un jefe del partido franquista, Adolfo Suárez, y por un ideólogo y político del régimen, Torcuato Fernández Miranda, seguidos por casi todos los miembros de aquellas Cortes, la que diseñó y organizó la transición como reforma desde el régimen, de las leyes a las leyes, y no como ruptura, según quería el antifranquismo. A lo largo de 1976, los opositores, ya en plena libertad de expresión y asociación de hecho, intentaron imponer la vía rupturista, que debía culminar en una gran huelga general en noviembre, pero fracasaron. Y volvieron a fracasar en el referéndum de diciembre, cuando la vasta mayoría de la población respaldó el plan reformista propuesto por Suárez. A mi juicio, eso fue lo mejor que pudo haber ocurrido. Percibiremos los peligros del rupturismo si recordamos que los dos organismos de la oposición, la Junta y la Plataforma democráticas, agrupaban a comunistas tradicionales, maoístas, cristianodemócratas, nacionalistas, socialistas que seguían sintiéndose marxistas, y otros sectores y personajes varios. Todos ellos, salvo el PCE, carecían de organización algo sólida y de raíces en la población. En esas condiciones, la ruptura habría supuesto un salto en el vacío.

Y fue entonces cuando entró en acción el PCE(r)-GRAPO. Como indiqué más arriba, la táctica revolucionaria marxista juega tanto con los métodos violentos como con los pacíficos, los legales como los ilegales, acentuando uno u otro según lo indica su análisis de la situación. Carrillo, después de la derrota del maquis en los años cuarenta, se inclinaba por la vía pacífica, sin excluir nunca la armada si las circunstancias lo favorecían. Todavía en 1978, en plena prédica del llamado eurocomunismo, Carrillo prologaba un libro de discursos de José Díaz, dirigente del PCE antes de la guerra civil y durante ella, recomendándolo a los jóvenes del partido porque «puede encontrarse en él respuesta cumplida a problemas como el de las alianzas con otras clases y capas de la sociedad; la relación entre democracia y revolución, entre la lucha de masas y la lucha armada». Es decir, la política del viejo PCE seguía siendo esencialmente válida en 1978. Y debe recordarse que esa política consistió, antes de la guerra, en preparar milicias y exigir la disolución de todas las organizaciones de derechas y el encarcelamiento de sus líderes; y durante la guerra, en exterminar a la derecha, dominar el ejército e imponer su línea política a los demás partidos del Frente Popular, sin vacilar en ejercer el terror contra ellos.

La diferencia fundamental entre Carrillo y nosotros [los del PCE(r)] en aquel tiempo radicaba en que, en nuestro análisis, había que poner el acento en la lucha armada y no en la acción legal. Para Carrillo, una acción legalista conducida con buena táctica revolucionaria, permitiría socavar la democracia *burguesa* y adelantar mucho camino hacia el socialismo. Según nuestro análisis, la acción legalista llevaba a lo contrario, a debilitar el movimiento revolucionario e integrarlo en el sistema burgués, un sistema considerado por nosotros inevitablemente fascista. En consecuencia, la línea adecuada debía concentrarse sobre todo en la lucha violenta. Y eso fue lo que hicimos, secuestrando primero a Antonio María de Oriol, ex ministro de Justicia de Franco y cabeza de las mayores empresas del país, y luego al teniente general Villaescusa, presidente del Consejo Supremo de Justicia militar. Buscábamos sabotear el referéndum de la reforma política, denunciar la existencia del fascismo al exigir la libertad de presos condenados por acciones terroristas y demostrar al pueblo que sólo la acción armada conseguía hacer retroceder a la reacción. Afortunadamente el gobierno no cayó en la trampa de lo que hoy llamaríamos «diálogo», y toda la operación fracasó finalmente, aunque tuvo en vilo al país durante casi dos meses.

Creo que aquellos secuestros, dentro de su carácter evidentemente desestabilizador, tuvieron un resultado inesperado y positivo, al obligar a la oposición antifranquista a moderarse, pues, como se hallaba prácticamente en la legalidad, estaba a merced de un vaivén represivo, si el gobierno hubiera optado por dar marcha atrás en las reformas. Parte de la derecha sospechaba que el GRAPO dependía en realidad del PCE, y se mencionaba a Romero Marín, un dirigente comunista formado militarmente en la URSS, como el verdadero cerebro. En estas peligrosas circunstancias, la oposición, y sobre todo el PCE, se vio obligada a extremar la prueba de sus propósitos legalistas, y por ello contraatacó asegurando no saber nada del GRAPO, pintando a éste como una organización de provocadores al servicio de los sectores franquistas más retrógrados. Ello era perfectamente falso, pero permitió crear una leyenda, persistente aún hoy, sobre el «misterioso GRAPO». El misterio nadie tenía la menor intención de aclararlo, como comprobé al escribir el libro *De un tiempo y de un país*: pese a ser el único testimonio de primera mano que exponía los hechos desde dentro, me fue casi imposible publicarlo, y sólo después de un año y medio de intentos en diversas editoriales, accedió el esforzado editor José María Gutiérrez, de ediciones De la Torre, a sacarlo a la luz. Pero así es la política.

Por tanto, la democracia actual no proviene de una ruptura, sino de una reforma; no fue impulsada por la oposición antifranquista, sino fundamentalmente por el franquismo; y si penetramos a través de la niebla de una propaganda machacona, percibiremos dos hechos importantes: que la estabilidad de nuestra democracia depende en medida muy importante de la sociedad creada bajo el régimen anterior, una sociedad próspera, bastante culta, con una clase media muy extendida y de tendencias moderadas. Y que, por el contrario, casi todos los factores de inestabilidad y riesgo para la democracia hunden sus raíces en el antifranquismo. Así el terrorismo, o los nacionalismos balcanizantes, la enorme corrupción de hace unos años o el intento de enterrar a Montesquieu, es decir, de socavar la división de poderes degradando la independencia del poder judicial, ataques muy serios a la libertad de prensa, los intentos de sustituir las urnas por la agitación callejera, la misma falsificación de la historia reciente. Todos esos movimientos tienen la marca, repito, del antifranquismo, cuyo carácter democrático no existió en el pasado y aún hoy sigue sin ser muy fuerte. Señalar estas cosas puede resultar chocante, dado el poderoso influjo de la propaganda contraria en los últimos años, pero basta recurrir a la memoria y al sentido común para darnos cuenta de su completa realidad.

Es más, hoy asistimos a una vasta operación para imponer de una vez la «ruptura», negando o restando valor a la reforma democrática y al proceso transcurridos estos veinticinco años, con vistas a cambiar la Constitución en el sentido deseado por quienes aspiran a ahondar en la disgregación de España, imponiendo la separación de hecho de las Vascongadas y Cataluña. Tal designio me parece en extremo peligroso, y sería conveniente que todos tomásemos conciencia de lo que está en marcha y de la necesidad de frustrar semejantes tendencias, promotoras de un espíritu guerracivilista.

Naturalmente estas concepciones, aunque implícitas en *De un tiempo y de un país*, no están desarrolladas en él, pues no se trata de un libro de tesis sino sobre todo de un relato, en el que he procurado exponer cómo se organizaba en aquellos años la agitación y la propaganda, el proselitismo, y cómo iba surgiendo poco a poco la práctica de la lucha armada y su inevitable decaimiento en conductas terroristas y mafiosas; cómo eran las relaciones, las ideas y las peripecias personales de quienes participamos en aquella aventura que ahora, con la perspectiva de los años, parece alucinada, pero que puede comprenderse perfectamente desde el marxismo, y no sólo desde el marxismo, razón por la cual me he extendido en las consideraciones anteriores.

9

UN COLETAZO DE LA GUERRA CIVIL

—No sé si sabes que están haciendo circular por ahí que en tus viejos tiempos le pegaste un martillazo en la cabeza a un policía muerto o moribundo —me comentó José Luis Gutiérrez, ex director de *Diario 16*, periódico hundido desde el poder en una maniobra típicamente antidemocrática. Estábamos sentados en la terraza de un café, subiendo hacia el Retiro, enfrente del Jardín Botánico.

—Sí, algo de eso he leído de un tipejo en la cadena de *El Periódico,* y Tusell venía a insinuarlo en su articulillo pidiendo la censura contra mí, a raíz de la entrevista de Dávila*. Estoy esperando a ver si lo oficializan en *El País*, para responder. De hecho ya lo había indicado Martín Prieto hace unos años, sin nombrarme y probablemente con buena intención, pero que me cabreó bastante. Como entonces yo no tenía cancha en ningún periódico, le envié a él y a otras personas una nota sobre ello.

—¿Qué decías?

—Bueno, creo que la cosa viene de un informe policial sobre la acción del 1 de octubre de 1975 cuando, como quizá recuer-

---

* La entrevista, en TVE 2, provocó un furor increíble en medios izquierdistas y *progresistas.* El PSOE e IU pidieron también la censura y la cabeza de Dávila y otros responsables.

des, el PCE(r) mató a cuatro policías en Madrid. Esa es la acción de la que más tarde tomó nombre el GRAPO: «Grupos de Resistencia Antifascista Primero de Octubre». Según el informe, algunos testigos habían dicho que me habían visto golpear con un martillo a un policía a quien acababa de balear Fernando Cerdán, entonces el jefe de la «sección técnica», es decir, la sección armada del PCE(r). No hubo ningún martillazo, desde luego, pero le decía a Martín Prieto que no era cuestión de palabra contra palabra, pues un buen informador podía comprobar el hecho simplemente con la autopsia de la víctima.

—De todas formas esa gente está haciendo correr por ahí el asunto, con el peor afán de perjudicarte.

—A esa gente le importan un bledo las víctimas, sino sólo cómo pueden utilizarlas, aunque haya pasado un cuarto de siglo. Ahora utilizan a aquélla para replicar a *Los mitos de la guerra*. Esos buitres no cambian. De todas formas tendré que hablar más de eso, aunque sea muy doloroso, porque también permite entender otras cosas. Ya que ahora me dedico a historiar a otros, tendré que aplicarme el cuento.

Lo esencial está ya escrito, en *De un tiempo y de un país*, sin citar nombres. Ahora lo contaré con detalle.

El contexto

En 1975, la Organización de Marxistas Leninistas Españoles (OMLE), fundada en París a raíz de las revueltas de mayo de 1968, consideró que había madurado lo suficiente para transformarse en el Partido Comunista de España, al que se agregó la coletilla de «reconstituido», para diferenciarlo del PCE oficial, el de Carrillo, degenerado por el *revisionismo*. El nuevo partido pertenecía a la corriente maoísta, enfrentada a la revisionista o neoburguesa de la URSS y de los partidos de ella dependientes. Trataba de recuperar las buenas y puras tradiciones marxistas-leninistas que habían llevado al PCE a dirigir la guerra de 1936-39 contra el *fascismo*. Yo pertenecía a la dirección ejecutiva del PCE(r), como responsable de propaganda. Había entonces numerosos grupos maoístas, como el PCE(ml)-FRAP (con lo de m-l pretendía reivindicar la doctrina marxista-leninista, a la que habría traicionado Carrillo), pero nosotros los considerábamos, en general «oportunistas de izquierda». Uno de nuestros objetivos fundamentales era desarrollar la lucha armada.

En nuestra teoría, vivíamos bajo un régimen básicamente indiscernible del nazismo, basado en la violencia permanente y nacido de una guerra en la que «el pueblo» había sido aplastado salvajemente. A un régimen así no se le podría doblegar jamás de otro modo que por la lucha armada de masas, la cual debía empezar, como siempre había ocurrido, por pequeños grupos capaces de golpear y revelar con sus golpes la íntima fragilidad del *fascismo*, animando así al pueblo a incorporarse a la lucha, hasta hacerla arrolladora. Pues parecía evidente que si el pueblo soportaba al régimen de Franco se debía exclusivamente a desmoralización causada por la derrota en la guerra y la posterior degeneración burguesa del partido revolucionario, el PCE.

Vale la pena señalar cómo en estos últimos años están proliferando los estudios que presentan al franquismo como un régimen espeluznante, bárbaro sin matices, contra el cual, implícitamente «valdría todo», aunque no es muy seguro que quienes así escriben hubieran actuado en consecuencia en aquella época. En realidad, no pocos de ellos realizaron entonces una excelente carrera profesional, a menudo en los rangos funcionariales de un régimen que tan insoportable pintan... algo tardíamente.

En los años sesenta y hasta el final de la dictadura, la actividad terrorista fue muy escasa en comparación con la que vendría después, y surgió en un período muy avanzado, cuando el régimen se había liberalizado considerablemente. Ya no era, desde luego, la dura época del *maquis*. La ETA, como ejemplo más típico, empezó en 1960 matando a un bebé con una bomba, aunque nunca reivindicó el hecho, lógicamente. Su primera acción mortal reconocida ocurrió ya en 1968: el asesinato por la espalda de un guardia civil. Sería su método preferido en lo sucesivo. En los cinco años siguientes asesinó a tres personas más. A partir de 1973 su actividad crece, incluyendo el atentado contra Carrero Blanco y la matanza en una cafetería en la calle del Correo, de Madrid. En la primavera de 1975 inició una escalada, matando sucesivamente a siete u ocho policías, y en el verano se le unió en los atentados el mencionado PCE(m-l)-FRAP, que ya el 1 de mayo de 1973 había matado a navajazos a un policía.

Por entonces la ETA gozaba del apoyo, moral al menos, del grueso de la oposición antifranquista, la cual pintaba a los terroristas como «patriotas vascos», o «luchadores antifranquistas» o «antifascistas», y sus asesinatos merecían todo género de excusas y hasta felicitaciones. No es que esa oposición practicase, en general, el terrorismo, pero veía en esta actividad algo aprovechable y positivo. Al final volveré sobre ello.

Las acciones de la ETA y el FRAP encontraban también total simpatía en el PCE(r), pues armonizaban con nuestros proyectos de lucha armada, aun si considerábamos «pequeño burgueses» a los dos grupos. Nosotros planeábamos organizar la violencia más en serio y en vasta escala. No lo hacíamos aún porque no nos sentíamos preparados, pero el partido había realizado muchas acciones violentas, con cócteles molotov, o atracos, y similares. Y con vistas a desarrollarlas en mayor escala había formado un pequeño aparato especial, la «Sección Técnica», encargado de obtener armas, atracar bancos, falsificar documentos de identidad, etc. A su frente estaba Enrique Cerdán, y lo integraban Abelardo Collazo, Fernando Hierro y algún otro. Al llegar el verano de 1975, su arsenal consistía básicamente en tres pistolas, no muy buenas.

El gobierno respondió a los golpes de ETA y FRAP endureciendo las leyes y prohibiendo en la prensa cualquier comentario que, a su entender, pudiera servir de propaganda al terrorismo, lo que ocasionó el secuestro de números de revistas como *Cambio 16, Destino, Doblón* y *Posible*, y la suspensión durante cuatro meses de la procomunista *Triunfo*. La Asociación de la Prensa protestó (el 1 de septiembre) señalando: «El vigoroso desacuerdo con todo tipo de actividad terrorista por parte de la Prensa ha sido y es unánime», pero el decreto del gobierno «afecta a nuestra actividad informativa, y (...) amenaza con debilitar más aún el cordón umbilical que une a los lectores con la realidad noticiable.» En realidad el «desacuerdo» era algo menos «vigoroso y unánime» de lo que la nota indicaba, como Juan Tomás de Salas, director de *Cambio 16*, expondría años después: «La gente que estaba en este tipo de prensa, que además era la prensa que tenía mayor credibilidad, mayores lectores, y no estoy hablando solamente de nuestra publicación, sino de varias otras, de alguna manera nos habíamos sentido durante muchos años solidarios de ETA.» * Y así, parte de la prensa sabía presentar los atentados del modo más favorable posible a sus autores, mientras aparentaba cubrir las exigencias informativas. Los asesinos, aun cogidos *in fraganti*, eran «presuntos», los policías no caían asesinados, sino que «morían», a veces en imaginarios «enfrentamientos», y a manos de «jóvenes» etarras, etc. Tardaría mucho, ya bien entrada la democracia, en cambiar esa actitud, como observaba también Salas.

Pero a finales de julio y principios de agosto de aquel año, último de la vida de Franco, la policía asestaba golpes demole-

---

* *Ideas y Debate*, n.º 2, p. 45.

dores a la ETA y al FRAP, deteniendo a gran número de sus activistas y jefes. Daba la impresión de que la ofensiva terrorista se venía abajo. Ante ello, los dirigentes del PCE(r) nos reunimos para examinar la situación, y coincidimos en que era imprescindible impedir que el *fascismo* triunfase una vez más. En plena euforia de la represión, debíamos demostrar que no lograba aplastar la lucha armada. Entonces, el 2 de agosto, la Sección Técnica atacó cerca del canódromo madrileño a dos guardias civiles, matando a uno e hiriendo al otro. Creo que era el primer atentado, desde la época del *maquis*, contra una pareja, pues la ETA y el FRAP habían atacado siempre a policías aislados. La acción incrementó el arsenal del partido con un pistolón del nueve largo, en perfecto estado.

El partido no reivindicó el golpe, para no atraer sobre sí la represión. Aunque se ha insistido mucho en que debía de estar infiltrado, la realidad es que no lo estaba, y de ello teníamos bastante seguridad por los informes de los interrogatorios que nos pasaban los camaradas ocasionalmente detenidos. La policía parecía considerarnos uno de tantos grupúsculos maoístas, trotskistas o anarquistas como por entonces hablaban a troche y moche de lucha armada, sin dar pasos reales hacia ella. Tampoco nos sentíamos capaces de insistir, de momento, en tales acciones. Bastaba con el efecto psicológico de haber arrebatado al régimen el triunfo en aquel momento crucial. Aun así, hacia mediados del mes la Sección Técnica dio un golpe de especial audacia, quizá sin precedentes desde la guerra, al ocupar un pequeño cuartel de ingenieros electrónicos, o cosa parecida, en la calle madrileña de la Princesa, vestidos los asaltantes con ropa de oficiales del ejército. No hubo víctimas, pero no se encontraron las armas buscadas, unas metralletas que se creía estaban allí.

Sin embargo el mes de septiembre se anunciaba desastroso para la oposición. Fueron juzgados y condenados a muerte, por tribunales militares, diversos militantes de ETA y del FRAP acusados de los atentados (en uno de ellos, del FRAP, el juez desestimaba el agravante de alevosía, al haberse producido los disparos de frente y contra un policía a su vez armado, pero la condena siguió siendo de muerte). Y en nuevas redadas caían decenas de militantes y dirigentes de ambos grupos. Hacia mediados del mes, la ETA recibía otro golpe demoledor, en Madrid y en Barcelona, con la detención de varios máximos dirigentes y muerte de dos militantes cuando preparaban nuevos asesinatos. Las condenas a muerte seguían, hasta totalizar once, entre ellas a un viejo amigo mío, de la Escuela de Periodismo y líder del PCE(m-l)-FRAP, Manuel Blanco Chivite.

¿Qué ocurriría? Los obispos pidieron clemencia, intelectuales franceses de izquierda vinieron a España a protestar y fueron expulsados sin contemplaciones, el papa Pablo VI pidió también clemencia, como lo hicieron diversos gobiernos. En Francia, Italia, Bélgica y Alemania abundaban las manifestaciones, a veces violentas, si bien no especialmente nutridas. El Centro Cultural Español en París fue atacado con cócteles molotov y parcialmente incendiado, y en esa ciudad se reunían representantes de FRAP, ETA y IV Internacional, trotskista, para hacer frente común contra Franco. En Italia y Francia se organizaba el boicot a todas las comunicaciones con España por mar, aire, correo o teléfono. El gobierno portugués se expresaba con dureza. Otros gobiernos y políticos presionaban también.

La cantidad y calidad de las presiones hizo creer a muchos que el gobierno de Madrid conmutaría las sentencias, como había hecho en 1970, cuando el juicio de Burgos contra varios dirigentes etarras. Sin embargo el ambiente no era el mismo. La anterior conmutación no había servido para disminuir el terrorismo o rebajar las tensiones, y la oposición no la había visto como una medida de gracia sino como una derrota del régimen. En todo caso, ahora fueron conmutadas seis de las once condenas, y el día 27 se cumplían las otras cinco: tres del FRAP y dos de ETA.

Inmediatamente cundieron por Europa los disturbios, quema de banderas y asalto a embajadas españolas, como en Bruselas, y a locales turísticos o de otro tipo, al tren talgo París-Barcelona, alarmas de bombas, etc. Los comunistas franceses exigieron la ruptura diplomática con España, y bloquearon la frontera en Hendaya. En París se produjeron los más graves disturbios desde mayo de 1968, y los comercios de los Campos Elíseos quedaron devastados. En Italia abundaron también las violencias. El Parlamento europeo propuso congelar las relaciones con España. El gobierno holandés encabezó una manifestación en Utrecht, mientras era incendiada la embajada española en La Haya. Holanda, Alemania occidental, Alemania comunista, Suecia, Bélgica, Dinamarca, Gran Bretaña, Noruega, incluso el Vaticano, llamaron a sus embajadores. Méjico destacó en su dureza, expulsando a todos los funcionarios españoles y reclamando la reunión del Consejo de Seguridad de la ONU. El suceso más grave fue el asalto, saqueo e incendio de la embajada en Lisboa, no acudiendo la policía hasta que la destrucción se hubo completado. Este ataque, junto con la imagen del primer ministro sueco, el socialdemócrata Olof Palme, pidiendo dinero con una hucha para «la libertad de España» y ofreciendo un millón de pesetas a la oposición española, quedan para la historia como las imágenes más características de la oleada de protestas y disturbios. (Palme sería asesinado, a su vez, en un atentado terrorista, y no sobra señalar que su actitud hacia una dictadura muchísimo más dura y cercana a él, como la soviética, jamás tuvo ese grado de dureza y espectacularidad. Muy al contrario.)

Las ejecuciones en España en los anteriores quince o veinte años y por motivos más o menos políticos habían sido las de dos anarquistas, en 1963, que habían matado, con bombas, a varias personas, y, el mismo año, la de Julián Grimau, dirigente comunista acusado de organizar el terror contra la derecha durante la guerra. Once años más tarde, en 1974, habían sido ejecutados otro anarquista y un súbdito polaco, por la muerte de un policía cada uno.

Hasta aquí un breve resumen del contexto de los hechos del 1 de octubre.

Los hechos

Seguiré básicamente la exposición del libro *De un tiempo y de un país*, con ligeros añadidos y precisiones personales, ya que allí está relatado lo que pasó. Pongo entre corchetes las aclaraciones o comentarios ajenos al texto del libro.

> García Sanz, *Chiqui,* Sánchez Bravo, Otaegui y Baena fueron fusilados. Las hojas que teníamos preparadas pensando en la conmutación no volaron.
>
> Compré un par de periódicos en un kiosco de Manuel Becerra y bajé hacia Ventas, aturdido, como ebrio. Miraba a los ojos de los paseantes: no traslucían nada especial. Entré en un bar, comentarios vagos, un leve sobrecogimiento, unas frases serias, aunque no preocupadas, por las protestas exteriores....
>
> Seguí Alcalá abajo, con los ojos bajos y húmedos. Torcí a la derecha y me llegué a unos jardincillos donde solía contactar con Pérez Martínez [«Arenas» o «Pedro», el secretario general]. También él estaba visiblemente afectado, con un matiz extraño en su ademán. Caminamos en silencio. Al poco espetó:
>
> —¡Bueno, qué! Ahora está claro que hay que hacer algo, ¿no?

Le miré sorprendido. Su tono era de reproche.

—Naturalmente que hay que hacer algo. Lo más duro que podamos. Quién dice lo contrario.

Renegamos de asesinos y oportunistas. Como comprendí luego, su pesar se teñía de resentimiento por su resbalón en lo de las conmutaciones que él había dado por seguras. Uno le llamó la atención al respecto y respondió con su agresividad característica, y elaboró un documento clamando que «no es el momento de tirar papelitos»: cuando temía que su nimbo palideciera por traspiés indisimulables, hacía suyo el proverbio de «la mejor defensa, el ataque».

¿Qué respuesta debíamos dar al régimen? La Comisión ejecutiva deliberó. Por lo pronto, llamar a la huelga general. Una huelga lo más violenta posible.

En San Sebastián y algunos lugares más del País Vasco se manifestaron unos pocos miles de personas. En numerosos países extranjeros hubo movilizaciones masivas, con asaltos a embajadas y establecimientos españoles. La Iglesia hizo signos ostensibles de desvinculación con el franquismo. Confluían a tornar crítica la posición de éste el envenenado problema del Sahara y los acuerdos militares pendientes con Washington. La oposición blanda presionaba a su vez decididamente, y la crisis económica mundial ensombrecía el presente, y más aún el porvenir para la población. Se anunciaban sanciones económicas de la CEE.

Sin embargo el régimen no daba la impresión de conmoverse en exceso, y hasta se alzaba desafiante, echando en cara a los gobiernos que le condenaban las brutalidades recientes o lejanas que ellos hubieran cometido a su vez [como la todavía reciente masacre de estudiantes en

Tlatelolco por el gobierno mejicano del PRI, uno de los más destacados en las condenas].

En la calle, la incertidumbre privaba sobre la indignación. Pocos pensaban que el franquismo fuera a sostenerse como hasta la fecha, pero pocos también se hacían una idea clara de la eventual salida.

La huelga general... No se percibían señales de nada parecido.

Proyectamos un magno sabotaje contra las comunicaciones madrileñas.

—Si no quieren ir a la huelga, tendrán que quedarse en casa de todas formas —barbotó Pérez, y de inmediato se desdijo [pues era reconocer que el pueblo no se sentía afectado por las ejecuciones. Por lo demás, el resto de la izquierda lo sabía, y ni siquiera intentó una cosa así, que yo recuerde].

Las fuerzas y datos disponibles para el atentado probaron ser ridículamente insuficientes. ¿Por dónde se abastecía de electricidad el metro? Ni idea. Y con los autobuses, ¿cómo actuar?

Aun así se formaron cuatro partidas.

Al caer la noche, cada una se dirigió a un depósito de autobuses. Antes se aprovisionaron de combustible.

—¿Otro más? Esta noche no para de venir gente a por latas de gasolina —gruñó el encargado de la gasolinera.

De modo que varios comandos habían ido a la misma gasolinera. ¿Y si el empleado recelase y avisaba a la policía? Cosa muy concebible. En fin, ojo avizor y a continuar.

Dos grupos coinciden ante unas enormes cocheras. Discuten rápidamente, tumbados en el césped, entre arbustos. «Esas cocheras corresponden a nuestra zona.»

«Es que no hemos encontrado otra.» Se desaniman contemplando la gran explanada repleta de vehículos, de los que les separa una alta alambrada. «Por mucha gasolina que les echemos, mañana habrá tráfico normal.» «Quememos diez o veinte por lo menos.» «Bien, yo salto la alambrada y vosotros me pasáis la gasolina.» «Nosotros tenemos nuestro plan.» «"Cagon" la leche, pongámonos de acuerdo.» «Esperemos a que haya menos movimiento.» [Yo estaba allí, y como era bastante ágil, pensaba saltar la alambrada.]

Bajo las flojas luces circulaban los vigilantes y empleados, estacionando o revisando los pesados armatostes.

De repente una lata de gasolina cae con estruendo sobre un autobús. Una partida se yergue al unísono, y como una exhalación se mete en un coche y huye. La segunda vacila ligeramente y opta por retirarse. Alguien, sobreexcitado, ha mandado arrojar la lata, y quien la tiró olvidó prenderle fuego.

Resumen: sólo un grupo ha logrado incendiar un autobús, cerca de la plaza de Castilla.

La policía patrulla los barrios con sus *jeeps*. La vigilancia, aunque nerviosa, no parece más intensa que habitualmente. Supondrán que tras las ejecuciones pocos tendrán ganas de jugarse el pellejo.

De madrugada, soñolientos, los activistas intentan paralizar el metro sin saber muy bien cómo. «Si se rompen los semáforos de una o dos estaciones, la línea quedará cortada.» Un grupo se hace con una llanta, la rocía de gasolina y la tira ardiendo a la vía. Sale una humareda espesa. Los viajeros se asustan y cabrean: «¡Gamberros!» Un policía trata vanamente de detener al grupo. En otra estación, el jefe de la misma se tira al suelo a la intimación de un pecerrista armado, mientras dos del comando destrozan los semáforos.

Nada, interrupciones de minutos en el tráfico.

Cunde un leve desaliento. El partido no estaba tan preparado como creíamos.

Se barajan alternativas. Lo mejor sería realizar sabotajes fuertes, contra locomotoras, por ejemplo. U hostigar las comisarías desde coches en marcha. «Lo ideal es cargarse a un pez gordo. Es fácil coger sus direcciones, por la guía telefónica, y esperarlos cuando vayan a sus despachos. Ahora andarán desprotegidos.» «Ca, imposible. Necesitaríamos conocer sus costumbres, hasta la hora en que van a cagar. Esos tipos están muy protegidos.» «De nada sirve darle vueltas. No hay datos, y ya está.» «Se puede localizar a alguno de los que sentenciaron a los cinco. Sus nombres vienen en la prensa y en la guía de teléfonos también aparecen.» «Demoraría mucho.»

[Esta fue una discusión entre Pérez, Cerdán, Delgado y yo, que componíamos la máxima dirección del partido. Discutíamos mientras caminábamos por el barrio de Aluche, debió de ser en la mañana del día 29. Yo fui quien propuso atentar contra el juez militar, ya había visto su dirección en la guía de teléfonos, y Pérez quien se opuso. Por entonces la protección de personajes, edificios e instalaciones solía ser inexistente o muy rutinaria, como habíamos comprobado a menudo —nada que ver con la actualidad—. Pero en cierto modo nos creíamos nuestras propias leyendas, según las cuales los jerarcas *fascistas* disfrutaban de una protección cuidadosa debido al «odio del pueblo». Más adelante el GRAPO emplearía el simple método de esperar a sus víctimas cuando salían al trabajo.]

El debate se agría. Existe de todos modos una posibilidad al alcance. Pero conviene actuar sin pérdida de tiempo, antes de que se enfríe el sentimiento por el crimen fascista.

«Hemos dicho que únicamente quien responda en el momento adecuado al terror del régimen será escuchado por las masas. Tenemos que responder como sea.» «Como sea, no; hay un solo golpe justo para el momento.» «Hay muchos golpes posibles. Da igual.» «No ha de haber vacilaciones.»

Si no se replica, el régimen obtendrá una victoria política decisiva y para rato. No es igual que haya manifestaciones en el extranjero, o algunas pequeñas en el interior, a que se responda aquí mismo y con sus mismos métodos, sangre por sangre. Así comprobarán que no pueden con la lucha armada. El diario *Ya* lo dice sin tapujos: más vendavales ha capeado el régimen. Ya se aplacará lo del extranjero, como tantas veces. «Los gobiernos europeos ayudan en realidad al franquismo, y lo más que defienden es una muda de su vestuario. Siempre lo han apoyado, aunque hagan el paripé de las sanciones y protestas, para cubrir las apariencias delante de sus propios pueblos.»

«¿Estamos preparados?» «Sólo nos prepararemos haciendo frente al reto.» «Quien no dé la medida en el instante decisivo, no la dará ya.»

«¿Qué comentan los oportunistas?» «La eterna melodía. Pura farfolla.» «En realidad están muy contentos, porque imaginan que el terrorismo gubernamental les ha dejado sin enemigos a su izquierda. Así podrán conchabarse más tranquilos con los oligarcas.» «Eso ya lo sabíamos. ¡Qué va a hacer la Junta Democrática!» «Pero ¿no entienden que los fascistas les van a cargar todas sus condiciones, y se hundirán ante las masas?» «¡Más hundidos que están...! Además, su labor en situaciones revolucionarias o prerrevolucionarias nunca varía: se echan en manos de la reacción, zapan el movimiento popular. Lenin lo explicaba sin dejar lugar a dudas.»

«Debemos probar que el terror no le servirá de nada al régimen. Si no, le bastará con la amenaza de recurrir a él para mantener al pueblo perpetuamente de rodillas.»

[La decisión que entonces tomamos es la que luego se narra. Formamos cuatro grupos, o quizás eran los mismos que habían actuado contra el metro y los autobuses, no recuerdo bien ahora. Como había sólo cuatro pistolas, no se podían formar más, aparte de que tampoco había tanta gente suficientemente probada y de confianza como para ampliar mucho el número. Cada grupo constaba de tres hombres: uno conducía el coche; otro, miembro de la sección técnica, no sé si con la excepción de Delgado de Codes, llevaba la pistola, y un tercero iría con un martillo u otra herramienta, para caso de que la pistola o el tirador fallasen. Toda la máxima dirección del PCE(r), con la excepción de Pérez, formó parte de ellos: Cerdán, Delgado y yo. Nadie vio mal que Pérez permaneciese al margen, pues, si las cosas salían mal, alguien de la dirección, lógicamente su máximo dirigente, debía quedar a salvo para proseguir las tareas. Otra observación: en la terminología comunista «las masas» era un concepto clave, y no tenía, ni mucho menos, el carácter peyorativo que en otros contextos. Las «masas», por ejemplo, eran quienes realmente «hacían la historia»... si bien en ninguna otra ideología, ni siquiera en la nazi, han sido más glorificados, endiosados propiamente, los dirigentes, como Lenin, Stalin o Mao.]

Primero, los automóviles. Había que robarlos. En el transcurso de la tarde, cada partida logró apoderarse del suyo, no sin tropiezos. Detrás de un «R-12», un individuo corpulento y de elevada estatura, en actitud de espera, el chófer, sin duda, mira con aburrimiento a los peatones. De pronto el auto se desliza y gana velocidad. Lo contempla pasmado un par de segundos, antes de comprender que es el suyo, que se aleja misteriosamente. Salta, frenético, a la calzada en pos de él. Doscientos metros más abajo, un vehículo policial, parado. Advertido, arranca bruscamente, ululando. Pero la presa se ha perdido ya de vista [esto ocurrió junto a la glorieta de Ruiz Giménez y a lo largo de la calle Alberto Aguilera, y correspondió al grupo en que estábamos Cerdán, Brotons y yo. Brotons debía conducir el coche. Cerdán y yo estábamos en la acera, y salimos corriendo detrás del chófer, por si se hacía necesario actuar contra él, pero no fue preciso].

Habíamos descubierto que el método más simple de «expropiar» un coche consistía en buscar los aparcados de los que el conductor se hubiera apeado un momento a tomar una copa, comprar el periódico o abrir la puerta de un garaje, dejando las llaves puestas.

Meses después ocurrirá un caso similar al relatado. Un Seat de lujo parado al sol y el chófer en la acera opuesta, a la sombra, aguardan al propietario. Un autobús se detiene ante el semáforo, interponiéndose entre el chófer y el coche. Luz verde, y el autobús pasa. El chófer echa un vistazo distraído. Sobresalto: su coche se ha esfumado. Atónito, mira arriba y abajo de la calle, cruza la calzada de una carrerilla, pregunta a la gente... Fuera de peligro, el comando descubre con placer que el vehículo pertenece a Blas Piñar, uno de los principales líderes de la extrema derecha. Lo escudriñan a fondo, pero no hallan nada de interés: un álbum de fotos familiares, una barra de hierro envuelta en papel blanco que le da el aspecto de un plano enrollado... En fin, prenden fuego al auto. Unos días después, los *fachas* birlan a Ramón Tamames su coche y lo dinamitan. Ojo por ojo [Tamames era entonces un conocido personaje del PCE, lo cual no le había impedido hacer una brillante y merecida carrera como uno de los economistas más distinguidos en el régimen de Franco]. Uno del PCE(r) [Cerdán, aficionado a hacer chistes] propone asistir a los mítines de Blas Piñar, y cuando éste se encontrase en el clímax de su elocuencia, gritarle: «¡Sí, sí, pero te roban el coche!»

Retrocedamos. Para el 1 de octubre, el franquismo convoca una imponente manifestación en la Plaza de Oriente, para ratificar las ejecuciones y respaldar su desafío a las presiones externas, cosa esta última que muchos, sin ser franquistas, ven bien. Mas, poco antes de la concentración, cuatro policías que custodiaban locales bancarios en distintos puntos de Madrid caen abatidos a balazos.

El atentado es, con mucho, el más atrevido y técnicamente perfecto llevado a cabo por cualquier organización hasta entonces, si se exceptúa el asesinato de Carrero. En el exterior, el FRAP da saltos de alegría y permite generosamente que la opinión pública le atribuya la acción. Aún están lejos los tiempos en que moteje de polizontes a los jefes del PCE(r).

Sin embargo, la imagen de perfección engaña. El partido emplea todo su arsenal (...). Tres policías mueren en el acto, pero a uno de los homicidas se le encasquilla el arma al primer tiro. Enloquecido, se ve en la necesidad horripilante de rematar a culatazos a su víctima. Ésta fallecería días después, en el hospital. Previendo tales percances, miembros de cada comando portan martillos o instrumentos con que impedir que el policía se halle de pronto con su arma lista frente a una inservible. No tendrán que usarlos (...). Un golpe de mano guerrillero especialmente afortunado: casi medida por medida a las cinco ejecuciones de cuatro días antes.

«¡Pobre hombre, pobre hombre! No ha podido ni hacer ademán para defenderse.» «¿Qué querías, que nos friera él a nosotros?» «No fue una cobardía. Ha sido una acción necesaria.» «Una acción de guerrilla, estoy de acuerdo, y tiene que ser así, sin dar facilidades de defensa.» «Ellos hacen igual.» «Sí, es cierto, pero yo no vuelvo a una operación así, maldita sea. Si es para cargarse a un pez gordo, sí, pero a un pobre diablo de éstos, no.» «¡Qué dices, si son unos hijos de puta! Les mandan disparar contra su padre y se lo cargan sin miramientos.» «Para qué discutir.»

«Ha sido un golpe brillante, y en el momento apropiado. Como cuando un boxeador se echa adelante para atacar y en ese tris recibe de lleno un puñetazo en todo el rostro. Los fachas creían celebrar su victoria con la manifestación y, cuando menos se lo esperan, se les convierte en luto. Se les ha caído el cielo encima.»

«Fulano y zutano se han pirado a esconderse no sé dónde. ¡Qué cojones! Nosotros nos quedamos aquí, al pie del cañón.» «Como no tenía nada en las manos, me fui a los clientes del banco gritándoles con toda la mala leche: ¡que nadie se mueva, mecagon...!» «Los participantes son unos héroes, yo así lo considero.» «Hemos actuado cuando nadie se atrevía a mover un dedo.» «En adelante habría que mejorar la información y centrarse en los peces gordos.» «Qué va, debemos centrarnos en los "pasmas". Ellos son los más odiados por el pueblo, que los tiene delante continuamente.» «Oye, la gente no odia tanto a los "polis". En general, no se los mira tan mal, incluso la gente politizada piensa que son solamente unos mandados.» «Al contrario, ésa es la versión que difunden los oportunistas.» «Si el partido ha hecho esto, es porque estaba preparado para hacerlo.» «Sí, es horrible acercarse a una persona y dispararle, pero, mira, a su familia el fascismo le proporciona pensiones y auxilios, mientras que si se cargan a uno de los nuestros, ¡le dan hostias a la suya!» «Deberíamos reivindicarlo. El pueblo debe saber quién ha sido.» «Yo creo que no es el momento.» «¿Será posible que la policía no se aclare todavía de que esto no es el FRAP ni la ETA?» «Tienen que darse cuenta de que nuestra propaganda tiene un lenguaje especial.» «Debemos actuar como si lo supieran, y reforzar los organismos. Lo mejor es no reivindicarlo, de todas formas.»

Hasta aquí, el relato de *De un tiempo y de un país*. Las últimas citas reflejan las conversaciones que tuvimos inmediatamente después de la acción, sin citar autor de tales o cuales palabras. La primera frase, y algunas más, son mías, aunque no quiere decir que mi sensibilidad fuese mayor que la de los otros. Y paso a explicar más en detalle cómo fue aquello, en lo que me concernió. Debido a lo que tienen de horribles, acciones de este género no suelen ser relatadas con pelos y señales, en particular por quienes han tomado parte en ellas. De todas formas, lo haré en todo lo que recuerde.

La víspera del atentado, por la mañana, Cerdán y yo habíamos estado buscando una sucursal bancaria adecuada. La presencia de policías en esos establecimientos databa de poco tiempo atrás. Tradicionalmente estaban desprotegidos, pero el aumento de los atracos, no pocos de ellos realizados por grupos políticos, hizo que el gobierno pusiera un policía armado de vigilancia en muchos establecimientos de Madrid. Descubrimos uno en la sucursal de Banesto en la Avenida del Mediterráneo. El local era alargado, con el servicio al público al fondo, en el lado contrario a la puerta. Cerca de ésta vimos al policía. La calle era ancha y de mucho tráfico, pero inmediatamente la cruzaba otra calle más estrecha que daba a otra cercana más o menos paralela a la avenida, por la que sería fácil huir. Un problema sería la hora, porque si la acción coincidía con el relevo, podría ocurrir que ninguno de nosotros saliera con vida. Por eso decidimos actuar todos los grupos poco después de que abrieran los bancos hacia las nueve y media. Cada grupo había localizado una sucursal distinta, de modo que no volviera a ocurrir lo del intento de quema de los autobuses. Por la tarde robamos el coche, propiedad de alguna señora adinerada o aristocrática de Córdoba (¡qué le diría al pobre chófer!), y después nos fuimos a dormir, creo que a casa de Brotons.

La mañana siguiente, temprano, fuimos adonde estaba aparcado el coche, por el paseo de Extremadura, si no me falla la memoria. Ir a una acción así, por mucho que uno la crea necesaria, es algo inmensamente distinto de considerarla desde fuera o meramente ordenarla a otros. Hay una vaga sensación de miedo (¿y si el policía reacciona con rapidez y los cazadores resultábamos cazados? ¿Y si había otro policía o militar en el local, por motivos particulares? ¿Y si coincidiese un vehículo policial por las cercanías?...), y además algo físico se revuelve dentro de uno ante la idea de quitar la vida a una persona deliberadamente. Claro que evitaba pensar mucho en todo ello. La decisión estaba tomada y no había vuelta atrás. Pero seguía con esa sensación angustiosa, que tendrían también los otros, aunque ninguno hablara de ella. Dije: «Esperad un momento, que voy a mear.» Y me metí en un bar, y de paso tomé un coñac de dos tragos. No me hizo el menor efecto.

Fuimos hasta el lugar designado y paramos en la calle estrecha más o menos paralela a la avenida del Mediterráneo. Yo llevaba un jersey muy grande y ancho, y, oculto en la manga, un martillo de soldador que me había traído de los astilleros de Bilbao. Cerdán llevaba una pistola pequeña, que casi parecía de juguete. Brotons quedó esperando al volante.

Por la cristalera del banco vimos al policía, que estaba sentado leyendo un periódico. «Ahí está, vamos, rápido», dije. Entramos. Al fondo del local, algunos clientes esperaban ante los mostradores. Cerdán se puso frente al policía, y yo del lado donde éste tenía el arma. En caso de que la pistola de Cerdán fallase y él quisiera sacar la suya, pensaba destrozarle la mano de un martillazo. Era un hombre joven, de facciones agradables, que al notar nuestra proximidad se levantó en actitud amable, creyendo, según indicaba su expresión, que íbamos a preguntarle algo *. En ese momento Cerdán le disparó, no recuerdo si una o más veces. Los estampidos sonaron poco fuertes, y una bala debió de acertarle en el corazón. La sangre, saltando a chorros, le empapó inmediatamente la camisa y llegó a la guerrera. La expresión de su cara apenas tuvo tiempo de cambiarse en mueca de horror. El hombre cayó, despacio al principio, derrumbándose sobre su costado derecho. La escena era espantosa. Cerdán dijo: «Venga, vámonos», y salió.

---

* Así lo recuerdo, y sin embargo, me entra ahora la duda. ¿Estaba sentado y leyendo el periódico, o de pie, mirando a otro lado? Quizás el policía que vimos el día anterior a través de la cristalera estaba sentado y con el periódico y se me cruzan las dos imágenes. Lo demás lo tengo grabado en la memoria.

El cuerpo del policía, quizá ya cadáver, tapaba la funda de su pistola. Me incliné sobre él, lo volteé ligeramente para poner la funda al descubierto, y, procurando emplear los nudillos y no las yemas de los dedos, para no dejar huellas dactilares, la abrí y extraje el arma. Era una *Star* corta, de bellas líneas. Por el rabillo del ojo percibí a gente moviéndose hacia mí, y me incorporé rápidamente, apuntándoles con la pistola. No me molesté en montarla, porque vi al instante que no había peligro. La expresión de sus caras era de miedo, y simplemente trataban de acercarse a la salida. Les hice gestos con la pistola para que retrocedieran, y salí a mi vez. Subían por la acera dos obreros con mono de trabajo y se me quedaron mirando. Entonces me di cuenta de que seguía con la pistola en la mano, y la oculté inmediatamente en el jersey. Di la vuelta por la calle lateral y subí al automóvil que esperaba con el motor en marcha. Iba bastante indignado, y la conversación fue aproximadamente la ya reseñada.

No hubo, por tanto, martillazo, aunque algunos testigos, viendo desde atrás que me inclinaba sobre el cuerpo con un martillo en la mano, pudieron imaginar otra cosa (también dijeron que habíamos salido corriendo y al mismo tiempo Cerdán y yo). Años después, cuando me juzgaron en relación con el secuestro de Villaescusa (pues al de Oriol le incluyó la amnistía), un jefe de la policía se me acercó y me dijo que había visto la gorra ensangrentada de uno de los guardias muertos en aquella ocasión. Le contesté: «Hombre, golpear a un moribundo es asqueroso, pero no ocurrió. Como tenéis que saber con seguridad, el de los golpes en la cabeza fue Collazo.» Éste había golpeado al policía con la culata, no, desde luego, por ensañarse, sino porque se le encasquilló la pistola. Collazo era extraordinariamente fuerte, y su víctima, malherida, moriría días después. No era un hombre insensible, sino todo lo contrario, de los más humanos entre nosotros. Comentando el caso me dijo: «*¡Qué medo lle teñen á morte!*» No habló con jactancia ni menos aún con burla, sino con una expresión sombría y algo enigmática. Según instruía Mao, citando un antiguo dicho: «Quien no teme la muerte puede matar al emperador», pero ¡quién no teme la muerte!

La cuestión, en todo caso, es secundaria, y un poco hipócrita darle vueltas. ¿Qué habría pasado si el arma de Cerdán hubiese fallado? No es difícil imaginarlo. Por otra parte, quienes estábamos en la dirección de un partido así éramos responsables de los actos que cometiera el grupo, aun si no participásemos directamente en ellos.

Después de la acción seguimos hacia el Retiro y yo me bajé no recuerdo ahora dónde. Me quité el jersey y envolví en él la pistola y el martillo y me fui hasta casa de una amiga, a quien dejé el paquete por unas horas, sin decirle su contenido (ella lo averiguaría por su cuenta, de todas formas). A continuación fui a la plaza de Oriente, donde los *fascistas* celebraban su triunfo.

Vuelvo a *De un tiempo y de un país*:

> «La euforia de los congregados revelaba que no sabían palabra de cuanto acababa de ocurrir. Ufanos y entusiastas coreaban las consignas: "España, unida, jamás será vencida." También el desfasado juego de palabras: "Si ellos tienen uno, nosotros tenemos dos" [por UNO, las siglas en inglés de la ONU, en referencia a las manifestaciones de 1946 contra el boicot internacional a Franco. Había muchas más consignas, claro]. Calculé que, si hiciera correr el rumor de las muertes, se originaría un movimiento desordenado y brutal, que acaso ayudara a descomponer la situación. El Gobierno, de sobra se notaba, no tenía intención de comunicar la mala novedad a la muchedumbre. Pero deseché enseguida la siniestra idea.
>
> Trepé al monumento central de la plaza, donde se arracimaban, en torno al caballo [es decir, la estatua ecues-

tre de Felipe IV], un montón de exaltados. Alguno me puso mala cara, pero estaban demasiado orondos y pendientes del balcón del palacio para detener la atención en elementos impasibles. Ondeaban banderas y levantaban el brazo extendido. Traté de estimar la concurrencia: pensé que acaso se aproximara a las doscientas mil personas. Predominaba la clase media y la media-alta. Se distinguían caras de campesinos y cierto número de trabajadores. Bastantes jóvenes, de origen patentemente burgués en su mayoría.

Franco pronunció un breve discurso. Su voz cascada y vacilante, de enfermo, se entendía muy mal. De vez en cuando gritaban desde un sector vivas o mueras, dirigidas principalmente a ETA los últimos, y el rugido y los aplausos de la multitud se extendía como una tormenta. Por unas horas, hombres y mujeres de diferentes clases sociales confraternizaban y se felicitaban (...). Franco y sus ministros estaban al tanto de los atentados. El *Ya*, al día siguiente, describía con dramatismo su congoja al recibir las fúnebres noticias [según parece, Franco comentó: "¡Qué solas se sentirán ahora las familias de esos policías!"].

Los dos sucesos de la jornada consternaron a muchos izquierdistas. Casi se creían la cifra de un millón de manifestantes dada por los órganos oficiales. La relativa abundancia de juventud contribuía a turbarlos, pues era antiguo y firmemente arraigado el tópico de que el franquismo sólo conservaba la fiel adhesión de carcamales nostálgicos. Ante la acción del PCE(r) temblaban igualmente. La tachaban de provocación. Recuerdo a quien aseguraba que más trascendencia que el atentado había tenido una manifestación de unos cientos de personas organizada por la ORT en la plaza de Legazpi, pues en ella habían participado las

> sagradas masas. Se comprendía su miedo, pues la plaza de Oriente había reunido a masas mucho más amplias. Expresiones así nos dejaban sin habla, hirviendo de indignación o riéndonos a mandíbula batiente. ¡Qué miserables, qué siervos nauseabundos del fascismo esa horda de monjas oportunistas! Mientras el destino se jugaba en la calle, a tiros, los malditos gusanos no acertaban más que a gimotear porque sus manejillos oficinescos bailaban en la cuerda floja.»

Y aquí termino con *De un tiempo*... Conviene recordar que entre los grupos antifranquistas casi nunca reinaba una armonía medianamente aceptable. Nosotros los considerábamos a casi todos ellos, incluyendo otros maoístas, como oportunistas dispuestos a sacrificar la revolución y colaborar con un «cambio de fachada» del aparato fascista, a cambio de puestos burocráticos y prebendas parecidas. No dejábamos de tener razón, a nuestro modo, pues aquellos partidos y grupos, al paso que, en su mayoría, conservaban los tics de la guerra civil y simpatizaban con las revoluciones marxistas, buscaban arreglos con los *fascistas* para imponer una «democracia burguesa». Luego indicaré algo más al respecto.

No recuerdo dónde fui a comer, supongo que en algún restaurante barato, y por la tarde quedé en el bar «El anciano rey de los vinos», muy cerca del palacio de Oriente, con José María Sánchez Casas, que años después sería acusado de la bomba en la cafetería California 47, de Madrid, que causaría ocho muertos, y que también había participado en los atentados de la mañana. Fue él quien comentó con algún desdén que varios participantes en la acción habían huido de Madrid. Él sabía ya que los cuatro grupos habían cumplido su objetivo, sin ninguna baja propia. Eso nos proporcionó un gran alivio, pues parecía muy difícil que, sin experiencia previa en cosas así por parte de la mayoría, hubiera salido todo según lo deseado.

Los de la Comisión política volvimos a reunirnos. Estuvimos tentados de reivindicar el golpe, pero una elemental prudencia nos indujo al silencio. Claramente, la policía aún no nos identificaba, y eso nos daba todavía un margen de tiempo para prepararnos mejor. La acción sería reivindicada casi nueve meses más tarde, después de haber decidido crear el GRAPO (Grupos de Resistencia Antifascista Primero de Octubre) como una organización armada «de masas», teóricamente autónoma con respecto al partido, pero estrictamente sometida a la Comisión Política de éste lo mismo que la Sección Técnica.

Unas consideraciones generales

Como he dicho, yo prefería atacar a un alto cargo que a un simple «sicario», como llamábamos a los policías. Y, de manera algo absurda, me dolía que nuestra víctima hubiera sufrido una sorpresa tan total, y no hubiera podido hacer nada por defenderse, quizá porque de otro modo habría disminuido mi sentimiento de culpa. Pensar en la vida segada y en el sufrimiento de sus familiares me producía gran tensión. Años después, en un programa de radio de Luis del Olmo me preguntaron si pediría perdón a las víctimas. Creo que se lo hubiera pedido también en 1975. Pero esa culpa no impedía otros sentimientos paralelos más fuertes. Pues también me sentía especialmente orgulloso de una respuesta tan contundente a las ejecuciones del día 27, y en momento tan oportuno. Además, siempre me había repugnado la gente que, amparándose en su posición, manda o incita a otros a realizar actos de los que ella sería incapaz. A raíz de esta acción o de alguna otra, comenté a Brotons: «Estamos formando una dirección del partido en que todos sus miembros tienen experiencia de organización, de agitación, de propaganda y de lucha armada. Esto nos diferencia de los oportunistas y de las direcciones burocráticas.»

Por otra parte, doctrinas como el marxismo empujan a ver a las personas en abstracto, privadas de su individualidad. Los individuos existirían ante todo como miembros de una clase social, y de estas clases una, el *proletariado*, estaría destinada a traer el paraíso a la tierra, mientras otras se oponían ferozmente a tan bello designio. Esas clases «reaccionarias» podían ser barridas, incluso exterminadas sin demasiado remordimiento. La concepción materialista del ser humano, la idea de que la muerte acaba con todo, relativiza terriblemente y hasta destruye el valor de la vida humana, salvo —para los creyentes marxistas— que esa vida sirva al objetivo grandioso. De una grandiosidad arbitraria y sin sentido. ¿Era éste un modo de pensar absurdo e irreal? Por lo menos ha sido muy compartido en el siglo XX. Poetas e intelectuales reconocidos han llegado a cantar loas hasta a instrumentos de exterminio como la Cheka soviética, y en más de un sentido nosotros éramos un producto —aunque no irresponsable, por supuesto— de aquellas propagandas e ideologías.

La lucha traía inevitablemente acciones como aquella, en las que caían personas individualmente inocentes, pero cuya función práctica apuntalaba al régimen e imponía el temor a «las masas». Nuestra tarea consistía en despertar a éstas y llevarlas a la victoria, así fuera a largo plazo. Por ello, pese al espanto de tales golpes, estábamos persuadidos de su necesidad.

Así, considerándonos en guerra, creíamos haber cumplido nuestro deber. Pues nuestra doctrina implicaba que la vieja guerra civil continuaba. ¿Cómo podía hablarse de paz cuando el régimen antipopular no sólo se había impuesto por las armas, sino que, en la posguerra, había fusilado a 200.000 «luchadores antifascistas», en cifras de diversos historiadores creídas por nosotros, en parte por nuestra juventud y en parte porque deseábamos creer todo el mal que nos contaran del enemigo, acreciendo nuestra decisión de aniquilarlo? La guerra sólo podría cesar con la completa derrota de los «enemigos del pueblo».

Pero, ¿habíamos cumplido realmente un deber? La vida tiene muchas ironías, y quienes más debieran estar de acuerdo en que sí, son precisamente quienes fingen escandalizarse del supuesto martillazo o de acciones como aquella. Pues ellos son quienes, tantos años después de muerto Franco, vienen reanimando hasta el frenesí la vieja propaganda impulsora de nuestra furia: libros, investigaciones subvencionadas, películas, artículos de prensa, documentos televisivos, exposiciones, condenas parlamentarias, novelas, cuentos... Si nos paramos a pensarlo, ¡resulta asombroso! El franquismo no hizo tal esfuerzo de propaganda contra sus enemigos, posiblemente ni en los años cuarenta. A esa gente no le indigna —ni por lo más remoto— el atentado o las víctimas, sino el hecho de que yo haya analizado sus ideas y actos, y llegado a conclusiones tan opuestas a las suyas.

Y no vale aquí gran cosa el argumento de que, en todo caso, la mayoría de la oposición a Franco, con la que mis acusadores se identifican, no cayó en el terrorismo. Es cierto. Pero cayó en una tendencia de especial bellaquería, tradicional en la izquierda desde la época de los atentados anarquistas que terminaron por arruinar la Restauración y traer la dictadura de Primo de Rivera: la tendencia a sacar rentas políticas a los asesinatos, la connivencia abierta o implícita con los terroristas.

La simpatía por el terrorismo se trasluce, todavía bien entrada la democracia, en, por ejemplo, el profesor Aranguren, mentor de tantos jóvenes izquierdistas y *progresistas,* cuando escribe en *Terrorismo y sociedad democrática*: «Pienso que la oposición al franquismo fue demasiado poco violenta.» Aun recientemente Carrillo justificaba el antiguo apoyo a la ETA, aduciendo que ésta luchaba contra la represión oficial. ¿De veras? La ETA buscaba abiertamente aumentar esa represión mediante la célebre espiral de «acción- represión-más acción»: asesinar y esconderse para provocar la represión más indiscriminada posible, y ganar por ese medio un apoyo popular creciente. Sin olvidar otro ingrediente muy fundamental en el guiso: la organización terrorista era radicalmente antiespañola, resuelta a imponer la separación de las Vascongadas y Navarra. Pero eso tampoco importaba gran cosa a la mayoría de la izquierda, que ensalzaba a los autores de los asesinatos como «luchadores» y «patriotas vascos».

Desde luego, esa complacencia con el terrorismo no estaba exenta de temor, porque buen número de organizaciones antifranquistas actuaban en un terreno semilegal, estaban seguramente infiltradas por la policía, y serían las primeras afectadas por un posible coletazo represivo. Se movían en la ambivalencia, entre la esperanza de explotar la violencia ajena para debilitar al régimen, y el temor a recibir los palos si éste reaccionaba con demasiada furia. Actitud muy clara en relación con la escalada terrorista de primavera y verano del 75. Cabe comparar, asimismo, la inmensa indignación por el fusilamiento de los miembros de ETA y FRAP, con la perfecta indiferencia hacia sus víctimas.

Ya indiqué cómo buena parte de la prensa *progresista* se sentía «solidaria» con la ETA. Esta confesión no fue sólo una genialidad de Juan Tomás de Salas. Por poner otro ejemplo sobradamente ilustrativo, todavía ¡en 1983! Juan Luis Cebrián, primer director de *El País,* escribía en el prólogo al libro reportaje de Joaquín Prieto, *Golpe mortal,* sobre el atentado a Carrero Blanco: «No puedo aceptar que una valoración política de este género [la simpatía por el terrorismo etarra] constituya un error, como el ministro del Interior del primer Gobierno socialista parece sugerir.» El ministro, Barrionuevo, había reconocido un error haber apoyado a ETA durante el franquismo.

El argumento de Cebrián no puede revelar más: la muerte violenta de Carrero habría sido crucial en la marcha hacia las libertades, pues «cambió la faz del desarrollo político español, puso al descubierto las carencias (...) del franquismo», dio «mayor unidad», a la oposición, y «despertó al país en general». Coincide casi punto por punto, en nuestras justificaciones de la «lucha armada». Y difícilmente podría haber echado más flores al atentado y a sus autores. El escritor, bien se ve, no deja de apreciar la sangre si le encuentra beneficio. Si tanto le debía la democracia a un asesinato, pocas razones había para criticar a ETA.

Pero, por suerte, nuestra democracia no viene de ahí. El franquismo llevaba años de progresivo «aperturismo», y ya no tenía apenas relación con la dureza de los años cuarenta. En ese contexto, el magnicidio estuvo a punto, precisamente, de provocar un brutal retroceso. Como se sabe, el general Iniesta Cano, jefe de la Guardia Civil, quiso imponer una línea represiva sin contemplaciones, mientras la ETA y el resto de la oposición se escondían bajo las piedras, incapaces de la menor reacción. Si no triunfó la orientación de Iniesta se debió sólo a que lo impidió el sector aperturista del régimen, y Torcuato Fernández Miranda en particular. Al final fue el impulso evolutivo del propio régimen, manifiesto en la reforma —contraria a la ruptura deseada por la oposición—, el que desembocó en la actual democracia. En cierto sentido, el atentado contra Carrero abrió la transición, pero no por el atentado mismo, que pudo tener perefectamente el resultado contrario, sino por la reacción del propio franquismo, inscrita en una tendencia liberalizadora general, cada vez más afianzada.

El apego izquierdista por el terror etarra siguió en vigor bastantes años, ya en plena democracia. Había en esa simpatía una mezcla de agradecimiento en el sentido expresado por Cebrián, y de culpa, visible en las palabras de Aranguren, por no haberse atrevido a imitar su violencia. Después de todo, la consecuencia lógica de la propaganda de la oposición, que pintaba al franquismo con tan negros colores, era actuar como la ETA, el FRAP o el PCE(r). ¿Por qué esa oposición no lo hizo? Sospecho que, o porque no acababa de creerse su propia propaganda, o porque se veía demasiado débil: si eludía la violencia no era por principios, basta observar la conducta de sus afines en Europa con motivo de los fusilamientos. También porque, creyéndose muy inteligente, especulaba con ser ella quien aprovechara políticamente el sacrificio y la sangre vertida por otros, a quienes de un modo u otro estimulaba y a quienes consideraba gente decidida, pero ingenua. De ahí su pena, su sorpresa y su indignación al comprobar cómo los «luchadores» y «patriotas» seguían asesinando en la democracia, y con mucha más saña que en tiempos de Franco. La oposición no violenta parece haber sido menos inteligente de lo que ella creía: sólo un partido, el PNV, ha logrado extraer, año tras año, altas rentas políticas de la sangre.

De acuerdo con concepciones como la de Cebrián, Aranguren y tantos otros, el PCE(r) habría cumplido su deber, y sólo podría achacársele, en todo caso, un error táctico si su acción del 1 de octubre hubiera traído malas consecuencias, fortaleciendo al odiado régimen de Franco. A veces los actos mejor intencionados tienen efectos dañinos. Pero ni siquiera esa objeción viene al caso, pues nadie puede dudar de que aquel golpe conmocionó al régimen y arruinó algunas de sus expectativas. He oído tildar al terrorismo de «herencia del franquismo». Por el contrario, es una herencia del antifranquismo, y puede considerarse, en rigor, un último coletazo de la guerra civil y un tardío reflejo de la realidad de ésta.

Nuestra acción de entonces tuvo ciertamente muchos rasgos del heroísmo. Fue un golpe tremendo de un grupo insignificante, como éramos nosotros, a un gigante como era el régimen, y cuando el resto de la oposición se reconcomía entre el temor y la rabia impotente. Un golpe asestado con medios mínimos, y en el que hubo de volcarse toda la dirección del partido corriendo un riesgo muy elevado, pues había muchísimas probabilidades, dada nuestra impreparación e inexperiencia, de que al menos parte de la operación fracasase, con fatales consecuencias para cuantos participábamos en ella.

Sin embargo, para ser un acto realmente heroico le faltaba un elemento esencial: la justificación. Algunos afirman que la violencia es injustificable en cualquier caso, pero eso me parece una majadería. La violencia puede ser el único recurso ante una opresión insoportable y sin salida visible. Aunque la orientación general del franquismo tendía a una creciente libertad política, su salida no estaba entonces clara, y la reafirmación del régimen con las penas de muerte la hacía todavía más incierta. Pero su opresión distaba muy largo trecho de ser tan insoportable como ahora quieren pintarla muchos, o como la de los regímenes socialistas a que aspiraba o con que simpatizaba una gran parte de la oposición. Además, los fusilamientos provenían de las acciones previas de los terroristas. Ciertamente frustramos un peligroso triunfo represivo del régimen, pero no es menos cierto que aquella represión la provocábamos innecesariamente nosotros, la ETA y el FRAP. E incluso los más radicales enemigos de la pena de muerte deben admitir que la reacción internacional fue totalmente excesiva, pudo haber causado nuevas muertes en Europa y olvidaba por completo a las otras víctimas en España. No, el golpe del 1 de octubre carecía de esa justificación, y aun teniendo en cuenta la desproporción de fuerzas, el riesgo y otros atenuantes, tuvo bastante más de asesinato que de acto heroico. Esto no es nada fácil de decir para quien tomó parte en la decisión y en los actos mismos, pero es la conclusión que impone el respeto a la verdad, sin el cual no habrá reconciliación posible.

Índice onomástico